# 통하는 심리학

상식으로 꼭 알아야 할

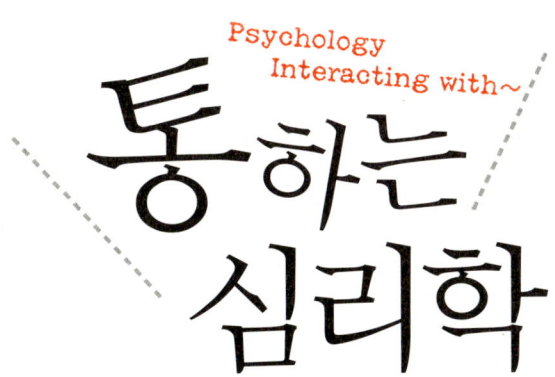

# 통하는
# 심리학

다솜마루 편저 I 표정수 그림

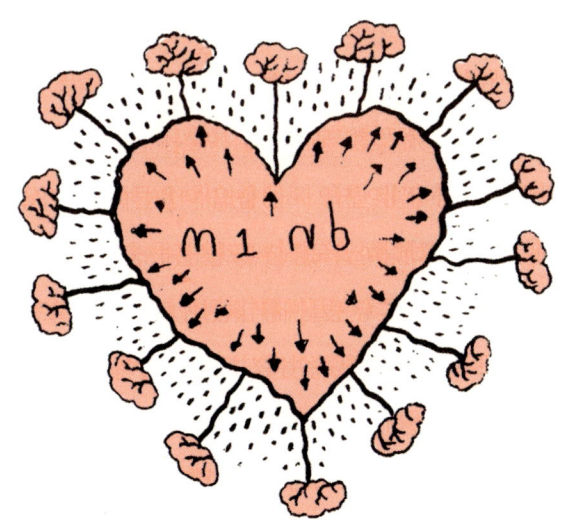

삼양미디어

# 왜 심리학일까?

'마음이 몸을 지배한다'는 말이 있다. 이는 몸의 모든 것이 마음먹기에 달렸다고 주장하는 사람들의 말이다. 혹자는 그게 아니라 '몸이 마음을 지배한다'고 주장하기도 한다. 즉, 건강한 몸이 건강한 마음을 만든다는 것이다. 이는 역으로 마음이 약한 것은 몸이 건강하지 않기 때문에 생기는 현상이라는 역설로도 설명할 수 있다. 그러나 아무리 건강한 몸을 가진 사람도 좋지 않은 환경에 한동안 있다 보면 어느새 마음이 피폐해지고 결국 몸도 좋지 않게 되는 것을 볼 수 있다. 결국 마음이 먼저냐, 몸이 먼저냐 하는 것은 어쩌면 소모적인 논쟁이 될 수 있으며, 사람의 마음과 몸은 어느 하나가 지배하는 게 아니라 분명 서로 영향을 주는 관계임에 틀림없을 것이다.

그럼에도 불구하고 현대사회에 들어와 인간의 마음이 절대적으로 중요하다는 사실이 곳곳에서 발견되고 있다. 부풀어 오를 대로 부푼 살을 빼기로 굳게 마음먹은 사람이 다이어트에 돌입해 수십 킬로그램을 감량했다는 뉴스를 쉽게 접할 수 있다. 만약 그가 그런 굳은 마음을 먹지 않았다면 절대 다이어트는 성공할 수 없었을 것이다. 어디 그뿐인가. 계속되는 정신적 스트레스는 몸의 이곳저곳을 망가뜨리고 극에 달한 우울증은 스스로 몸의 생명까지 앗아가기도 한다. 이러한 것들만 봐도 우리가 살아가는 데 있어 마음이 얼마나 중요한 역할을 하는지 알 수 있다. 우리는 이처럼 마음이 중요한 시대를 살고 있는 것이다. 특히 21세기를 사는 인류에게 삶의 지표가 되어버린 웰빙(well-being)을 이루기 위해서라도 마음의 건강을 이루는 것은 꼭 필요하다. 왜냐하면 마음을 다스리지 못하면 웰빙은 절대 내 것이 될 수 없기 때문이다. 뿐만 아니라 나아가서 성공적인 삶을 살 수도 없다. 성공했다고 하는 무수한 사람들이 마음을 잘못 다스려 다시 실패의 나락으로 떨어지는 무수한 사건들을 우리는 접하고 있지 않은가.

우리는 이처럼 마음이 중요한 시대를 살고 있기 때문에 아마도 그래서 마음을 다루는 학문, 즉 심리학(心理學)이 선풍적인 인기를 끌게 되었는지도 모른다. 요즘 서점을 가보면 이곳저곳에 심리학과 관련된 책이 쏟아져 나와 있음을 어렵잖게 발견할 수 있다. 그리고 심리학이란 용어를 쓰지 않았을 뿐이지 많은 책들이 사람의 마음에 관한 것을 다루고 있음을 짐작할 수 있다. 이처럼 심리(心理)는 이미 우리 생활 깊숙한 곳까지 다가와 있는 것이다.

그런데 궁금한 것이 있을 것이다. 눈에 보이는 육체와 달리 인간의 마음이란 그 실체가 없는데 어떻게 학문적으로 연구를 할 수 있는 것일까? 이를 알아보기 전에 우선 심리학의 정의부터 살펴보자. 심리학(心理學, psychology)이란 말 그대로 생물체의 의식과 정신생활에 대하여 연구하는 학문이다. 하루에도 수십 번 변하는 내 마음속에서 일어나는 현상이 사실은 어떤 과학적인 작용에 의해 일어난다면 어떤 생각이 들겠는가. 아마 누구나 관심을 가질 수밖에 없을 것이다. 심리학은 인간의 육체가 과학적으로 이루어졌듯이 마음의 작용도 분명 어떤 과학적인 법칙이 있을 것이라 보고 접근하여 만들어진 학문이다.

그렇다면 마음이 어떤 실체적인 작용에 의해 움직인다는 증거라도 있단 말인가? 고대에 심리(心理)를 연구했던 학자들은 인간을 구성하는 요소로써 육체와 대비되는 정신의 실체 그 자체를 연구하려고 했었다. 이렇게 출발한 심리학은 점

점 발전을 거듭하여 오늘날에 이르러서는 뇌과학과 연관된 심리학으로까지 발전을 거듭하였다. 즉, 인간이 무슨 생각을 하거나 분노하거나 기쁘거나 슬프거나 하는 마음의 변화를 일으킬 때 실체적으로 뇌가 반응을 일으킨다는 사실이 발견된 것이다. 예를 들어 치명적인 장면을 보았을 때는 편두엽이 반응하고 기억을 필요로 하는 마음의 작용을 일으킬 때는 해마가 반응하는 것 등이 그것이다. 과거에는 눈에 보이지 않는 단지 추측만 할 수밖에 없었던 마음의 작용이 이제 서서히 그 실체를 드러내고 있는 셈이다.

우리는 이 책에서 학교에서 배우는 어려운 심리학은 다루지 않을 것이다. 우리의 목표는 소박하면서도 명백하다. 즉, 인간의 궁극적 목표인 행복한 삶을 살기 위해 꼭 필요한 심리학을 다룰 것이다. 왜 인간이 살아가는 데 있어 마음이 중요하고 그래서 어떻게 하면 좀 더 즐겁고 건강한 마음을 갖게 해줄 수 있는가의 차원에서 심리학을 다룰 것이다.

다솜마루

목차

# 2장

# 3장

**심리학 키워드 03 ● 연애**

## "연애하고 있습니까, 연애하고 싶습니까?"

# 5장

# 6장

- 1장 -

# 내 마음은
# 불능인가요?

# 내 것 같지 않은 내 마음에 대하여

'심리학은 과학이다' 라고 하면 혹자는 그 복잡한 인간의 마음을 어떻게 과학이라고 단정 지을 수 있느냐며 따져들 것만 같다. 하지만 현대의 화려한 과학 기술은 인간 마음의 실체까지 연구하기에 이르렀으며 그 결과 많은 부분의 실체를 탐구하는 데 성공하였다. 물론 지금까지 발견한 것은 빙산의 일각에 불과한 정도라 할 수도 있다. 과학의 역사를 보라. 불과 100년 전만 해도 상상도 할 수 없었던 수많은 일들이 지금 우리의 눈앞에서 펼쳐지고 있지 않은가. 마찬가지로 마음에 관한 과학적인 사실들도 우리가 모르는 사이 많은 부분들이 속속 밝혀질 것이다.

## 내 마음은 도대체….

우선, 인간의 마음을 탐구하기 위해서는 그 실체가 어디 있는지부터 밝힐 필

인간의 마음은 머리에? 가슴에? 그래서 인간은 지성과 감성을 지닌다?

요가 있다. 당장의 느낌으로 추측할 수 있는 것이 인간의 마음이 머리(뇌)에 있다는 것과 또는 인간의 마음이 가슴(심장)에 있다는 생각으로 좁혀질 수 있다. 그래서 혹자는 머리(뇌)는 지성을 상징하고 가슴(심장)은 감성을 상징한다고 생각하기도 한다. 그런데 이러한 논쟁이 사실은 고대부터 있어 왔다고 하면 믿을 수 있겠는가. 이는 옛날부터 인간은 마음의 실체에 관심이 많았다는 것을 증명하는 것이다.

　인간의 마음에 대해 처음으로 관심을 가진 사람은 고대 그리스의 철학자 플라톤(Platon, B.C. 427~B.C. 347)과 아리스토텔레스(Aristoteles, B.C. 384~B.C. 322)였다. 이 두 사람은 사제지간이었는데 인간 마음의 실체가 어디 있는지 자주 논쟁하였으며 서로 의견의 일치를 보지 못했다. 플라톤은 뇌의 작용 때문에 마음의 작용이 일어난다고 생각했으나 아리스토텔레스는 그것이 심장 때문이라고 주장한 것이다. 당시는 과학이 발달하지 않은 시대였기에 누구의 말이

현대과학은 뇌에서 마음에 이르는 길을 찾는다

옳은지 알 수가 없었다. 그 후 16세기 사람이었던 레오나르도 다 빈치가 마음의 실체를 알아내기 위해 뇌를 해부하는 등의 노력을 했으나 정확히 마음의 실체를 밝히는 데에는 한계가 있었다. 결국 마음의 실체가 밝혀지기까지는 과학이 고도로 발달한 20세기가 지날 때까지 기다려야만 했다.

현대과학은 인간의 정신 활동이 뇌의 작용과 밀접한 관련이 있다는 사실을 밝혀 내었다. 인간의 뇌는 100억 개 이상의 수많은 신경세포들로 이루어져 있는데 이러한 하나하나의 신경세포들이 바로 우리 마음의 최소 단위라는 것이 밝혀진 것이다. 도대체 무엇을 근거로 인간의 마음이 이러한 신경세포의 작용으로 일어난다고 주장하는 걸까?

신경세포의 말단에는 시냅스라는 것이 있는데 이는 뇌의 신경세포와 다른 신경세포를 연결시켜 주는 중요한 부위이다. 이 시냅스의 작용에 따라 인간의 마음은 크게 좌우되는데, 그 이유는 우리몸에서 분비되는 각종 신경전달물질이 바로 이 시냅스를 통해 정보 교환을 이루기 때문이다. 예를 들어 우리가 우울한 기분이 드는 것은 세로토닌이라는 신경전달물질이 적게 만들어져 이 시냅스를 통하여 다른 신경세포로 잘 전달되지 않기 때문에 일어나는 일이다. 반대로 밝고 상쾌한 기분이 드는 것은 풍부하게 만들어진 세로토닌이 이 시냅스를 통하여 다른 신경세포로 잘 전달되기 때문에 일어나는 현상이다.

이처럼 우리의 복잡한 마음은 바로 100억 개가 넘는 뇌 신경세포들의 작용으로 일어난다는 사실이 밝혀진 것이다. 놀라운 것은 즐겁거나 화나거나 우울한 기분이 드는 등 우리의 마음에 변화가 일어날 때마다 뇌의 신경세포에서 전기적 스파크가 일어난다는 사실이다. 즉, 그동안 우리는 정신세계가 실체가 없는 것이라고 생각했지만 과학적 탐구에 의해 우리의 생각이나 감정의 변화가 일어날 때마다 뇌도 함께 반응한다는 사실이 밝혀진 것이다.

마음의 실체가 있다는 사실은 무엇을 뜻할까? 그것은 곧 복잡 미묘했던 우리의 마음도 과학적으로 접근이 가능하다는 것을 뜻한다. 그리고 그런 나의 마음을 알게 된다면 그 마음을 조절하는 것도 가능하다는 것을 뜻한다. 자. 이제 우리 마음을 좀 더 깊이 들여다보도록 하자.

## 내 마음을 움직이는 건? 몸

그렇다면 마음이 뇌와 관련이 있다는 사실을 어떻게 알 수 있을까? 우리가 밤길을 가다가 위험 상황을 감지했다고 가정해 보자. 이때 우리의 인체는 초고속으로 작동하여 감정의 변화를 일으키게 만든다. 즉, 시각과 청각을 통해 인지된 자극은 급속히 뇌로 전달되고 뇌는 즉시 교감신경을 작동시켜 인체를 초긴장 상태로 만드는 것이다. 좋은 상상을 해보자. 사랑하는 사람의 품에 안겼을 때 이 세상을 다 가진 듯한 느낌이 들 것이다. 이것이 뇌에서 노파민이라는 물질의 분비를 촉진시키므로 일으키는 감정이다. 노파민은 우리의 마음을 충만하고 평화롭게 만드는 작용을 하기 때문이다. 이처럼 우리의 마음은 뇌의 작용과 긴밀히 연관되어 있다.

인간이 느끼는 두려움과 공포 등의 감정은 뇌의 중앙 안쪽에 위치한 부분(편도체)이 담당한다는 것이 밝혀졌다. 이것은 뇌에서 이 부분을 제거한 원숭이를 야생에 풀어놓는 실험으로 알아낼 수 있었다. 공포와 두려움이 없어진 원숭이는 결국 사자 앞에서 까불다가 잡아먹히고 말았다. 아마도 인간 역시 이 부분을 제거한다면 계단에서 함부로 뛰어내리는 등 과감한 행동을 저지르고 말 것이다. 신이 인간에게 공포와 두려움의 감정을 준 것은 아마도 이런 위험에서 살아남게 하기 위함이 아닐까.

뇌의 중앙 안쪽 바로 옆에는 해마라는 것이 있는데, 이것이 인간의 기억을 담당한다는 것이 밝혀졌다. 즉, 기억력이 좋아지고 싶으면 이 해마를 잘 발달시키면 되는 것이다. 그리고 우뇌는 창의적인 생각을 하는 것과 관련이 있고, 좌뇌는 말을 잘하게 하는 것과 어떤 현상을 판단하고 분별하는 등의 논리적 생각을 잘하는 것과 관련이 있다는 사실이 밝혀졌다. 만약 말이 서툴다면 좌뇌를 발달시키면 될 것이고 창의력이 부족하다면 우뇌를 발달시키면 될 것이다.

그렇다면 인간은 어떤 과정을 거쳐 이처럼 놀라운 발견을 하게 된 것일까?

## 마음과 뇌의 비밀 관계를 밝히다

프랑스의 외과의사이자 해부학자였던 프란츠 요제프 갈(Franz Joseph Gall, 1758 ~ 1828)은 외과 수술을 하던 도중 뇌의 각 부위가 담당하는 신체의 부위가 다르다는 사실을 발견하였다. 이에 흥미를 느낀 갈은 뇌의 각 부위가 인간의 기억이나 감정과도 관계가 있을 것이라 추측하고 실험과 연구를 거듭하였다. 그 결과 앞머리가 튀어나온 짱구형 두상은 추리력과 언어 능력이 좋고 뒷머리가 튀어나온 두상은 자부심이 강하다는 것 등의 사실을 발견하였다. 이는 동양에서 관상학이 선풍적인 인기를 끈 것처럼 서양사회를 뒤흔들어 놓기에 충분했다. 그러나 학자들 사이에 전혀 과학적으로 증명할 수 없다는 이유로 질타를 받기 시작했고 결국 갈은 사이비로 전락하고 말았다.

그러나 비록 갈의 연구는 실패로 끝났지만, 좌뇌의 신경이 신체의 우측에, 우뇌의 신경이 신체의 좌측에 연결되어 있다는 사실의 발견은 후대에 큰 영향을 주기에 충분했다. 특히 갈은 뇌의 표면에 있는 주름에 주목했는데, 두뇌의 능력이 뛰어난 사람일수록 이 주름의 양이 더 많다는 사실을 발견한 것은 오늘날에도 인정받고 있는 성과이다. 하지만 갈의 연구는 좀 더 과학적이지 못했다는 점에서 한계가 있었다.

그 후 프랑스의 의사였던 폴 브로카(Paul Broca, 1824 ~ 1880)는 갈의 연구를 바탕으로 인간의 뇌가 마음과 관계있다는 사실을 좀 더 과학적으로 밝혀내기 위해 노력하였다.

브로카가 근무하던 병원에 탄이라는 환자가 있었다. 그는 말을 하지 못했으며 오른팔과 오른쪽 다리와 발이 마비된 상태로 병원에 입원해 있었다. 말을 하지 못

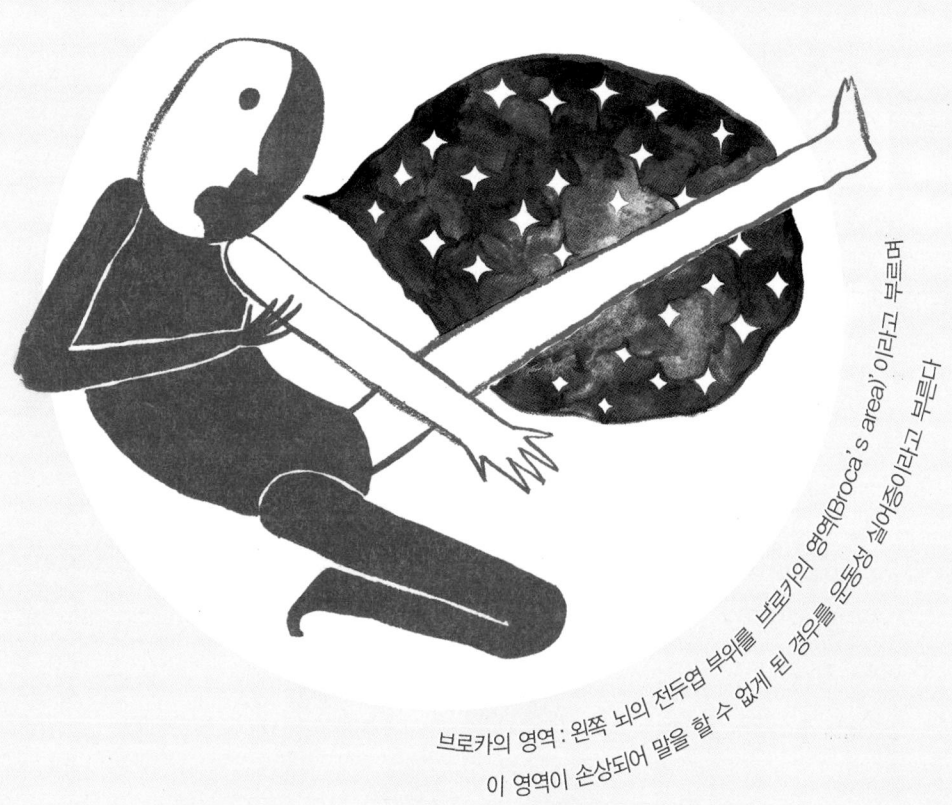

브로카의 영역 : 왼쪽 뇌의 전두엽 부위를 브로카의 영역(Broca's area) '이라고 부르며 이 영역이 손상되어 말을 할 수 없게 된 경우를 운동성 실어증이라고 부른다

했기 때문에 누구도 관심을 가지지 않았으나 브로카만은 달랐다. 그는 관찰을 통해 탄이 말을 하지 못하고 마비증상에 시달리는 것 외에는 모든 것이 정상임을 발견하였다. 그리고 마비증상이 오른쪽 팔다리로 이어지는 것에 주목하였다. 이는 분명 좌뇌에 문제가 있기 때문에 나타나는 증상이라 생각한 것이다. 그 후 결국 탄이 죽었고 브로카는 담당의사로서 탄의 머리를 해부하였다. 놀랍게도 탄의 왼쪽 뇌 전두엽 부분에 출혈이 있는 것이 발견되었다. 브로카의 예상과 맞아떨어진 것이다. 브로카는 왼쪽 뇌의 이 부위가 사람이 자기의 생각을 말로 표현할 수 있게 해주는 영역이라고 결론지었다.

이러한 브로카의 발견은 실로 놀라운 것이었다. 뇌가 인간의 마음과 관계가 있다는 것이 과학적으로 증명된 첫 번째 발견이었기 때문이다. 이후 인간의 마음과 뇌의 관계를 밝히는 심리학 분야는 획기적인 발전을 이루어 뇌의 어느 부분이 어떻게 연관되어 있는지 속속 밝혀내기 시작했다.

### 좌뇌와 우뇌의 차이를 발견할 수 있는 간단한 실험 방법

∥ 사람의 얼굴이 담긴 사진 한 장을 준비하라. 그리고 그 얼굴을 따라 그려 보라. 이번에는 사진을 거꾸로 놓은 다음 그것을 따라 그려 보라. 이때 우리의 좌뇌와 우뇌는 따로 놀기 시작한다. 즉, 사진을 바로 놓고 그릴 때는 논리적인 좌뇌가 작용한다. 왜냐하면 정상적인 얼굴은 우리의 고정관념에 익숙해 있으므로 논리를 따르기 때문이다. 그러나 거꾸로 놓인 사진 속의 얼굴 모습은 생소하다. 이때부터는 논리적인 좌뇌가 물러나고 공간지각력과 창의력이 뛰어난 우뇌가 활동하기 시작한다. 따라서 개성 넘치는 그림이 탄생한다. 이렇게 우뇌를 사용하여 그림을 그리는 방법은 화가인 베티 에드워즈가 「오른쪽 두뇌로 그림 그리기」에서 발표하여 선풍적인 인기를 끌었다. 결국 그는 개성과 창의력이 생명이었던 화가였기에 우뇌가 그런 역할을 한다는 사실을 알고 이 방법을 개발해 낸 것이다. ∥

## 그 사람 성격 있네, 뇌 있네?

한 사람의 성격이 형성되는 것과 뇌는 무슨 상관이 있을까? 이에 대한 과학적인 발견은 어느 날 우연히 일어난 한 폭발사고에 의해 이루어졌다.

1848년 9월 13일 미국 버몬트 주의 캐번디시 마을 근처의 철도 공사장에서 커다란 폭발 사고가 일어났다. 이 폭발로 공사 현장에서 사용하던 길이 1미터의 쇠파이프가 날아갔는데 이 쇠파이프가 공사장 인부였던 게이지의 머리를 관통한 것이다. 게이지는 그 자리에 쓰러졌고 의식불명으로 사경을 헤맸으나 다행히 얼마 지나지 않아 상처가 아물고 회복되었다. 어떻게 쇠파이프가 머리를 관통했는데도 살아날 수 있었을까? 설사 살아났다 하더라도 뇌의 한 부분이 손상을 입었으니 어디 한 군데 정도는 마비되었어야 하지 않았을까? 하지만 게이지는 아무런 이상 없이 정상적으로 생활할 수 있었다.

그것은 다행히 중요한 혈관 부위를 아슬아슬하게 비껴 나간 덕분이었다. 하지만 게이지가 변한 것이 있었으니 그의 성격이었다. 그는 평소 성실하고 고분고분한 성격이었으나 사고를 당한 후에는 불평불만의 사나이로 변하고 또한 주위 사람들의 말에 의하면 게이지는 완전히 다른 사람처럼 변했다고도 한다. 물론 이것이 사실인지는 정확히 밝혀지지 않았으나 사고 후에 그가 여러 직장을 전전한 것으로 보아 이전의 원만한 성격과 차이가 생긴 것은 분명 사실인 듯하다.

그렇다면 게이지는 왜 이런 성격의 변화를 겪게 되었을까? 당시 게이지가 쇠파이프에 의해 손상을 입은 부분은 오늘날 전두엽이라고 부르는 뇌의 일부분이다. 오늘날 전두엽은 모든 정보를 종합, 판단하고 행동 명령을 내리는 총사령관과 같은 역할을 하는 것으로 알려져 있다. 게이지는 이 부분에 손상을 입은 것인데 다른 기능에는 전혀 이상이 없는 것으로 보아 전두엽 중에서도 운동을 관장하는 뇌의 부위는 다치지 않은 것으로 보인다. 그래서 게이지는 어떤 운동의 장애도 보이지 않았던 것이다. 쇠파이프가 게이지의 뇌를 관통한 부위를 보면 전두엽의 맨 앞쪽과 안쪽 부분이다. 이 부분에 손상을 입고 성격이 변한 것으로 보아 바로 이 부분이 사람의 성격과 감정의 형성에 밀접한 관련이 있는 부위라고 볼 수 있다. 이전까지 발견되지 않았던 전두엽의 기능이 게이지 사건을 통해 그 실마리가 밝혀지게 된 것이다.

## 중독을 의지박약이라고 무심히 말하지 마

요즘 중독으로 인해 한순간에 삶을 망치는 사람들이 점점 늘어가고 있다. 특히 성공 가도를 달리던 정치인이나 연예인이 한순간 도박이나 알코올, 마약 중독에 빠져 인생을 망치는 모습을 보고 있노라면 도대체 중독이 무엇이기에 이런 힘을 발휘하는 걸까, 라는 생각이 들기도 한다.

그런데 사람이 중독에 빠지는 것이 사실은 마음의 작용임과 동시에 인체의 작용 때문이라는 사실을 아는 사람은 얼마나 될까? 일단 사람이 중독에 빠지는 과정을 살펴보자.

여기 유명한 가수가 있다. 그는 한 밴드를 이끌고 있을 뿐만 아니라 그 팀의 곡을 쓰는 작곡가이기도 하다. 1집으로 내놓은 곡들이 크게 히트하여 명예와 부를 동시에 얻었다. 이제 곧 2집을 발표해야 한다. 그러나 그의 몸과 마음은 지칠 대로 지쳤고 극도의 불안증에 시달리고 있다. 그래서 술, 담배 없이는 하루도 살 수 없는 지경이 되었다. 괴로워하던 어느 날 그는 친구가 건네준 코카인에 손을 대게 되었다. 그는 곧 코카인 중독에 빠졌고 지옥의 수렁에서 헤어나지 못했다.

그럼 이제, 이 가수가 왜 이런 심리적 갈등을 겪게 되었는지 과학적인 분석을 해 보자. 그가 느끼는 극도의 부담감 때문에 그의 뇌에서는 도파민(마음을 활성화

의지만으로 중독을 벗어날 수 있는 건 아니다

시켜 주는 호르몬)의 분비가 극히 억제되기 시작했다. 도파민이 부족해지면 극도의 불안증에 시달리게 된다. 그는 이 상황을 벗어나기 위해 술과 담배에 의존했다. 술과 담배는 순간적으로 도파민의 분비를 촉진한다. 하지만 효과가 떨어지고 나면 이전보다 도파민의 수치를 더 떨어지게 만든다. 결국 그는 견디지 못하고 더 과한 것을 찾게 된다. 결국 마약에 손을 대게 되고, 마약은 더 심한 도파민의 상하 곡선을 그리게 만든다. 이것이 바로 중독의 원리인 것이다. 모든 중독이 이러한 원리로 일어난다. 성형 중독, 도박 중독, 쇼핑 중독….

따라서 이러한 중독에 걸렸을 경우 병원을 찾는 게 급선무다. 왜냐하면 혼자서는 도저히 이 굴레에서 벗어날 수 없기 때문이다. 아무리 중독증에 걸려도 도파민의 분비를 정상적으로 만들어 주는 의학적인 치료를 받으면 나을 수 있는 것이다. 그런데도 이 사실을 모르기 때문에 많은 사람들이 중독의 굴레에서 벗어나지 못하는 어리석음을 범하고 있다.

나도 혹시 뭔가의 중독에 걸려 있는 것이 있다고 생각되는가? 그것이 주위 사람들에게 피해를 줄 정도로 심하다면 물론 병원을 찾아야 할 것이나 아직 그 정도의 단계가 아니라면 여기 중독에서 벗어날 수 있는 좋은 방법이 있다. 이것은 모두 도파민 분비를 촉진시키는 방법들이다. 첫째, 운동을 꾸준히 하라. 운동을 하면 도파민 분비가 촉진된다는 사실이 과학적으로 입증되었다. 둘째, 좋은 생각, 긍정적인 생각을 많이 하라. 이 역시 도파민 분비를 촉진시킨다. 가장 좋은 방법은 하루에 몇 번씩 크게 웃는 것이다. 웃을 때 도파민 분비는 더욱 촉진된다. 그리고 충분한 수면을 취하고 인스턴트를 피하고 자연식 위주의 식사를 한다면 어느 날 중독에서 벗어나 있는 자신을 발견하게 될 것이다.

## 내 기분까지 뇌가 지배한다?

'인간은 기분에 지배 당하는 동물이다'라고 한다면 지나친 표현일까? 아마도 많은 사람들이 공감하리라 생각된다. 기분이 좋으면 만사가 오케이이지만 기분이 나쁘면 이미 얼굴에 나타나기 시작하며 행동으로까지 이어지는 게 인간의 본성이다. 그런데 이처럼 중요한 기분을 지배하는 물질이 밝혀졌으니 바로 요즘 유행하는 세로토닌이다.

최근 국내 건강학의 선두주자라 할 수 있는 이시형 박사가 책을 펴내면서 세로토닌이라는 물질에 주목하게 되었다. 그는 이 책에서 이제 엔도르핀의 시대는 갔고 세로토닌의 시대가 왔다고 주장했다. 웰빙의 시대에 필요한 물질이 바로 세로토닌이라는 것이다. 도대체 세로토닌이 무엇이기에 그가 이토록 세로토닌을 강조하는 걸까?

　　세로토닌은 뇌의 신경세포에서 분비되는 신경전달물질의 일종으로 이 물질이 정상적으로 분비될 때 사람은 안정을 느끼고 기분이 좋아진다. 그러나 이 물질의 분비에 문제가 생기면 쉽게 우울에 빠질 수 있다. 실제 우울증 환자의 대부분이 세로토닌의 분비에 문제가 있다고 한다. 그래서 우울증을 치료하기 위한 약에 바로 이 세로토닌의 분비를 촉진시키는 역할을 하는 성분이 들어 있다고 할 정도다.

　　이쯤 되면 세로토닌이 우리의 기분을 좌지우지한다고 할 수 있을 것이다. 나아가 우리의 마음까지 지배한다고 해도 달리 이의를 제기할 수 없는 상황이다. 어느 날 갑자기 기분이 좋아진다면 이는 세로토닌의 분비가 잘 되고 있기 때문이다. 그러나 갑자기 기분이 나빠지고 우울해진다면 이는 세로토닌의 분비에 문제가 생겼기 때문이다.

　　우울증에 시달리고 있는 사람에게 병원에 가 보라고 하면 대부분 자기를 정신병자 취급을 한다며 화부터 낸다. 우울증 환자는 세로토닌의 분비에 문제가 생긴, 다시 말하면 신경계통에 문제가 생긴 환자일 뿐이다. 그래서 병원에 가야 하는 것이다. 물론 약으로 세로토닌의 분비를 정상으로 돌려놓는 것은 한계가 있을 수 있다. 여러 가지 부작용이 있을 수 있기 때문이다. 결국 이는 마음에서 생긴 병이므로 강한 마음과 굳은 의지로 극복하는 것이 가장 좋은 방법이 될 수 있다. 왜냐하면 강한 마음이 결국 세로토닌의 분비를 다시 정상으로 만들어 줄 수 있기 때문이다.

## 마음이 아프면 몸도 아프다

지금까지 우리는 마음과 뇌의 관계에 대해 알아보았다. 그렇다면 내 마음과 내 몸은 서로 어떤 관련이 있을까? 우리는 부지중에 우리의 몸과 마음이 서로 관련이 있다는 사실을 느끼며 산다. 몸이 피곤하면 마음까지 쳐지며 마음이 우울하면 몸의 컨디션도 엉망이 된다. 도대체 우리의 마음은 몸과 어떤 관련이 있을까?

사실, 이러한 고민은 이미 고대 그리스 시대부터 이루어져 왔다. 플라톤은 '마음과 몸이 서로 영향을 미친다'고 주장했고 아리스토텔레스는 '마음은 몸의 기능으로 나타나는 것이다'라고 주장했다. 즉, 플라톤이 마음과 몸을 각각의 독립적인 존재로 인정한 반면, 아리스토텔레스는 마음을 독립적 존재가 아니라 몸에 종속하는 존재로 본 것이다. 이러한 논쟁은 데카르트의 시대에도 이어졌다. 데카르트 역시 몸과 마음의 관계에 대해 관심이 많았는데 그는 플라톤처럼 몸과 마음을 각각 독립된 존재로 보았다. 즉, 몸을 자동기계에 비유하면서 이와 별도로 생각할 수 있는 마음이 존재한다고 주장했다.

인간이란 존재가 인간이 될 수 있었던 것은 바로 마음이 있기 때문이라고 생각한 것이다. 만약 인간에게 있어 육체만 존재한다면 이는 식물과 다를 바가 없다. 하지만 생각할 수 있는 마음이 존재하기 때문에 인간으로서의 역할을 할 수 있다고 생각한 것이다. 그래서 데카르트는 그 유명한 '나는 생각한다. 고로 나는 존재한다'라는 말을 남긴 것이 아닐까.

사실 과학이 고도로 발달한 현대에도 몸과 마음의 관계를 밝히는 것은 쉽지 않은 일이다. 분명한 것은 플라톤이나 데카르트의 생각처럼 우리의 마음과 몸은 분명 서로 영향을 주고받는 관계임에 틀림없다는 사실이다.

그렇다면 마음이 변화할 때 우리의 몸에서는 어떤 일이 일어날까?

어느 날 친한 친구가 갑자기 사고를 당해 생사를 헤매고 있다는 소식을 들었
을 때 내 머리는 마치 망치로 한 대 맞은 듯한 심한 충격을 느낄 것이다. 99번째
프러포즈에 실패한 남자가 드디어 100번째 프러포즈에
성공했을 때 마치 하늘을 나는 기분이 들어 팔짝팔
짝 뛰게 되는 것은 당연지사다. 이처럼 인간의 몸
은 변화무쌍한 마음에 대해 생리적으로 반응하게
되어 있다. 이와 같은 인간의 마음에 따른 몸의 생리
적 변화에 대해 연구하는 분야가 있는데 이를 '생리심
리학'이라고 한다.

　　생리심리학에서는 인간의 생리적 작용을 통해 그
사람의 심리를 대강 예측할 수 있다. 예를 들어 어떤
사람의 심박수, 호흡수가 증가하고 혈압이 높아지
며 근육이 긴장상태에 있으면 그 사람의 마음
에 동요가 일어났음을 알 수 있다는 것이다.
이는 역으로 인간의 마음에 동요가 일어
나면 신체적으로 이런 변화가 일어난다
는 반증이기도 하다.

　　이러한 변화가 일어나는 이유는 무엇
일까? 그것은 바로 뇌의 지시 때문이다.
즉, 뇌는 마음의 반응에 신속히 대처하기 위

*마음의 동요는 전기를 발생시켜 신체적 변화를 가져온다.*
*그래서 마음이 아프면 몸이 아프다.*

해 신경세포를 통하여 각종 호르몬 등의 물질을 분비하는데 이 물질들이 각 신경들의 반응을 촉진하여 이러한 변화가 일어나는 것이다. 그리고 이러한 생리적 변화를 측정할 수 있는 까닭은 이러한 신체의 반응들이 전기적 발생의 과정을 거쳐 일어나기 때문이다.

뇌에서 발생하는 전기를 뇌파, 근육에서 발생하는 전기를 근전도, 심장에서 발생하는 전기를 심전도라고 부르는 이유도 바로 여기에 있다. 이러한 미세한 전기적 상태의 변화를 측정하여 그 사람의 생리적 변화를 읽어낼 수 있는 것이다. 물론 심박수나 혈압은 전기적 상태가 아니더라도 운동 상태와 압력의 변화로도 읽어낼 수 있지만 말이다.

한때 TV 프로에서 남녀 간에 호감을 갖는 정도를 읽기 위해 심박수를 측정하는 장치를 설정한 적이 있었는데, 이때 호감이 가는 이성을 만났을 때 심박수가 급격히 증가하는 것을 볼 수 있었다. 이는 생리심리학을 이용한 대표적인 방법이라 할 수 있다. 사건을 수사할 때 이용하는 거짓말 탐지기 역시 거짓말을 할 때 인간의 생리적 변화가 일어난다는 점을 착안해 만들어 낸 것이다. 단, 이는 거짓말을 해도 아무런 마음의 동요가 일어나지 않는 철면피(?)에게는 통하지 않는 방법이기도 하다.

# 나도 잘 모르는 나에 대하여

이제 좀 더 깊숙한 마음의 세계로 들어가 보도록 하자. 거기에는 그동안 내가 살아오면서 습득한 지식이 있고, 변화무쌍한 감정과 의지들이 우글거리고 있다. 그런데 이것들은 분명히 내가 의식하는 세계다.

그렇다면 나의 정신을 이루는 세계는 이것들이 전부인 것일까? 의식(意識)의 사전적 의미는 '각성(覺醒)하여 정신이 든 상태에서 사물을 깨닫는 일체의 작용'을 말한다. 그러나 우리의 정신세계에는 의식만 존재하는 것이 아니다. 거기에는 무의식도 존재한다.

정신세계의 무의식에 대해 최초로 언급한 사람은 19세기 초 독일의 철학자이자 교육학자였던 헤르바르트(Herbert, John Friedrich 1776~1841)였다. 그는 자기가 편찬한 〈심리학 교과서〉에서 인간의 마음을 의식과 무의식으로 구분하여 설명하였다. 인간의 마음에는 '확실히 알 수 있는 층'인 의식과 '그 밑에 존재하는 전혀 예상할 수 없는 층'인 무의식의 세계가 있다고 했다. 의식 속에 있는 것은 그 이미지를 떠올릴 수 있으나 무의식 속에 있는 것은 표상이 흐려져 있기 때문에 전혀 떠올릴 수가 없다고도 했다.

이러한 헤르바르트의 주장은 최초로 인간의 무의식에 대해 주장했다는 점에서 의미가 있으나 초보적인 수준을 벗어나지 못했기 때문에 별다른 주목을 받지 못했다. 이를 더욱 발전시킨 사람이 다름 아닌 정신분석을 창시한 그 유명한 프로이트이다.

## 무의식 속의 기억이 에너지를 발산할 때

프로이트(Freud, Sigmund 1856~1939)는 원래 신경정신과 의사로 일하고 있었는데 어느 날 히스테리 환자들을 진료하다가 이상한 점을 발견하였다. 이들은 분명 신경에는 아무런 이상이 없는데도 신경이 마비되는 증상을 앓고 있는 것이었다. 놀라운 것은 이들을 최면상태로 만들어 그 증상과 관련이 있는 과거의 어떤 사건—대부분 정신적 충격을 준 사건—을 해결하고 나면 그 증상은 씻은 듯이 없어진다는 사실이었다. 그런데도 환자들은 하나같이 그 과거의 사건을 전혀 의식하지 못했다. 이는 분명 인간의 정신 속에 무의식의 세계가 존재함을 증명하는 것이 아닐 수 없었다.

'이들은 과거 어떤 극심한 고통스런 사건을 통해 트라우마를 겪게 되었다. 그런데 세월이 지나면서 뇌는 그 기억을 무의식의 영역 속에 집어넣어 버렸고, 어느 날 무의식 속에 있던 그 기억이 에너지를 발산하기 시작했다. 그런데 그 에너지는 기억이 되살아나게 하므로 마음을 아프게 하는 것이 아니라 대신 신체의 관련된 부분을 공격하는 것으로 이를 대신하려고 한다. 그래서 각종 통증이나 고통스런 질병이 유발하는 것이다. 따라서 이를 치료하기 위해서는 최면 같은 방법을 통해 무의식 속에 있는 기억을 끄집어내어 그 당시의 상황을 받아들이고 용서하는 과정을 거치면 자연적으로 치료가 된다.'

프로이트가 창시한 정신분석은 이렇게 탄생한 것이다. 그는 의식과 무의식의 관계를 빙산에 비유하였다. 즉, 의식이 물 위에 모습을 드러낸 빙산이라면 무의식은 물 아래에 잠겨 있는 빙산이다. 빙산의 대부분은 물 아래에 잠겨 있다. 따라서 인간을 지배하는 정신세계의 대부분을 무의식이 차지하고 있다고 볼 수 있다. 실제로 인간의 무의식은 그 사람의 정신을 지배하는 실체라고 프로이트는 주장한다. 이러한 무의식 안에 있는 것은 꿈 등을 통하여 갑자기 모습을 드러내기도 하지만 평소에는 쉽게 그 정체를 알아내기 힘들기 때문에 사람의 마음을 알기가 매우 어렵다. 이것이 내 마음을 불안하게 만드는 주범이 될 수 있는 세계이기도 하다.

이러한 프로이트의 이론은 오늘날 '정신분석학'이란 이름으로 심리학을 연구하는 사람들에게 지대한 영향을 끼치고 있다.

### 무의식을 규명하는 또하나의 이론 – 융의 정신분석

// 프로이트의 황태자라고 불릴 정도로 프로이트의 애제자였던 융(Jung, Carl Gustav 1875~1961)은 프로이트의 이론에 이의를 제기했다. 애제자였던 융의 반기에 아마도 프로이트의 심기가 불편했을 것은 뻔한 이치다. 결국 두 사람은 이 때문에 갈라섰다고 한다.

그렇다면 융이 주장한 정신분석의 이론은 무엇이었을까? 그는 프로이트가 인간의 정신세계를 원초아(비양심적 존재) – 자아(조절하는 자신) – 초자아(양심적 존재)로 구분했던 것과 달리 자아 – 개인적 무의식 – 집단적 무의식으로 구분했다. 여기서 개인적 무의식의 세계는 프로이트가 주장한 것과 크게 다르지 않다. 하지만 '집단적 무의식'이라는 개념에서 프로이트와 결정적인 차이가 난다.

이는 인간이 진화하면서 공통적으로 경험한 역사를 담고 있는 세계이다. 예를 들어 뱀을 보고 무서워하거나 바다를 보고 포근한 마음을 갖는 것 등은 집단적 경험에 의해 생긴 마음이라는 것이다. 또한 동양의 음양사상이나 서양의 선악사상도 집단적 무의식에 의한 산물이라고 융은 생각했다. 하지만 이러한 융의 이론은 과학적으로 증명된 것이 아니기 때문에 과학적 탐구를 중시하는 현대 심리학에서는 거의 받아들여지지 않는다. //

## 현대인들의 정신세계는 3차원이 기본?

프로이트는 인간의 마음을 의식과 무의식으로 구분했지만, 일반적으로 현대 심리학에서는 인간의 마음을 크게 지성, 감정, 의지 세 부분으로 구분한다. 이중에 먼저 인간 지성에 대한 비밀을 풀어보고자 한다.

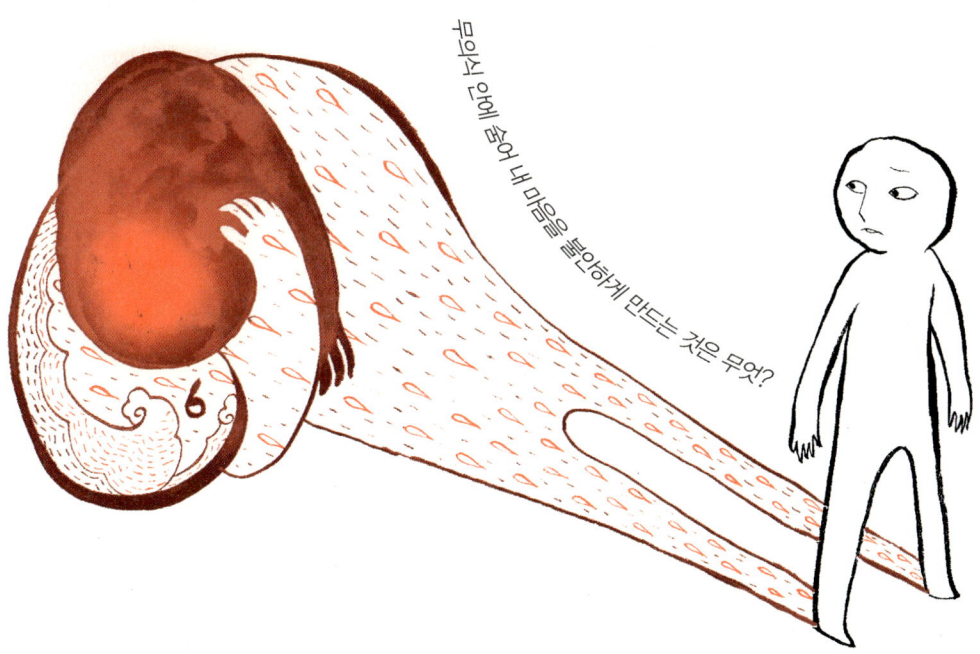

이를 이해하기 위해 17세기 말에 등장한 영국경험론의 대표적인 주자인 존 로크(John Locke 1632~1704)의 주장을 들어 볼 필요가 있다. 그는 인간이 태어날 때 백지와 같은 상태라고 주장했다. 인간은 오로지 경험에 의해서만 지식을 습득할 수 있기 때문에 막 태어난 아기는 선악의 판단조차 할 수 없는 백지 상태라는 것이다. 그리고 자라면서 그 백지에 경험에 의한 지식이 기록되기 시작하는데, 이때 얻어지는 지식이 많으면 많을수록 마음이 충만해진다는 것이다.

로크의 이러한 주장은 그럴 듯해 보인다. 과연 로크의 주장은 맞는 것일까? 그러나 현대의 심리학에서는 로크의 주장을 액면 그대로 받아들이지 않는다. 즉, 인간의 지식은 태어날 때에도 어느 정도 소질을 갖고 나온다는 것이 밝혀진 것이다. 현대 심리학은 인간의 지성에 대해 이러한 선천적인 소질과 그가 자란 환경을 바탕으로 자라면서 습득한 지식이 합해져서 최종적인 지식이 형성된다는 입장을 가지고 있다. 실제로 인간 뇌의 크기는 태어날 때보다 자라면서 점점 커지는 구조를 가지고 있어 이러한 주장을 뒷받침한다.

## 기억은 마음이 일으키는 신비한 현상

인간은 습득한 지식을 기억하게 된다. 이러한 기억은 마음이 일으키는 여러 작용 중 가장 신비한 현상 중 하나가 아닐 수 없다. 만약 기억력을 좀 더 높일 수 있는 방법이 있다면 아마도 학부모 사이에서 난리가 날 것임에 틀림없다. 그것은 아이들의 학습과도 깊은 연관이 있기 때문이다. 한편, 기억을 잃어버려 고통 받는 사람도 있다. 어느 날 교통사고로 기억을 담당하는 뇌의 한 부분이 손상되어 기억을 잃어버린 것이다. 자신의 자식도 기억 못하는 아버지 앞에서 아이들의 마음은 얼마나 황량할까.

*학습 후 10분이면 잊혀지기 시작하는 게 인간에게는 정상이라는데*

　이처럼 중요한 기억에 대해 심리학자들은 이미 오래 전부터 연구하기 시작했다. 그 중 영국의 심리학자 바틀릿(Sir Bartlett, Frederick Charles 1886~1969)이 주장한 '스키마(기억을 재구성하는 틀이란 뜻)'는 매우 의미 있는 발견이라 할 수 있다. 그는 인간이 기억을 할 때 보고 들은 것을 그대로 저장했다 끄집어내는 것이 아니라 어떤 틀에 의해 그 기억을 재구성해서 끄집어낸다는 사실을 발견하였다. 그 틀이 바로 스키마이다. 이는 자신의 관심 분야에 대해서는 기막히게 기억해 내지만 관심이 없는 분야에 대해서는 잘 기억하지 못하거나 왜곡되게 기억하는 것을 통해 쉽게 알 수 있다. 즉, 관심 분야의 경우 스키마에 그에 관한 예비지식이 가득 차 있기 때문에 그와 관련된 새로운 지식을 습득하는 데에도 큰 도움을 주는 것이다. 따라서 스키마는 기억을 도와주는 예비지식이라 할 수 있으며 이러한 스키마가 클수록 많은 것을 기억해 낼 수 있다는 것이다. 우리가 학습을 할 때 예습이 중요하다고 하는 이유가 여기에 있다. 예습을 하는 것은 스키마를 키우는 효과를 내므로 학습한 내용을 더 잘 기억할 수 있게 도와준다.

기억 연구에 관해 또 한 명의 선구자가 있으니 그는 독일의 심리학자였던 헤르만 에빙하우스(Hermann Ebbinghaus 1850~1909)이다. 그는 유명한 망각 곡선의 창시자로 유명하다. 에빙하우스의 연구에 의하면 인간은 학습 후 10분 후부터 망각이 시작된다고 한다. 그리고 1시간 후에는 약 60%가 잊혀지고 하루가 지나면 70%, 한 달이 지난 후에는 80%를 망각하게 된다. 그래서 탄생한 것이 그 유명한 망각 곡선이다. 그러나 만약 학습한 후 기억의 60%가 사라지는 1시간 이내에 그 내용을 다시 복습한다면 어떻게 될까? 에빙하우스는 이에 대해서도 재미있는 실험 결과를 얻었는데 이때 그 기억은 훨씬 더 천천히 사라진다는 것이 밝혀진 것이다. 그리고 시간 간격을 두고 복습을 반복할수록 기억은 더 많이 더 오래 저장된다는 사실을 발견하였다.

오늘날 학습을 하는 데 있어 복습과 예습을 강조하는 이유는 바로 바틀릿과 에빙하우스의 과학적인 연구 결과를 바탕으로 한 것임을 알아야 할 것이다. 자, 이제 그 원리를 알았으니 지금부터 당장 실천해 보도록 하자.


### 주기적인 4회 복습에 의한 기억의 원리

// 에빙하우스의 이론에 의해 탄생한 학습법이 주기적인 4회 복습에 의한 기억 원리이다. 즉, 처음 기억을 잃기 시작하는 10분 후부터 1일 후, 1주 후, 1달 후의 4회 복습을 하면 장기 기억으로 넘어가 절대 까먹지 않게 된다는 원리이다. 자, 만약 마음의 준비가 되었다면 이 4회 복습의 방법으로 한번 공부해 보기 바란다. 단, 이를 실천하기 위해서는 반드시 끈기와 인내가 필요하다는 사실을 먼저 인식하고서 말이다. //

## 마음을 무너뜨리는 기억이 있다고?

자, 그럼 이제 기억에 관한 질문을 하나 해보도록 하겠다. 여러분들의 인생에서 일어난 일 중에 이미 문제가 해결된 것과 해결되지 않은 것 중 어느 것이 더 기억에 오래 남아 있는가?

아마도 문제가 해결된 것은 거의 기억에 남아 있지 않음을 발견할 수 있을 것이다. 대신 문제가 해결되지 않았던 것은 여전히 기억에 남아 있음을 발견할 수 있을 것이다. 왜 이런 차이가 발생하는 걸까? 이는 자이가닉 효과로 설명할 수 있다. 자이가닉 효과란 독일의 심리학자 블루마 자이가닉(Bluema Zeigarnik)이 발

*내 마음까지 무너뜨리는 기억, 그걸 어떻게 해결했어야 했을까?*

견한 것으로 '완결된 과제는 쉽게 잊어버리지만 미완의 과제는 오래 기억된다' 는 기억의 원리 중 하나이다. 자이가닉은 어느 날 세미나 차 카페에 갔다가 웨이터가 계산이 끝난 손님의 메뉴는 잘 기억하지 못하나 아직 계산 전인 손님의 메뉴는 기막히게 기억하는 것을 보고 연구하여 발견해낸 기억의 원리이다.

실제 우리는 삶 속에서 아직 문제가 해결되지 않은 수많은 사건들을 잊지 못하고 살아가는 경우가 많다. 내 돈을 떼먹고 도망간 사람을 절대 잊을 수 없을 것이다. 하지만 내 돈을 빌렸으나 이미 갚은 사람은 이름조차 기억나지 않는다. 이 역시 자이가닉 효과이다. 오래전 철천지 원수가 아직 기억나는 이유는 그와의 문제가 아직 해결되지 않았기 때문이다. 그리고 남에게 뭔가 커다란 도움을 받았을 경우도 마찬가지다. 이 역시 내가 받은 만큼 그에게 베풀어야 문제가 완결되는 것인데 받기만 했으니 아직 완결되지 않은 문제나 마찬가지다. 그래서 오래 기억되는 것이다.

문제는 나쁜 기억을 오래 간직하는 것은 건강에 좋지 않다는 점이다. 그것은 내 몸에 나쁜 호르몬을 분비시켜 내 몸을 망가뜨릴 뿐만 아니라 내 마음까지 무너뜨리는 주범이 된다. 그렇다면 어떻게 해야 할까? 이는 자이가닉 효과 때문에 생기는 일이므로 문제를 완결시켜 버리면 된다. 즉, 원수가 있다면 그를 용서해 주면 문제는 완결되는 것이다. 그리고 시간이 지나면 자연히 내 기억에서 서서히 멀어져 갈 것이다.


## 기억? 의지만으로 잡을 수 없는 것

나쁜 기억은 버리고 싶지만 소중한 기억은 간직하고픈 게 인간의 마음이다. 그러나 인간은 뜻하지 않게 기억을 잃어버리기도 한다.

드라마나 영화를 보면 기억상실증에 걸린 사람을 쉽게 만날 수 있다. 극적인 장면을 만들기 위해 기억상실증이 단골로 쓰이기 때문이다. 그런데 기억상실증에 걸리는 사람들을 살펴보면 주로 교통사고 같은 어떤 외적인 사고가 원인이 될 때가 많음을 알 수 있다. 그렇다면 왜 사고를 당하면 기억상실증에 걸리는 것일까?

그것은 사고를 당하는 순간 기억을 담당하는 뇌의 한 부위가 손상을 입기 때문이다. 생리학적인 연구에 따르면, 주로 뇌의 내측부나 변연계에 있는 해마, 편도체 등의 부위가 기억과 관련되어 있다고 알려져 있다. 이 부위들이 병이나 사고로 인해 상처를 입거나 변화가 생기면 기억장애가 일어나게 된다.

이러한 기억상실증은 뇌의 어느 부위에 손상을 입느냐에 따라 다양한 증상으로 나타난다. 어느 부분의 기억을 상실할 수도 있고 전체의 기억을 상실할 수도 있다. 또한 아주 드문 경우지만 사고로 후두엽과 측두엽에 손상을 입을 경우 얼굴만 기억하지 못하는 얼굴실인증에 걸릴 수도 있다. 얼굴실인증에 걸리면 얼굴에 대한 기억이 모두 사라져 버리기 때문에 가족조차 알아보지 못하게 된다. 실제 치매 환자가 사람을 잘 알아보지 못하는 것도 사실은 얼굴실인증에 걸렸기 때문이다.

치매의 경우 노화가 진행되면서 어떤 이유로 뇌의 신경세포가 망가지기 때문에 일어나는 병이다. 이때 신경세포의 손상이 뇌의 기억에 해당하는 부분까지 번지면 기억을 하지 못하고, 더 심해져서 운동이나 감각을 담당하는 부분까지 뇌신경이 손상되면 결국 움직이지도 못하게 되는 것이다. 따라서 우리는 마음을 가꾸는 것을 통하여 뇌세포를 건강히 가꾸도록 늘 노력해야 할 것이다.


## 기억상실증의 종류

// 기억상실증에는 과거 기억하고 있던 것을 잊어버리는 '역행성 기억상실증'과 손상 이후 새로운 어떤 것을 기억할 수 없게 되는 '순행성 기억상실증'이 있다. 생리학적으로 역행성 기억상실증은 유두체나 시상 등의 손상에 따른 것이라고 보고 있고 순행성 기억상실증은 해마의 손상을

그 원인으로 보고 있다. 주로 드라마나 영화에서 다루는 기억상실증은 역행성 기억상실증에 해당하는 것이라 할 수 있다. //


## 심리학을 알면 상대방 성격을 간파할 수 있다?

사람들이 심리학을 통해 가장 알고 싶어 하는 것 중의 하나가 바로 성격에 관한 것일 것이다. 심지어 어떤 사람은 심리학이 그 사람의 성격을 알아내는 학문인 것으로 착각하고 있을 정도로 사람들의 성격에 대한 관심은 지대하다. 사람들이 이렇게 성격에 관심을 가지는 이유는 아마도 누구나 좋은 성격을 갖고 싶어 하기 때문일 것이다. 만약 좋은 성격을 가지는 비법이 있다면 당장 자신의 자식에게 교육시켜 적용하려고 달려들 것이다. 이렇듯 성격이 우리 삶에 있어 중요한 요인으로 작용하기에 이에 대한 심리학자들의 연구도 활발히 진행되었다. 성격을 연구하는 심리학의 한 분야를 성격심리학이라 부른다.

과거 의학의 아버지라고 불리는 히포크라테스(Hippocrates ?B.C.460~?B.C.377)가 체액의 종류에 따라 인간의 기질이 달라진다는 주장을 한 적이 있었다. 인간의 몸에는 4종류의 체액이 흐르고 있는데 이 중 어느 체액이 우세한가에 따라 그 사람의 기질이 결정된다고 한 것이다. 이렇게 인간의 성격에 관한 탐구가 과학적으로 연구되기 시작한 것은 독일의 정신의학자 크레치머(Kretschmer, Ernst 1888~1964)에 이르러서였다.

그는 정신질환자들을 진료하던 중 환자의 체형과 성격 간에 상관관계가 있다는 사실을 발견하였다. 크레치머는 환자들을 체형에 따라 키가 크고 여윈 허약형, 좀 더 근육질인 운동가형, 통통한 비만형 등 크게 3가지로 나누었는데, 정신분열증은 허약형에서 가장 많이 나타나고 운동가형에서도 정도는 덜하지만 많이 나타

비만형, 착하지만 기분의 변화가 심한 성격의 소유자?

나며, 조울증은 비만형에서 많이 나타난다고 했다. 또한 허약형은 섬세하고 과묵하고 착실한 성격적 기질이 있고, 비만형은 일반적으로 선량하나 기분의 변화가 심한 조울 기질이 있다고 했다. 그리고 근육질형은 꼼꼼하고 끈기와 의리가 있으나 경우에 따라 폭발적으로 화를 내는 성격적 기질이 있다고 주장했다.

이에 반해 스위스의 심리학자 융은 인간의 성격을 관찰한 결과 두 가지 유형으로 나뉜다고 주장했다. 즉, 마음의 에너지가 바깥으로 향하는 '외향형' 과 에너지가 마음 안으로 향하는 '내향형' 이 그것이다. 융은 외향형인 사람이 주로 행동파적인 기질을 보이는 반면, 내향적인 사람은 이론적이고 논리적인 기질을 보인다는 주장을 내놓았다. 우리가 소위 성격을 말할 때 외향적이다, 내성적이다, 라고 말하는 것이 바로 융에서 비롯된 것이다.


## 감정 따위에 놀아나지 않기 위해 알아야 할 것

지금까지 기억에 대한 과학적인 탐구를 하였다. 그렇다면 인간의 감정도 과학적으로 탐구할 수 있는 것일까? 무엇보다 인간은 감정의 동물이다. 하루에도 수십 번 마음이 변한다는 말은 바로 감정의 변화를 일컫는 말이다. 아마도 감정을 잘 다스릴 수 있다면 그 사람의 인생은 순탄한 길을 걸을 것임에 틀림없다. 대부분의 인간들은 감정을 다스리지 못해 패가망신 하는 경우가 많다. 이러한 감정의 실체에 대해 살펴보자.

심리학적으로 감정을 연구하기 위해 우리는 여러 가지 단어로 구분된 감정을 만나야 한다. 감정은 좁은 의미로 유쾌나 불쾌 등의 일시적인 마음의 작용을 말한다. 이러한 감정은 약하게 작용하며 오래 지속되지 않는다는 특징을 가지고 있다. 반면, 넓은 의미의 감정이란 정서(情緖, Emotion), 기분 등의 상태를 포함한다.

심리학에서 정서란 기쁘고 노하고 슬프고 즐거운 격한 감정을 뜻한다. 이러한 정서는 주로 외부의 반응에 의해 나타나며 높은 강도로 짧은 기간 진행되기 때문에 심박수가 변하는 등 생리적 변화를 수반한다. 반면 기분이란 보통 좋고 나쁨으로 표현되는데 특별한 외부의 자극이 없는데도 단순히 환경이나 신체 상태의 영향을 받아 나타난다. 이러한 기분은 비교적 오래 지속된다는 점에서 정서와 구분된다.

이러한 감정의 종류에 대해 심리학자들의 연구는 주로 정서에 집중되어 있다. 그렇다면 인간의 정서는 어떻게 생기는 걸까?

어둡고 외진 밤길을 홀로 걷는 여성이 있다고 상상해 보자. 그런데 갑자기 등 뒤에서 스산한 인기척이 느껴진다. 여성은 직감적으로 그가 자기를 해치려는 강도라고 생각한다. 여인은 갑자기 머리가 쭈뼛 서는 느낌을 받고 몸을 으스스 떨며 가슴이 방망이질을 친다. 마음은 갑자기 공포심으로 터질 것만 같아진다.

이 상황에서 우리는 이 여인이 느낀 감정의 실체를 파악해 보자. 과연 공포심이 먼저 생겼기 때문에 가슴이 뛰기 시작한 걸까, 아니면 가슴이 뛰었기 때문에 공포심이 생긴 걸까? 대부분의 사람들은 공포심이 생겼기 때문에 가슴이 뛸 것이라 생각하지만 심리학적인 연구 결과는 꼭 그렇지만은 않다.

이와 관련해 제임스와 랑게가 발표한 '제임스-랑게 이론(James-Lange Theory)'이라는 게 있다. 이는 위험 상황을 감지한 대뇌피질이 먼저 신체적 반응을 일으키고 이것이 동시에 감정의 변화를 일으킨다는 이론이다. 즉, 신체 반응이 먼저 일어나고 이와 동시에 감정의 변화가 일어난다는 것이다.

하지만 이에 반기를 든 이론도 있다. 그것은 '캐논-바드 이론(Cannon-Bard Theory)'으로 순간적인 반응에 의해 나타나는 감정의 변화는 그 속도가 너무 빠르기 때문에 신체 변화가 따라갈 수 없다는 데 착안하여 만들어졌다. 즉, 외부의 위기를 감지한 시상하부가 먼저 반응하여 공포심을 느끼고 이것이 대뇌피질에 전달되어 신체가 반응한다는 것이다.

여러분은 어느 이론이 실제에 더 가깝다고 생각하는가? 중요한 것은 인간이 느끼는 감정 역시 뇌신경의 반응으로 나타난다는 점이다.


## 대강하는 방법도 성격대로?

어쨌든 크레치머나 융의 방법은 사람의 성격을 유형적으로 구분하여 나타낸 것이라 할 수 있다. 반면 사람의 성격을 구조적으로 분석한 학자가 있으니 그가 바로 그 유명한 프로이트이다.

프로이트의 자아개념에 대해서는 앞에서도 이미 설명한 바 있다. 프로이트는 사람의 마음이 원초아―자아―초자아로 구성되어 있다고 보았다. 여기서 원초아란 감정에 따라 충동적으로 행동하려는 나이고 초자아란 규칙과 도덕을 지키려는 나이다. 자아는 이 둘 간의 갈등을 조절하는 존재이다. 보통의 정상적인 사람은 자아가 이 둘 사이의 갈등을 잘 조절하기 때문에 아무런 문제가 없다. 그러나 자아가 약해져 정상적으로 작동하지 못하면 문제가 생기게 된다. 보통 사람들이 정신적인 문제가 생기는 것이 이 경우에 해당한다.

따라서 한 사람의 정신이 정상적으로 작동하기 위해서는 이 자아의 활동이 매우 중요하다고 할 수밖에 없다. 그런데 현실은 어떤가? 한 사람이 살아가기에 이처럼 험난한 곳이 또 있으랴. 이런 상황 속에 있는 자아는 험난한 현실에 대항하기 위해 여러 가지 편법을 쓰게 된다.

프로이트는 이를 '방어기제'라고 불렀는데 예를 들면 직장상사로부터 심한 꾸중을 들었을 경우 동료에게 울분을 토하는 사람이 있는가 하면, 그것을 토대로 자신을 더 채찍질하는 사람도 있다. 이들이 바로 방어기제를 사용한 것이다. 이러한 방어기제는 무의식적으로 나타나게 되는데, 프로이트는 어떤 사람이 외부적 반응에 대하여 어떤 방어기제를 쓰느냐에 따라 그 사람의 성격의 차이가 나타난다고 주장한 것이다. 이는 사람의 성격이 나타나는 원인을 구조적으로 접근했다하여 유형론과 구분하여 구조론이라 부른다.

## 수많은 성격 테스트, 정말 내 성격?

인터넷을 떠돌다 보면 여러 가지 성격 테스트라는 것을 만날 수 있다. 이러한 성격테스트의 방법들은 대부분 현대의 성격심리학을 연구한 학자들에 의해 개발된 것들이다. 그렇다면 현대의 성격심리학자들은 어떤 방법으로 인간의 성격을 연구했을까?

현대의 성격심리학에 공헌한 사람으로 미국의 심리학자인 올포트(Allport, Gordon Willard 1897~1967)를 들 수 있다. 그는 크레치머의 유형론이나 프로이트의 구조론보다 더 발전된 성격이론이 필요하다고 판단하여 사람의 특성을 표시하는 단어를 무작위로 사전에서 찾아내는 작업을 했다. 놀랍게도 그가 골라낸 단어의 수는 엄청나게 많았으며 그는 이를 다시 정리하고 비슷한 것끼리 분류하는 작업을 지속했다. 결국 그는 최종적으로 인간의 성격을 14가지 특성으로 정리할 수 있었다. 예를 들면 지배적-복종적, 대담성-동요성, 외향적-내향적 등의 특성들이 이에 해당한다.

이처럼 성격을 특징에 따라 분류하는 연구는 그 후 활개를 치게 되었고 컴퓨터를 이용한 성격적 특징의 통계학적 분석 등과 같은 좀 더 과학적인 방법이 동원되기도 하였다. 오늘날 우리가 행하고 있는 수많은 종류의 성격 테스트가 이렇게 만들어진 것들이다.

**올포트가 말하는 성숙한 성격의 7가지 특징**

// 1. 자아의식을 넓혀 간다.

  2. 타인과의 관계가 원만하다.

  3. 정서가 안정되어 있다.

  4. 현실을 있는 그대로 받아들인다.

  5. 일의 성취를 지향한다.

  6. 자기를 객관적으로 이해하려고 한다.

  7. 일관된 목표를 지향한다. //

전 세계 70억 인구도
14가지 성격으로 분류 가능하다

## 성격을 여전히 혈액형으로 말하는 당신에게

혈액형을 그 사람의 성격과 연관 짓는 것은 이제 하나의 일상이 되었을 정도로 사람들은 혈액형 하면 성격을 떠올리게 된다. 보통 A형은 내향적이고 O형은 외향적이며 B형은 주관적이고 독특한 성격을 가지고 있다고 알려져 있다. 특히 B형의 경우 독특한 성격 탓에 노래나 영화의 주인공으로 등장하기도 할 정도다.

그렇다면 혈액형과 성격에 연관이 있다는 것은 과학적으로 밝혀진 사실일까? 한마디로 혈액형과 성격이 연관되어 있다는 것에 대하여 아직까지 과학적으로 밝혀진 것은 전무하다. 뿐만 아니라 수많은 심리학자들이 연관성을 찾기 위해 노력했으나 모두 헛수고만 하고 말았다. 과학적인 연관성을 말하자면 성격을 결정짓는 유전자와 혈액형을 결정짓는 유전자 사이에 서로 인과관계가 있는가를 알아보면 되는데, 연구 결과 이 둘 사이에 인과관계가 있다는 사실이 밝혀지지 않았다. 따라서 혈액형 유전자가 한 인간의 성격 형성에 영향을 줄 수 없는 것이다.

그럼에도 불구하고 수많은 심리학자들이 혈액형과 성격의 관련성을 조사했으나 아직까지 그 어떤 결과도 얻지 못하고 있다. 이처럼 혈액형과 성격이 관련이 없다는 사실이 뻔히 나왔는데도 왜 사람들은 혈액형으로 성격을 판단하기 좋아하는 걸까? 이에 대해서는 여러 가지 의견이 있을 수 있으나 일단 무지에서 비롯된 것이 많을 것이다. 즉, 아직 혈액형과 성격이 관련이 없다는 사실이 과학적으로 입증되었다는 사실을 몰라서 그렇게 행동할 수 있다. 그리고 또 하나 생각할 수 있는 것이 이 문제는 이미 하나의 문화가 되어서 집단적인 편견이나 고정관념의 상태로 넘어갔기 때문에 생기는 현상이라 할 수 있다.

그렇다면 혈액형과 성격을 연관 짓는 발상은 어떻게 시작된 것일까? 이는 20세기 초 유럽에서 유행하던 우생학에서 비롯되었다. 우생학은 당시 새롭게 등장

과학적으로 밝혀진 것들도 아닌데
성격을 간파하는데는 혈액형이 최고?

한 ABO식 혈액형을 성격과 연관시키는 연구를 하기 시작했고, 독일의 듄겔 박사
도 이 연구에 동참한 사람 중 한 명이었다. 그리고 이 가설은 당시 독일에 유학 중
이던 일본인 의사 하라에 의해 일본으로 도입되었고 오늘에 이르게 된 것이다.
이는 1900년대 초에 만들어진 비과학적 가설이 21세기 최첨단 과학시대에도 판
치고 있는 셈이 되는 것이니 아이러니할 수밖에 없다.


### '이렇게 생겨 먹은 걸 어떡해!' 라고 말하는 당신

보통 사람들은 부모의 지능이 자식에게 유전될 것이라 생각한다. 부모가 모두

명문대학을 나온 집의 자식이 역시 명문대학에 진학하는 것을 보면서 그 생각이 맞다며 고개를 끄덕이기도 한다. 그런데 어떤 집을 보면 전혀 그렇지 못한 경우도 있다. 부모는 머리가 좋은데 자식은 정반대다. 아니면 부모는 무식한 농사꾼에 불과한데 자식은 머리가 좋아 반에서 1등을 한다. 이처럼 지능이 유전되는지에 대한 관심은 심리학자들의 주된 연구 대상이 되기에 충분하다.

지능이 유전되는지에 대한 궁금증을 견디다 못해 직접 실험해 본 사람이 있다. 그는 미국의 심리학자 트라이언으로 미로를 잘 빠져나오는 쥐의 무리와 미로를 잘 빠져나오지 못하는 쥐의 무리를 분리한 후 그 후손들은 어떻게 되는지 관찰을 한 것이다. 그 결과는 흥미로웠다. 미로를 잘 빠져나오는 쥐의 후손들 역시 미로를 잘 빠져나왔으며 미로를 잘 빠져나오지 못하는 쥐의 후손들 역시 미로를 잘 빠져나오지 못했다. 이러한 현상은 대가 이어질수록 우등한 쥐는 더욱 우등해지고 열등한 쥐는 더욱 열등해지는 결과로 이어졌다.

그렇다면 과연 이 쥐 실험을 인간에게도 적용할 수 있는 것일까? 이에 대해 아직 학자들은 결론을 내지 못한 상황이다. 왜냐하면 우수한 집안의 혈통을 조사해도 그 자식들이 일부 우수하긴 하나 모두 우수하지는 않기 때문이다. 결국 인간의 지능이 유전과 일부 관계가 있긴 하나 결정적인 영향을 미친다고는 할 수 없으며 환경적인 요인까지 영향을 미친다고 보는 것이 일반적인 견해가 되었다.

## 내 인성과 성품을 점수로 말할 건가?

한때 우리나라에서도 EQ 열풍이 분 적이 있었다. 그때 IQ의 시대는 가고 EQ의 시대가 왔다느니, 하면서 온 나라가 EQ로 떠들썩했었다. 덕분에 지금도 EQ 동화라느니 어린이 EQ 계발 시리즈 등이 인기를 끌고 있을 정도다.

그렇다면 IQ에 이어 왜 EQ의 열풍이 불게 된 것일까? EQ(Emotional Quotient)란 감성지수를 말하는 것으로 쉽게 말하면 마음의 지능지수라고 할 수 있다. 이는 심리학자인 대니얼 골먼(D. Goleman)이 1995년 자신의 저서인 〈감성지능(Emotional Intelligence)〉에 EQ를 소개하면서 유명해지게 되었다.

골먼은 이 책에서 그동안 사람들은 IQ가 높으면 학업 능력이나 사회적인 성공도가 높은 것으로 평가해 왔으나 이는 환상에 불과하며 이제 생각을 바꿔야 한다고 주장했다. 그는 성공적인 인생을 사는 데 IQ는 20% 내외의 영향을 미칠 뿐이며, 나머지 80%는 EQ의 영향이 크다고 말한다.

비록 IQ가 학업 성과를 내는 데에는 일정 부분 기여를 하지만 그것만으로 인생의 성공이 보장되지 않는다는 것이다. 성공적인 인생을 살기 위해서는 끈기와 인내심, 집중력, 감정조절 능력, 자기 통제력 같은 자신의 정서와 감정의 통제 능력이 큰 영향을 미친다. 이러한 EQ가 높은 사람이 학업 성적도 좋게 나오고 인간관계도 좋기 때문에 사회적으로도 성공할 가능성이 높다는 것이다. 만약 IQ는 높은데 EQ가 낮다면 그는 일시적으로 성적이 좋게 나오는 등 성공할지 몰라도 그 성공이 지속되기 힘들다는 것이다.

이러한 주장에 마음이 쏠리지 않을 사람이 어디 있겠는가. 골먼의 주장은 실제 실험으로도 증명되었는데 어릴 적 자기 통제력이 높은 아이들과 낮은 아이들의 일생을 추적한 결과 자기 통제력이 높은 아이들이 공부도 잘하고 사회적으로 성공한 것으로 나타났다. 이쯤 되면 이제 EQ에 신경을 쓰지 않을 수 없다. 그러나 1905년 첫선을 보인 IQ의 역사가 100년이 넘은 반면, 1990년에 처음 등장한 EQ의 역사(미국의 심리학자인 메이어와 샐로비에 의해서 처음 연구됨)는 이제 불과 20여 년밖에 되지 않는다. 이 때문에 IQ처럼 측정 방법이 아직 대중화되지 않았다는 문제점이 있다.

EQ는 그 사람의 인성, 성품, 정서 등
마음에 가까운 모든 것을 말한다

그렇다면 EQ가 마음의 지능지수라고 했는데 도대체 우리의 정신 능력 중 어떤 것들이 해당되는 것일까? 인간의 정신 능력은 크게 두 가지로 구분되는데, 하나는 사고 능력이나 기억력, 이해력, 추리력, 계산력, 창의력 등과 같은 이성 능력이 있고, 또 하나는 인내심, 끈기, 절제, 자기 통제력, 용기, 감정조절 등과 같은 정서 능력이 있다. 앞의 이성 능력이 바로 IQ에 해당하고 뒤의 정서 능력이 EQ에 해당한다.

따라서 EQ란 바로 그 사람의 인성, 성품을 말하는 것이기도 하다. 마음을 다스릴 줄 아는 사람이 세상을 다스릴 수 있는 법이다. 즉 내 마음을 다스리는 연습을 꾸준히 하면 내 인성도 좋아질 것이며 EQ 지수도 높아질 것이다.

### 지능검사 IQ

// IQ란 말이 처음으로 사용된 것이 미국의 심리학자 터먼에 의해서였다고 했다. 당시 스탠포드 대학의 교수였던 터먼은 정신연령 측정법으로 불렸던 '비네-시몽식 지능검사'를 개정하고 IQ 검사란 이름을 붙여 다시 세상에 내놓았다. 이후 IQ 검사는 폭발적인 인기를 얻어 대중화되기에 이른다. 그러나 이렇게 터먼이 개발한 IQ 검사는 문제점이 있었다. 아이의 상대적인 지능의 정도는 알 수 있지만 그 아이만 가지고 있는 질적인 지능은 알아낼 수 없기 때문이다. 이 문제를 해결하기 위해 미국의 심리학자 웩슬러가 개발하여 1939년에 내놓은 것이 '웩슬러-베리뷰 지능검사'이다. 웩슬러의 이 지능검사는 터먼의 IQ 검사와 구분하여 편차 IQ(Deviation IQ) 검사라 불렀으며 유아용, 아동용, 성인용 등으로 나누어 검사할 수 있도록 개발되었다. 그 후 지능검사는 더욱 발전하여 집단을 상대로 동시에 검사할 수 있는 집단지능검사법까지 개발되기에 이르렀다. //

한편, 아동교육학자들의 주장에 의하면 IQ나 EQ는 유아기 때 거의 형성되어 발달이 끝난다고 말하기도 한다. 물론 IQ나 EQ의 많은 부분이 유아기 때 형성되는 것은 사실이다. 하지만 그 발달이 끝나는 것은 아니다. 인간은 얼마든지 자신의 노력으로 인성(EQ)을 바꿀 수 있다. 그것은 우리가 지금 사용하는 정신 능력이 뇌가 가지고 있는 능력의 10%도 되지 않는다는 사실에서 잘 알 수 있다. 주변에 성공한 사람들 중에 과거 잘못된 자신의 인성을 좋은 인성으로 바꿔 성공한 예가 얼마든지 있다. 그들에게 성공 비결을 물어보면 하나같이 자신의 마음을 바꿨기 때문이라고 힘주어 말한다. 사실 세상에 바꿀 수 있는 것이 많지 않다. 그런데 내 마음을 바꾸는 것은 누구나 할 수 있다고 성공한 사람들은 하나같이 주장한다. 여러분들도 이제 나의 마음을 바꿔 EQ를 높이는 일에 동참해 보지 않겠는가.

## 내 영혼의 지능을 채점한다?

2000년에 옥스퍼드브룩스 대학교 교수인 도너 조하와 정신과 의사인 이언 마셜이 처음으로 SQ(Spiritual Quotient)라는 것을 제안했다. 말 그대로 번역하면 '영혼의 지능지수'가 되는데 보통 '제3의 지능지수'라는 말이 더 일반적으로 쓰인다. 인간에게 제3의 지능지수가 있을 가능성에 대해 처음으로 밝혀낸 사람은 1990년대 오스트리아의 신경학자 볼프 싱어이다.

싱어는 어느 날 뇌신경의 뉴런 다발이 진동한다는 사실을 발견하였다. 뇌 조직에 있는 신경이 순차적으로 연결되어 있는 것은 IQ의 기초가 된다. 또 방대한 신경망 조직은 EQ의 기초가 된다. 그러면 신경이 진동하는 것은 무슨 역할을 하는 것일까? 싱어는 신경이 진동할 때 인간은 그 동안의 경험을 통합하여 새로운 의미를 창조한다고 생각했다. 이것이 바로 SQ 탄생의 배경이다.

왜 SQ가 중요할까. 그것은 IQ나 EQ가 규칙적인 테두리 안에서 행동하는 능력인 데 반해, SQ는 규칙이나 상황을 바꿀 수 있는 창조적 능력이기 때문이다. 현대사회가 발전할수록 요구되는 것이 무엇일까? 바로 창의성이다. 회사에서도 개인사업장에서도 하다못해 구멍가게조차도 자신만의 독특한 창의성이 필요한 시대이다. 창의적이고 새로운 아이디어가 없으면 점점 살기 힘든 세상으로 가고 있는 것이다. 이러한 때에 등장한 SQ이기에 그만큼 더 중요하다고 하겠다.

그렇다면 SQ도 학습될 수 있는 것일까? SQ를 제안한 도너 조하는 SQ도 훈련과 학습을 통해 SQ 지수를 높일 수 있다고 주장한다. 그러나 SQ가 등장한 지 얼마 되지 않았기 때문에 아직 학계에서는 SQ 지수를 정설로 인정하지 않고 연구중에 있는 단계이다. 요즘 창의력이 중시되면서 이를 개발하는 교육 도구들이 인기를 끌고 있는데 이런 것들이 SQ와 관계가 있다고 할 수 있다.

# 바움 테스트

다음은 사람의 성격과 심리를 파악하는 데 사용되는 바움 테스트이다. 바움은 독일어로 '나무'를 뜻하는 말로 이는 1949년에 독일의 교육학자이며 심리학자인 야로슬로프 코흐 박사가 발표하여 세상에 알려진 심리 테스트이다. 한 가지 알아야 할 것은 바움 테스트가 과학적으로 증명된 것은 아니기에 실제 심리 치료에 사용되지는 않고 치료 전 심리를 진단하는 데 널리 사용된다는 사실이다.

**1. 검사 방법 :** 간단하다. 도화지에 자신이 생각나는 대로 한 그루의 나무를 그리면 된다. 이때 절대 남의 것을 보면 안 된다.

**2. 분석 방법 :** 종이의 공간을 어떤 식으로 사용하고 있는가, 어떤 모습을 하고 있는가, 어떠한 구도로 그렸는가 등의 3가지 잣대로 심리 상태를 분석한다.

- 종이 가득히 큰 나무를 그려 놓은 사람 : 자신감이 충만하다.
- 한쪽 귀퉁이에 작게 그려 놓은 사람 : 열등감이 있다.
- 갸날픈 나무에 가지를 섬세하게 그려 넣은 사람 : 성격이 섬세하다.
- 굵직한 선으로 좌우 대칭의 나무를 그린 사람 : 성격이 까다롭고 융통성이 없다.
- 열매가 잔뜩 열린 나무를 그린 사람 : 욕심이 많다.
- 열매의 크기를 크게 그린 사람 : 욕망의 크기가 크다.
- 열매가 땅에 떨어져 있는 상태를 그린 사람 : 감수성이 풍부하고 순진하다.
- 지면 없이 나무 밑동을 그린 사람 : 불안정하며 억압된 상태이다.
- 나뭇가지를 울창하게 그린 사람 : 자신감이 넘치고 자아에 대한 집착이 강하다.

심리학
키워드
**02**
너와 나의
마음

- 2장 -

너를
잘 다루십니까?

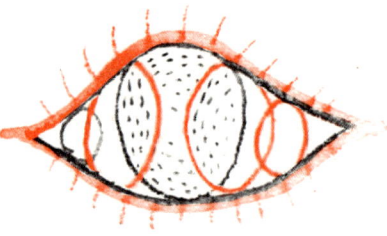

## talk on. 03
# 속마음을 알아채고 싶을 때

　여기 맞선을 보는 두 남녀가 있다. 여자는 훤칠한 외모에 서글서글한 인상의 남자가 마음에 쏙 든다. 이야기를 나누다 보니 이렇게 매너 있고 친절한 사람이 있나, 생각될 정도로 남자는 매력덩어리 그 자체였다. 여자는 점점 남자에게 끌렸고, 그가 자신의 말에 친절하게 대꾸까지 해 주자 남자도 자기를 마음에 들어 한다고 생각하기에 이른다. 그래서 남자에게 잘 보이기 위해 온갖 수다를 떨며 자신에 대한 모든 것을 이야기했다. 여자는 남자에게 자신의 휴대폰 번호를 찍어 주는 데까지 성공한 후 들뜬 마음을 주체하지 못하며 집으로 돌아왔다. 그리고 얼른 자신은 마음에 드는데 남자 쪽은 어떤지 엄마에게 알아봐 달라고 재촉했다. 그런데 이게 웬일! 남자는 자기를 전혀 마음에 들어 하지 않는다는 것이었다. 그 남자가 다정하게 대했던 이유는 거절하지 못하는 성격 때문이었다고 한다. 여자는 속았다는 생각에 또 한 번 가슴을 쓸어내려야 했다.

아마 맞선을 보는 남녀라면 공감이 가는 이야기일 것이다. 만약 여자에게 상대방의 속마음을 알아챌 수 있는 능력이 있었더라면 이런 수모(?)는 당하지 않았을 것이다. 하지만 어떻게 사람의 속마음을 알아챌 수 있단 말인가. '열 길 물속은 알아도 한 길 사람 속은 모른다' 는 말이 있을 만큼 알아채기 힘든 것이 사람의 마음이 아닌가.

만약 사람의 속마음을 알아낼 수 있는 방법이 있다면 얼마나 좋을까. 그러면 남녀 간에 사귈 때 도움이 되는 것은 물론 그 흔한 사기를 당하는 일도 막을 수 있을 것이다. 요즘은 국가와 온 국민을 상대로 사기 칠 정도로 통 큰 사기꾼들이 많으니 그 사람의 속마음만 알 수 있다면 이런 일도 미연에 방지할 수 있을 텐데. 하지만 세상에 그런 것은 없다. 혹시 먼 미래에 심리학이 고도로 발달한다면 가능할지도 모를 일이지만 말이다.

그럼에도 불구하고 요즘, 다른 사람의 심리를 파악하는 기술들이 속속 소개되고 있다. 사람의 속마음을 알고자 하는 것이 삶에 도움이 될 뿐만 아니라 인간의 기본 욕구이기 때문이기도 할 것이다. 이러한 심리기술 중에는 비과학적이거나 비논리적인 것이 많으나 그 타당성이 입증된 것도 제법 있다. 우리는 여기에서 과학적으로 논리적으로 타당성이 입증된 심리기술에 대해 알아보려 한다. 단, 여기에 제시하는 방법들이 그런 속마음을 가지고 있을 확률이 높다는 것이지 이럴 경우 100% 그럴 것이다, 라고 믿는 것은 금물임을 미리 밝혀 둔다.


## 여전히 유용한 클래식한 심리기술

누군가를 만나 대화를 나눌 때 상대방의 눈을 똑바로 쳐다보는 사람이 있는 반면 상대방을 똑바로 쳐다보지 못하고 슬그머니 눈을 내리깔거나 시선을 불안하게 처리하는 사람이 있다. 비록 단순해 보이지만 우리는 이를 통해 그 사람의 속마음을 읽어낼 수 있다.

먼저, 대화할 때 상대를 잘 쳐다보지 못하는 사람은 뭔가 숨기려는 마음이 있는 경우이다. 보통 아무 거리낌이 없는 사람의 경우 상대에게 시선을 던지는 시간이 30% 이상인데, 만약 상대방을 쳐다보는 시간이 그 이하라면 이는 그 사람은 무언가 감추고 있다는 것을 암시한다고 봐도 무방할 것이다.

이번에는 반대로 눈을 크게 뜨고 상대를 바라보는 스타일은 어떨까? 이 경우 상대에게 강한 흥미를 느끼고 있는 것이라고 볼 수 있다. 평상시보다 눈을 크게 뜨는 경우는 보통 놀라거나 강한 흥미를 가졌을 때 본능적으로 나타나는 반응이다. 여기서 본능적이라는 말은 우리의 의식과 상관없이 몸이 스스로 하는 행동이라는 뜻이다. 즉, 눈을 크게 뜨는 반응은 자율신경이 관여하는 반응이기 때문에 이런 현상이 일어나는데, 이는 상대방에게 관심이 있다는 속마음의 표현인 것이다. 실제 마음에 드는 이성을 만났을 때 눈을 크게 뜨는 것이 바로 대표적인 예라 할 수 있다.

그렇다면 대화할 때 시선을 이리저리 불안정하게 돌리는 사람의 경우는 어떨까. 이런 사람들은 자신이 심리적으로 불안정한 상태에 있다는 것을 간접적으로 표현하고 있다고 볼 수 있다. 이는 범죄자들이 형사의 심문을 받을 때의 모습을 상상해 보면 쉽게 짐작할 수 있다. 이들은 어떻게든 자신의 진심을 숨기기 위해 눈동자를 이리저리 돌리면서 가능한 한 형사와 시선이 마주치지 않으려고 한다. 이는 심리적으로 불안정하고 떳떳하지 못하기 때문에 본능적으로 취하는 행동이라 할 수 있다. 마찬가지로 대화할 때 시선을 이리저리 불안정하게 돌리는 사람은 분명 심리적으로 불안정한 상태에 있다고 할 수 있는 것이다.

어떤 경우 상대를 곁눈질로 쳐다보거나 눈살을 찌푸리는 사람을 볼 수 있다. 이런 사람들의 심리는 대부분 그 사람이 하는 이야기의 내용에 불만이나 의문을 품고 있을 가능성이 높다. 어떤 사람이 마음에 들지 않는 소리를 퍼부을 때 곁눈질로 그 사람을 쳐다보거나 눈살을 찌푸리는 장면이 많지 않은가.

### 무의식에서 나오는 버릇

무의식의 세계를 파헤친 것으로 유명한 프로이트는 버릇과 무의식의 관계에 대해서도 연구를 했다. 즉, 자신을 괴롭히는 어떤 사건에 의해 독특한 행동이 생기는데, 어느덧 그 행동을 무의식적으로 반복하게 되고 결국 버릇으로 발전하게 된다는 것이다. 프로이트가 예로 든 것이 손가락을 코에 갖다 대는 버릇이 있는 한 학생에 관한 것이었다. 그는 프로이트의 제자였던 히스터 목사의 설교를 듣는 학생이었는데 자꾸 손가락을 코에 갖다 대는 버릇이 눈에 거슬렸다. 그런데 유독 성적인 이야기가 나오면 더욱 자주 손가락을 코에 갖다 대는 것이 아닌가. 히스터 목사는 이 버릇이 분명 이 학생의 어떤 심리적 갈등과 관련이 있을 것이라고 생각하였다. 나중에 밝혀진 결과에 의하면 그 학생은 지나친 자위행위로 인해 죄의식에 시달리고 있었으며 사정 후 손가락 끝에 묻은 정액의 냄새를 맡는 버릇을 갖게 되었다는 것이다.

## 호락호락한 사람, 그렇지 않은 사람

이것은 대화할 때의 시선 처리와 비슷한 개념인데, 처음 만나는 사람이 인사할 때의 시선을 통해 그 사람의 속마음을 읽을 수도 있다.

인사를 나눌 때 상대를 똑바로 쳐다보고 인사하는 사람이 있는가 하면 어떤 사람은 똑바로 쳐다보지 못하고 인사하는 사람이 있다. 과연 이런 사람들의 경우 어떤 속마음을 가지고 있는 걸까?

　보통 동물들도 처음 만날 때는 서로 기선을 제압하려는 습성이 있다. 그래서 잔뜩 상대를 경계하며 으르렁거리는 것이다. 사람들 중에서도 마찬가지 본능이 꿈틀거리고 있는 경우가 있다. 상대를 똑바로 쳐다보며 인사하는 사람은 이미 상대보다 내가 우위를 점하겠다는 마음이 강하다는 표현으로 볼 수 있다. 반대로 시선을 내리깔고 인사하는 사람의 경우 이미 상대에게 기선을 제압 당했다는 마음을 간접적으로 표현한 것으로 볼 수 있다.

　또한 요즘은 인사할 때 주로 악수를 하는 경우가 많다. 악수를 할 때 손에 힘을 꽉 주는 사람이 있는가 하면 어떤 사람들은 흐물거리는 느낌이 들 정도로 힘이 없는 경우도 있다. 당연히 손에 힘이 들어가 있는 사람은 활기차고 정열적인 마음을 가지고 있을 가능성이 높고, 손에 힘이 들어가 있지 않은 사람은 무기력하고 허약한 마음의 소유자일 가능성이 높다.

　또한 어떤 사람의 경우 악수할 때 손에 땀이 흥건히 배어 있는 경우를 볼 수 있는데 이는 이 사람이 뭔가 흥분한 상태라는 것을 방증하는 것이라 할 수 있다.

　왜냐하면 생리적으로 긴장하거나 흥분하면 자신의 의지와 상관없이 우리 몸의 자율신경이 작동하여 손에 땀이 배이기 때문이다. 만약 이성을 만나 악수를 했는데 상대의 손에 땀이 배어 있다면 이는 이미 그 이성을 보고 좋은 감정이 생겨 마음의 평정을 잃었다는 것을 뜻하니 대시하면 성공할 가능성이 높을 것이다.


## 마음을 스캔하는 바디, 다리

　이번에는 데이트를 할 때 상대 여자가 취하고 있는 다리 자세로 그녀의 속마음을 읽을 수 있는 방법을 탐구해 보자.

우선, 무릎을 다소곳이 모으고 다리를 남자 쪽으로 향하고 앉은 여자의 경우 상대 남자에게 호감을 갖고 있을 가능성이 높다. 여자는 남자가 마음에 들기 때문에 의도적으로 다소곳한 자세를 취한 것이며 또한 남자에게 끌리는 마음이 본능적으로 다리의 방향을 남자 쪽으로 향하게 한 것이라 볼 수 있기 때문이다.

이번에는 다리를 X자로 꼬고 앉아 있는 여성의 경우는 어떨까? 여자가 처음 보는 남자 앞에서 다리를 꼬고 앉는다는 것은 상대 남자를 무시하는 행동의 표시라 볼 수 있다. 이러한 여자의 속마음은 상대 남자가 자신의 마음에 들지 않으며 자신은 아무런 관심도 없다는 뜻일 경우가 높으니 일찌감치 포기하는 것이 좋을 것이다. 또한 만나는 장소가 카페인데 여자의 다리 방향이 통로나 문 쪽을 향하고

그녀의 다리는 '당신은 아니다'라고 말하고 있는데

있다면 이 역시 남자에게 관심이 없다는 무언의 표시라 할 수 있다. 왜냐하면 여자는 빨리 카페를 떠나거나 집에 가고 싶기 때문에 자신도 모르게 다리의 방향을 문 쪽으로 향한다고 볼 수 있기 때문이다.

마지막으로 남자와 미팅을 하는 동안 다리 자세를 미동도 하지 않는 여성의 경우는 어떨까? 이 경우 여자가 남자를 잔뜩 경계하고 있다는 표시라 볼 수 있다. 여자는 이 남자에게 믿음이 가지 않기 때문에 속을지도 모른다는 의심과 불안감이 잔뜩 차 있어 자신도 모르게 경직되어 이런 자세를 취하게 된다.


## 그, 그녀는 엉뚱한 말을 하는 게 매력?

요즘 자연스런 만남을 통해 연인관계로 발전하는 커플이 유난히 많아 보인다. 하지만 결국에 결혼할 시기가 되면 대개 맞선을 보는 경우가 많다. 아마도 그래서 결혼정보회사들이 호황을 이루고 있는지도 모른다. 그렇다면 이렇게 맞선을 보는 남녀의 심리는 어떨까?

사실 눈치 빠른 사람들은 상대의 눈빛만으로도 그 사람이 나에게 관심이 있는지 없는지 파악할 수 있을 것이다. 하지만 사람의 속마음처럼 알기 힘든 것이 또 있을까. 분명히 육감으로는 나를 좋아할 것이라 느꼈는데 아닌 경우도 많다. 따라서 너무 느낌에 의지하는 것도 그리 좋은 방법이 아닐 수도 있다.

이러한 느낌 대신 말이나 행동을 통해 상대의 마음을 읽는 기술이 있다. 예를 들어 남자가 여자를 보며 어색한 웃음을 자주 짓는다면 이는 분명 여자를 마음에 들어 한다는 증거이다. 또 여자가 남자의 얼굴을 똑바로 쳐다보지 못한다면 이 역시 여자가 남자를 마음에 들어 한다는 증거이다. 남자가 어색한 웃음을 자주 짓는 이유는 여자에게 빠져 감정의 변화가 생겼기 때문이며 여자가 남자를 똑바로 쳐다보지 못하는 것 역시 남자에게 빠져 수줍음이 생겼기 때문이다.

그렇다면 서로 마음에 들지 않았을 때는 어떤 행동을 하게 될까? 이 경우 남자는 보통 여자의 질문에 무성의한 대답을 쏟아 놓기 시작한다. 여자에게 관심이 없기 때문에 빨리 자리를 뜨고 싶어 일어나는 현상이다. 여자의 경우 말을 하지 않는 것으로 자신의 무관심을 표현한다. 남자의 말에 대꾸하고 싶은 생각조차 들지 않기 때문이다.


## 포커페이스? 진실을 숨기지 못하는 얼굴의 왼쪽

우리는 대부분 상대의 표정을 통하여 대충 그 사람의 감정상태를 판단할 수 있다. 예를 들어 어두운 표정을 하고 있다면 그는 분명 근심 걱정으로 가득 찬 상태이며, 밝은 얼굴을 하고 있다면 그는 현재 걱정 없이 긍정적인 상태에 있다는 것을 알 수 있다. 이처럼 사람은 자신의 의지와 상관없이 자신의 감정을 표정을 통해 표출하게 된다.

그런데 사람이 살아가다 보면 어떤 경우 자신의 감정을 숨기고 거짓으로 표정을 지으려 할 때도 있는 법이다. 예를 들어 직장상사와 대화를 하는데 마음속으로는 전혀 함께 하고 싶지 않으나 직장상사이기 때문에 어쩔 수 없이 억지웃음을 지으며 함께 해야 할 경우를 들 수 있을 것이다. 이 경우 상대가 억지로 표정을 짓는 것인지 아닌지 구분할 수 있는 방법은 없을까?

이에 대해 거짓말 탐지에 관한 연구로 유명한 심리학자 폴 에크만(Paul Ekman)이 해답을 제시하고 있다. 그는 사람의 감정표현을 조사한 결과, 인간의 감정이 표정으로 나타나는 시간은 0.5초에서 4초 이내에 이루어진다는 사실을 발견하였다. 즉, 이 시간보다 더 오래 표정을 짓고 있는 사람은 자신의 실제 감정을

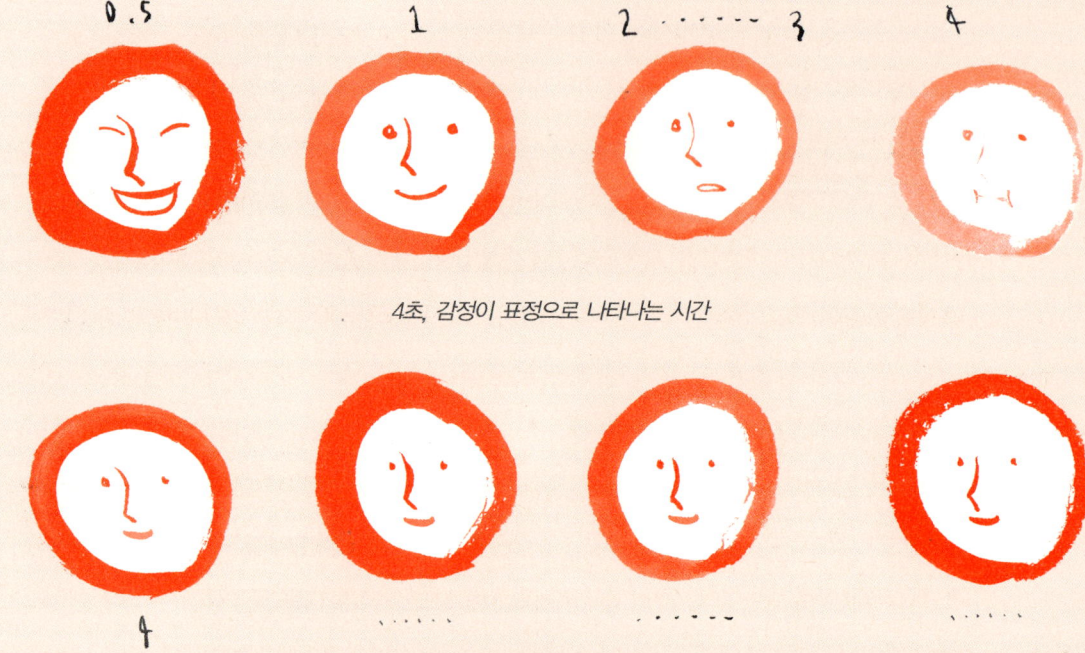

4초, 감정이 표정으로 나타나는 시간

4초, 실제 감정을 숨길 수 있는 충분한 시간

숨기고 억지 표정을 짓고 있는 것이라 판단할 수 있다는 것이다.

폴 에크만이 제시하는 또 한 가지 방법이 있는데, 그것은 '상대 얼굴의 왼쪽에 나타나는 표정에 주목하는 것'이다. 어떻게 사람이 표정을 짓는데 왼쪽만 지을 수 있을까, 의문이 들겠지만 이는 오른쪽과 비교했을 때 왼쪽의 표정에 주목하라는 뜻임을 먼저 이해해야 한다. 이런 기준으로 왼쪽 얼굴의 표정에 주목해야 하는 이유는 대뇌의 작용과 관계가 있기 때문이다. 우리의 대뇌 중 우뇌는 인체의 왼쪽에 해당하는 기관들의 운동을 담당하고, 좌뇌는 오른쪽에 해당하는 기관들의 운동을 담당하고 있다는 사실은 이미 앞에서 이야기한 바 있다.

그런데 자연스럽게 감정을 표출할 경우 얼굴 전체에 표정이 나타나게 되나 억지로 표정을 지으려 할 경우 어느 한쪽 뇌가 작용하여 한쪽 얼굴의 근육수축이 더 강하게 일어나게 된다는 것이다. 보통 오른손잡이인 경우 좌뇌가 작용하여 얼굴의 왼쪽 근육수축이 일어나며 왼손잡이의 경우 우뇌가 작용하여 얼굴의 오른쪽 근육수축이 일어난다. 대부분 사람들이 오른손잡이이므로 그 사람의 왼쪽 표정을 보면 그것이 억지인지 아닌지 알아챌 수 있다는 것이다.

웃는 것을 예로 들어보자. 자연스럽게 웃는 웃음은 얼굴 전체에 자연스럽게 나타나게 될 것이다, 그러나 만약 이 사람이 억지로 웃고 있다면 웃는 표정은 얼굴 왼쪽에(오른손잡이인 경우) 집중적으로 나타나게 된다. 이를 잘 활용한다면 상대와의 협상에서 좋은 결과를 이끌어낼 수도 있을 것이다. 이때 주의할 것은 상대방의 얼굴에서 왼쪽을 주의 깊게 봐야 하는데 이것은 실례가 될 수 있으므로 눈치껏 봐야 한다는 사실이다.


폴 에크만(Paul Ekman)
// 미국 캘리포니아 대학의 심리학 교수로 2001년 APA 선정 '20세기 가장 영향력 있는 심리학자'로 선정될 정도로 세계 심리학계에 영향력이 있는 인물이다. 에크만은 특히 거짓말 탐구와 정서에 의한 얼굴 표정 분야에 대한 연구로 유명하며 같은 정서에는 같은 얼굴 표정을 나타낸다는 연구 결과를 얻기도 하였다. //


## 호감을 주려면 상대의 바디존을 지켜라

심리학자들은 누구나 상대와 심리적 거리를 두고 자신만의 지배공간인 바디존(Bodyzone)을 가지고 있다고 말한다. 만약 타인이 자신이 생각하고 있는 물리적 경계인 바디존을 뛰어넘을 경우 불안해 하거나 공격적인 성향을 보일 수도 있

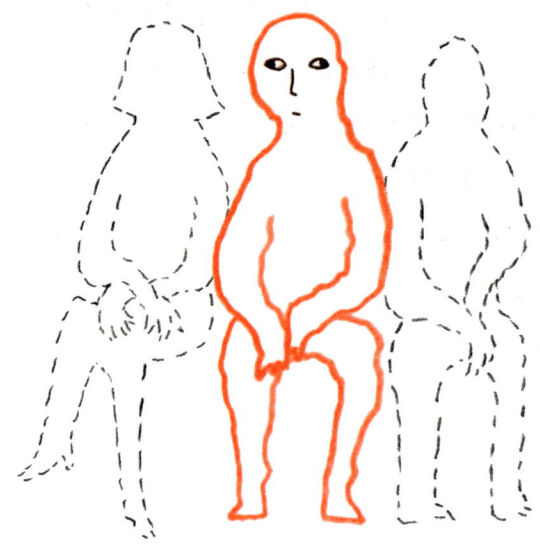

*신체적 거리가 멀수록 마음도 멀다*

는 것이다. 이러한 바디존을 가장 잘 관찰할 수 있는 곳이 지하철이다. 텅 빈 지하철을 탈 경우 사람들은 시키지도 않았는데 좌석의 맨 좌측과 맨 우측 자리에 가장 먼저 앉으려고 한다. 그리고 그곳이 차면 중앙 자리부터 차례로 앉으려 하며 이때에도 서로 간에는 최대한 멀리 떨어져 앉으려 한다. 이것은 각자의 마음에 심리적 경계지역인 바디존을 두고 있기 때문에 발생하는 현상이라 할 수 있는 것이다.

이러한 바디존의 원리를 잘 이용하면 상대의 속마음을 읽을 수 있는 심리기술로 활용할 수도 있다.

예를 들어 누군가가 내 옆에 털썩 앉았다고 치자. 이럴 때의 나는 그가 가족이나 애인처럼 아주 친한 사람이 아니기에 나의 심리적 부담은 가중될 것이다. 왜냐하면 그가 나의 바디존을 침범했기 때문이다. 반면 그의 행동은 나처럼 심리적 부담을 크게 느끼지 않고, 나와 달리 나를 아주 친근한 존재로 여기고 있거나 아니면 친해지고 싶다는 증거가 된다. 이와 달리 테이블을 사이에 두고 서로 마주보고 앉는다면 어느 정도 바디존을 유지하고 있으므로 심리적 부담이 덜하게 된다. 실제 카페에 갔는데 남녀가 서로 옆으로 앉아 있다면 이 둘은 애인 사이일 가능성이 크고 테이블을 사이에 두고 마주보고 앉아 있다면 이 둘은 그냥 친구관계일 가능성이 크다.

이러한 바디존은 사람의 성격에 따라 그 범위가 천차만별이다. 성격이 사교적이고 쾌활한 사람은 당연히 바디존이 좁다. 그래서 친해지기 위해 최대한 가깝게 앉으려 노력할 것이다. 그러나 만약 친해지려는 상대가 내성적인 사람이라면 그 사람의 심리적 압박감은 배로 올라갈 것이다. 왜냐하면 성격이 내성적인 사람은 당연히 바디존이 넓어 조금만 신체적 거리가 가까워져도 부담감을 느끼기 때문이다. 그래서 이런 성격을 가진 사람들에게 쉽게 다가가기 어려운 것이다.


## 손, 속마음을 읽는 가장 쉬운 방법

전화를 하면서 자꾸 손장난을 하는 사람을 볼 수 있다. 통화하는 데 집중하지 못하고 전화선을 만진다거나 볼펜을 이리저리 굴리는 것이다. 이런 사람들은 현재 자신이 불안정하거나 당황한 심리상태에 있

다는 것을 무의식중에 표현하는 것이라고 볼 수 있다. 이는 마음의 불안정을 손동작으로 해결하려는 본능에서 비롯되어 나타나는 현상이다.

어떤 사람들은 대화 중에 자꾸 머리 부근에 손을 갖다 대는 사람이 있다. 머리

카락을 쓸어 넘기기도 하고 이마를 만지거나 뒷머리를 긁기도 한다. 이런 동작을 취하는 사람들은 뭔가 머리를 쓰고 생각에 골몰하고 있는 심리상태임을 나타낸다. 물론 아무 생각 없이 습관적으로 머리를 쓸어 넘기는 사람은 제외하고 말이다.

또 어떤 사람은 대화를 나누는 중에 팔꿈치를 세워 손으로 턱을 괴는 행동을 자주 보이는 사람이 있다. 이런 사람들은 집중도가 약하고 생각의 깊이가 얇기 때문에 이를 보완하기 위해 침착성을 유지하고 이치에 맞게 생각을 하려는 마음이 무의식적으로 나타나 이런 행동을 취한다고 볼 수 있다.

요즘 젊은이들 중에 다리를 떨거나 아니면 꼬았다 풀었다 하는 행위를 하는 사람들이 눈에 자주 띈다. 어떤 사람은 아주 습관적으로 다리를 떨기도 하는데 이는 보는 사람들로 하여금 침착하지 못한 모습으로 보여 불쾌한 감정을 불러일으키기에 딱 좋다.

그렇다면 이런 행동을 보이는 사람들의 심리상태는 어떨까? 이런 행위를 무의식중에 한다는 것은 그 사람 역시 불안하고 초조한 상태에 있다는 것을 간접적으로 표현한 것이라 판단할 수 있다. 그 사람들은 자신의 불안한 마음을 다리를 떠는 것을 통해 해소하기 위해 자기도 모르게 이런 행동을 하는 것이다.

대화하거나 웃을 때 여자가 손으로 입을 가리는 행동을 보이는 경우가 있다.

이때의 심리는 당연히 조용하고 다소곳한 성격의 소유자일 가능성이 높다. 그래서 수줍은 나머지 입을 가리게 되는 것이다. 단, 자신이 여자답다는 것을 의도적으로 알리기 위해 일부러 입을 가리는 행위는 제외한다.

## 무심코 하는 버릇에서 심리 읽기

누구나 버릇이 있다. 대표적인 것이 무릎을 떨거나 손톱을 깨무는 것이고 그 외에도 머리를 쓰다듬는다든지 입술을 깨문다든지 하는 버릇이 한두 가지는 있다. 그렇다면 이러한 버릇은 왜 생기는 걸까? 물론 어떤 사건을 계기로 생긴 행동이 습관이 되어 버릇으로 자리 잡았을 가능성이 높다. 그런데 이러한 버릇에 그 사람의 심리가 숨어 있다면 믿을 수 있겠는가.

예를 들어 습관적으로 미간을 찌푸리는 사람은 현재 그 사람이 불쾌한 감정상태임을 말해 준다. 그런데 자주 미간을 찌푸리다 보면 결국 주름을 만들어 좋지 않은 인상을 주므로 이 버릇은 고치는 것이 좋다. 단, 시력이 나쁜 사람이 잘 보려고 – 안경을 안 쓴 상태에서 – 미간을 찌푸리는 경우에도 주름은 생길 수 있으므로 이와 잘 구분해야 한다. 대화 중에 자꾸 머리카락을 만지는 버릇이 있는 사람은 민감하고 고집이 강한 성격일 가능성이 높다. 얼굴을 실룩이거나 눈을 깜빡이는 행동도 그 사람의 욕구불만이 쌓여 나타나는 행동이라고 할 수 있다. 특히 대화 중에 얼굴 부위를 자주 쓰다듬으며 만지는 버릇은 그 사람이 현재 심리적으로 어려움에 처해 있음을 뜻한다. 또한 심하게 무릎을 떠는 버릇은 현재 심리적으로 불안한 상태에 있음을 표현하는 것이라 할 수 있다.

## 무언가 말을 아끼는 사람, 혹시 콤플렉스?

인간은 누구나 한두 가지 콤플렉스를 갖고 있기 마련이다. 키가 작은 사람은 작은 키가 평생의 콤플렉스가 될 것이고 못생긴 외모의 소유자는 그것이 또한 콤플렉스가 될 것이다.

이러한 콤플렉스는 본인이 극복하지 못하면 평생을 안고 가게 마련이다. 그런데 일상의 대화 중에 이러한 콤플렉스와 관련된 주제가 등장하면 그 사람은 평정심을 잃게 마련이다.

열심히 대화를 나누다가 어떤 한 주제가 나오면 갑자기 입을 다물어 버리는 사람이 있다. 이는 그 사람이 그 주제에 대해 어떤 콤플렉스를 느끼고 있다는 것을 반영한다고 봐도 무방할 것이다. 그 사람은 그 부분에 대해 콤플렉스가 있어서 혹시 다른 사람이 눈치챌까봐 불안을 느끼고 그래서 무의식적으로 말을 아끼게 되는 것이다.

예를 들어 금전적으로 커다란 빚에 시달리며 어려움을 겪고 있는 사람이라면 빚에 관한 주제가 나왔을 때 마음이 뜨끔하여 입을 다물게 되며 외설적인 이야기를 혐오하는 사람이라면 이에 관한 주제가 나왔을 때 가슴을 쓸어내리며 말을 아끼게 되는 것 등이 그것이다.

그런데 어떤 경우 대화를 하다가 자신도 모르게 자신의 콤플렉스를 들킬 수도 있다. 이때 자신의 속마음을 드러내는 사람이 있는가 하면, 자신은 그것을 콤플렉스로 여기지 않는다며 거짓된 표정을 짓는 사람도 있다. 이 경우 속마음을 드러내 버리는 것이 오히려 정신건강에 더 좋다고 한다. 그러면 속으로 끙끙 앓던 것이 해소되는 효과가 있기 때문이다. 그런데 이 상황에서도 자신을 숨긴다면 이는 더욱 심한 콤플렉스로 작용하여 더 깊은 수렁으로 빠질 수 있으니 조심해야 한다.

**콤플렉스**

// 원래 정신분석학 용어인 콤플렉스를 한마디로 정의하긴 어렵지만 '마음속에서 나오는 일정한 응어리'라고 하면 큰 무리가 없을 것이다. 프로이트는 콤플렉스 자체는 무의식에서 나오는 것이지만 이것이 사고, 감정, 행동 등에 커다란 영향을 미치기 때문에 '억압된 관념 복합체'라고 해석하기도 하였다. 이러한 콤플렉스의 개념은 이후 사회적으로 널리 사용되면서 보편적인 용어로 발전하였다. 이러한 콤플렉스의 종류로 '오이디푸스 콤플렉스(Oedipus complex, 남자아이가 어머니에게 애착을 갖고 동성인 아버지에 대해서 반발감을 갖는 것을 말함)', '엘렉트라 콤플렉스'(Electra complex, 여자아이가 아버지에게 애착을 갖고 동성인 어머니에 대해서 반발감을 갖는 것을 말함)' 등이 대표적이다. 이 외에 열등감(Inferiority Complex)도 콤플렉스의 일종이라 할 수 있다. //

## 말하는 속도로 속마음을 감지하라

사람마다 말하는 속도가 다르다. 어떤 사람은 천천히 말하는 사람이 있는가 하면 어떤 사람은 속사포처럼 말을 쏟아 낸다. 대체로 말이 빠른 사람은 성격이 급하게 느껴지고 말이 느린 사람은 성격도 느긋하게 느껴진다. 우리나라의 경우 경상도가 말이 빠르고 충청도가 말이 느린 것으로 유명하다.

말하는 속도가 그 사람의 성격 정도를 느끼게 하는 것이 사실이나 우리는 말하는 속도 변화를 통해 그 사람의 속마음도 알아챌 수 있다. 물론 이는 평소 말하는 속도와 비교했을 때를 가정하는 말임을 미리 밝혀 둔다.

평소 말이 빠른 사람이 갑자기 느려졌다거나 말이 느린 사람이 빨라졌을 경우, 또 평소 보통 빠르기로 말을 하는 사람의 말이 빠르거나 느려졌을 경우 이는 무엇인가 심리적인 변화가 있음을 뜻한다. 예를 들어 상대에게 불만이 생겼을 경우 말

*말하는 속도가 평소보다 빠르다면 심리적인 변화가 있다는 것*

은 평소보다 느려지게 된다. 만약 상대의 말이 평소보다 느려졌을 경우 나에 대한 불만이 없는지 살펴야 할 것이다. 반대로 자신에게 뭔가 숨기고 싶거나 꺼림칙한 것이 있으면 갑자기 말이 빨라지게 된다. 이는 그 사실을 숨기려는 본능 때문에 마음이 불안하고 초조해져 말을 얼버무리다 보니 생기는 일이다. 만약 상대의 말이 평소보다 빨라졌다면 그에게 무슨 불안한 일이 생겼을 수 있으니 지혜롭게 해결할 수 있도록 조언을 해 주고 배려하는 것이 중요할 것이다.

## 성격을 알아채는 간단한 방법, 취미

보통 사람들은 취미를 단순히 여가생활을 위한 도구 정도로만 생각하겠지만, 심리학자들은 이것을 마음을 읽는 도구로 본다. 그렇다면 도대체 어떻게 취미를 통해 마음을 읽을 수 있는 걸까?

어떤 사람은 혼자 산과 바다를 쏘다니며 고독한 낚시나 등산을 즐기는가 하면 어떤 사람은 단체에 가입해서 여러 사람들과 함께 뛰고 즐기며 땀을 쭉 빼는 축구나 야구 등을 즐긴다. 이처럼 각양각색의 취미활동이 있는데 이를 가만히 살펴보면 두 가지로 나눌 수 있음을 짐작할 수 있다. 혼자 즐기는 취미를 가진 사람과 여럿이 함께 즐기는 취미를 가진 사람이다.

물론 성격상 여러 사람과 함께 어울리기 싫어하는 사람은 혼자 즐기는 취미를 가질 것이요, 사람들과 어울리는 것을 좋아하는 사람은 취미 역시 여럿이 함께 하는 취미를 가질 확률이 높다. 그러나 심리학적으로 이를 분석해 보면 재미있는 결과를 도출해낼 수 있다. 혼자 취미를 즐기는 사람은 현실 도피의 성향이 강한 사람이라고 볼 수 있다는 것이다. 즉, 그는 현실에서 그렇게 만족스러운 인간관계를 맺지 못하고 있다.

그래서 현실에 대한 불만이 많고 때로는 혼자라는 생각에 우울감을 느끼기도 한다. 이런 사람은 취미를 통해서라도 현실에서 벗어나고자 하는 욕구를 느끼게 되고 그래서 혼자 즐기는 취미를 갖게 되는 것이다. 이런 사람들의 특징은 취미를 즐길 때 되도록 주변에 사람이 없는 곳을 찾게 된다. 아마도 이런 취미생활이 그의 스트레스를 어느 정도는 풀어 줄 수 있을 것이다. 하지만 이런 시간이 지속되면 그는 점점 자신만의 세계에 빠질 수 있으므로 조심해야 한다.

하지만 혼자 즐기는 취미생활을 한다고 해서 모두가 이런 감정을 가지고 있다고 볼 수 없는 부분도 있다. 예를 들어 혼자 등산을 갔으나 등산 온 다른 여러 사람

들과 함께 등산을 즐길 수 있는 사람이
라면 건강한 정신의 소유자라고 할 수
있기 때문이다.

　그렇다면 단체 속에서 여러 사람들
과 함께 즐기는 취미를 가진 사람은 어
떨까? 이런 사람들은 대부분 정신적으
로 안정되어 있는 경우가 많다. 그들은
현실 속에서 원만한 인간관계를 유지
하며 살아가기에 취미생활에서도 여러
사람들과 즐기는 것에 커다란 부담을
가지지 않는다. 단체가 함께 즐기는 취
미생활 중에서도 특히 운동 경기와 같
은 활동적인 취미를 즐기는 사람들은
운동효과를 통해 더욱 건강한 정신을
소유할 수 있다는 점에서 유익한 취미
생활을 하고 있다고 말할 수 있다.

여러 사람과 취미를 즐기는 것이
부담 없는 당신은 원만한 사람

talk on. 04
# 내 마음을 변화시키고 싶을 때

　　지금까지 사람의 속마음을 알아챌 수 있는 심리기술에 대하여 알아보았다. 물론 실제 생활 속으로 들어가 보면 여기에 소개한 방법들이 100% 다 맞지 않는다는 사실을 금방 깨달을 수 있을 것이다. 그것은 이론과 실제가 다를 수 있기 때문에 충분히 가능한 일이다. 따라서 이 방법들을 현실에 적용할 때에는 이 지식을 바탕으로 상황과 장소에 따라 적절히 변화시키는 지혜가 필요하다.

　　사실 인생을 살아가면서 중요한 것은 상대의 속마음을 읽는 것보다 내 마음을 조절하는 능력이라 할 수 있다. 아무리 상대의 마음을 읽었다 하더라도 내 마음이 중심을 잡지 못하고 흔들리면 아무 소용없는 일이기 때문이다. 여기에서는 상대에 따라 내 마음을 조절하고 적절히 변화시키는 방법에 대해 알아보려 한다. '호랑이 굴에 들어가도 정신만 차리면 산다'는 말이 있듯이 내 정신만 잘 챙길 수 있다면 세상에 못할 것이 없다.

## '그것'처럼 생각하면 '그것'이 된다

훌륭한 스승 밑에 훌륭한 제자가 나온다는 말이 있다. 이는 당연한 이치이지만 거기에 놀라운 원리가 숨어 있음을 발견할 수 있다. 즉, 제자는 스승이 하는 말과 행동을 보며 배우게 되는데 자기도 모르게 스승과 비슷하게 행동하게 된다. 그리고 이러한 시간이 길어지다 보면 어느새 자신도 스승과 닮아 있는 모습을 발견하게 되는 것이다. 이는 친구관계도 마찬가지다. 그래서 예부터 친구를 잘 사귀어야 한다고 말하는 것이 아니겠는가.

이런 원리를 잘 이용하면 내 마음도 바꿀 수 있다. 내가 '그것'답게 행동하면 나도 점차 '그것'이 되어갈 수 있다는 원리를 이용하는 것이다. 이 방법은 일본의 지케이 의과대학의 모리다 마사우마(森田正馬) 교수가 창안하고 발전시켰다고 해서 '모리다 요법(森田療法)'이라 불린다. 1919년 모리다 교수는 노이로제 환자를 약물로 치료하는 것에 한계를 느끼고 심리치료 방법을 고심하던 중 이 요법을 개발할 수 있었다.

당시 노이로제 환자들은 불안이나 고뇌, 신경질적인 반응을 보이는 등 정신적으로 매우 불안정한 상태를 보였다. 이에 모리다 교수는 이들의 정신적인 문제를 해결해야 한다고 생각하고 이들에게 지금 본인들이 느끼고 있는 심리적 불쾌감들은 병이 아니라 일종의 자연스런 감각이라는 역설을 폈다. 환자들에게 그러한 기분에 너무 집착하지 말고 그것을 적대적으로 생각하지 말며 자연스럽게 받아들이라고 주문했다. 그리고 그들에게 일상의 정상적인 생활을 하게 하면 이들은 어느덧 심리적 갈등에서 해방될 수 있었다.

우리 역시 살아가면서 수많은 심리적 갈등을 겪는다. 다른 사람의 시선을 의식하고 나에 대해 어떻게 생각할까 불안해하며 거절당할까봐 두려워한다. 어디 그뿐인가. 자기를 싫어할까봐 걱정하고 쓸데없는 말을 한 것에 후회하기도 한다.

그런데 문제는 이런 부정적인 생각들이 혹시 병적인 것이 아닐까, 의심한다는 사실이다. 이때 모리다 요법을 적용하면 우리는 심리적 갈등에서 해방될 수 있다. 즉, 자기 속에서 일어나는 마음들을 자연스럽게 받아들이고 너무 부정적인 기분에 얽매이지 말며 일부러라도 쾌활하고 긍정적인 듯이 행동해 버리는 것이다. 이런 행동이 쌓이고 쌓이다 보면 어느새 부정적인 생각들은 사라지고 마치 내가 긍정적인 사람인 것처럼 행동하게 된다. 그리고 이러한 행동들은 결국 나를 진짜 긍정적이고 건강한 사람으로 만들어 놓게 되는 것이다.

## 좋아진다고 생각하면 진짜 좋아진다

어느 장난기 많은 의사가 단순 감기에 걸린 환자에게 죽을병에 걸렸다고 거짓말을 했다. 그러자 그 환자는 병이 점점 더 깊어지기 시작하는 것이 아닌가. 의사는 그제야 잘못을 깨닫고 환자에게 농담으로 한 거짓말이었다고 고백했으나 환자는 믿지 않았고, 결국 환자는 병이 깊어져 죽고 말았다.

물론 이것은 웃자고 하는 옛날이야기이다. 그런데 이와 반대되는 일이 실제 프랑스의 어느 한 약국에서 일어났다.

한 사람이 와서 약을 달라고 하였는데, 마침 그 약국에는 약효가 떨어진 약밖에 없었다. 약사가 약효 없는 약을 팔 수 없다며 거절했으나 손님은 막무가내로 그 약을 사 가지고 가 버렸다. 그런데 며칠 후 그 손님이 그 약을 먹고 병이 나았다며 인사를 온 것이 아닌가. 약사는 머리가 혼란스러워지기 시작했다. 실제 약효가 없는데도 병이 나았다는 것은 무엇을 말하는가. 그것은 그 약을 먹으면 낫는다는 환자의 강한 믿음이 만들어낸 결과였던 것이다. – 현대의학에서는 이를 '플라시보 효과(Placebo Effect)' 라고 한다.

그 후 이 약사는 이에 대한 연구를 하기 시작했고 드디어 후세 심리학계에 커다란 영향을 미칠 '자기암시'를 개발하게 된다. 이 약사가 바로 '쿠에의 방법(Coue method)'을 개발한 자기암시의 창시자 에밀 쿠에이다. 그는 '상상력은 어떤 생각이나 의식보다 강한 것으로, 상상력을 가미한 반복적 암시는 몸과 마음을 변화시킨다'는 생각으로 자기암시법을 개발하였다.

지금 여러분도 크고 작은 고민에 빠져 있을 것이다. 그 중에는 매사에 일이 잘 풀리지 않아 절망 속에 있는 사람도 있을 것이다. 사실 이 또한 자기암시에 빠져 생긴 일일 수 있다. 즉, 계속적으로 '나는 무슨 일이든 잘 안 돼'라는 부정적인 자기암시를 주므로 그것이 실제로 이루어져 그 굴레에서 벗어나지 못하고 있는 것일 수도 있다. 따라서 이제부터라도 긍정적인 자기암시를 주도록 하라. '쿠에의 방법'도 좋고 아니면 "나는 오늘 하는 일이 잘 될 거야", "난 할 수 있어" 등의 긍정적인 자기암시를 지속적으로 하는 것이다. 그러다보면 어느 날부터 자신도 모르게 일이 잘 풀리고 있음을 발견할 수 있다.

이것은 물론 미신이 아니다. 실제 현대 의학은 이러한 자기암시가 뇌의 작용을 활발히 해 주고 뇌는 다시 신체의 행동에 영향을

긍정적인
*자기암시를 시작할 때*

주어 적극적으로 행동하게 함으로써 암시했던 일이 이루어진다는 과학적인 증명을 하기도 했다. 따라서 이는 매우 과학적인 방법이기도 하므로 항상 긍정적인 자기암시를 통해 멋진 삶을 설계하기 바란다.

### 플레시보 효과(Placebo Effect) & 쿠에의 자기암시법

// • **플라시보 효과(Placebo Effect)** : 비타민제와 같은 약효가 전혀 없는 거짓 약을 진짜 약으로 가장하여 환자에게 복용토록 했을 때 환자의 병세가 호전되는 효과

• **쿠에의 자기암시법** : 쿠에가 만든 자기암시법을 간단히 나타내면 다음과 같다.

"나는 매일매일 모든 면에서 좋아지고 있다(Day by day, in every way, I am getting better and better)."

이 말을 매일 아침저녁으로 20번씩 눈을 감고 외우며 머릿속에 그려보는 것이다. 이때 좋아진 모습을 머릿속에 상상하고 그때의 성취감이나 희열까지 가슴으로 느끼며 진심으로 충만한 마음으로 자기암시를 반복하는 것이 중요하다. 이러한 쿠에의 방법(Coue method)은 수십 번에 걸친 임상실험을 통해 개발되었으며, 당시 정신적 육체적으로 고통 받던 수많은 사람들을 치료한 것으로 유명하다. //

## 싫은 내 성격 바꿀 수 있다, 없다?

대부분의 사람들은 사람의 성격은 바꿀 수 없다고 한다. 그러나 과연 그럴까? 우리 주변에는 성격을 바꿔 인생이 달라졌다는 사람이 수없이 많다. 도대체 그들은 어떻게 성격을 바꾼 것일까? 이제 앞에서 이야기했던 모리다 요법과 자기암시법을 통해 소극적이고 내성적인 성격을 적극적이고 외향적인 성격으로 바꾸는 방법에 대해 소개하려고 한다.

세상에는 다양한 성격의 소유자들이 있다. 적극적이고 외향적인 사람이 있는가 하면 소극적이고 내성적인 성격의 사람도 있다. 그런데 많은 사람들은 후자보다는 전자의 성격을 더 선호한다. 사실 소극적이고 내성적인 성격이 절대 나쁜 것은 아닌데도 왜 사람들은 적극적이고 외향적인 성격을 선호할까? 그것은 치열한 경쟁사회를 살아가기에 소극적인 성격은 매우 불편한 것이 사실이기 때문이다. 그래서 어릴 때부터 웅변학원에 보내느니 태권도를 배우게 하느니 요란을 떠는 것이다.

실제 내성적이던 사람이 스스로의 노력으로 외향적인 성격으로 바꾸었다는 사람을 심심찮게 볼 수 있다. 필자 역시 중학교 때까지 쉬는 시간에 친구들과 놀지도 못할 정도로 내성적인 아이였으나 고등학교 때부터 성격을 고치기로 마음먹고 적극적으로 행동한 결과 어느 정도 사교적인 성격으로 바꿀 수 있었다. – 한때 각종 사교단체의 회장을 도맡아 할 정도였다.

모리다 요법을 잘 이용한 예라고 할 수 있을 것이다. 즉, 실제는 내성적인 성격이나 외향적인 것처럼 행동했더니 어느새 외향적인 사람이 되어 있었던 것이다.

그런데 학창시절에는 외향적인 것처럼 행동하는 게 쉽지 않다. 왜냐하면 이미 친구들이 자신을 알고 있기 때문이다. 따라서 새롭게 반이 갈릴 때나 상급학교로 진학할 때, 새롭게 직장에 들어갈 때 외향적인 것처럼 행동하기 시작하면 훨씬 수월하다.

이때 친구나 직장상사들에게 먼저 말을 걸고 먼저 인사하는 습관을 기르면 적극적이고 능동적인 마음이 생겨 자신감이 붙으므로 외향적으로 행동하기 쉽게 된다. 그리고 수업시간에도 앞에 앉으려 노력하고 직장상사와 어울릴 때도 최대한 가까이 가서 말을 거는 습관을 들이면 어느새 의욕적이고 외향적인 성격으로 바뀌어 있을 것이다.

이렇게 할 뿐만 아니라 매일 "나는 적극적으로 행동한다", "나는 외향적으로 행동한다", "나는 자신감으로 충만하다" 등의 자기암시를 하면 커다란 도움이 될 것이다.


## 충격을 받으면 마음도 바뀐다

뚱뚱한 사람은 날씬해지고픈 마음이 있을 것이며, 공부를 못하는 사람은 공부를 잘했으면 하는 마음이 있을 것이다. 이처럼 사람은 자기가 잘 하지 못하거나 부족한 것에 대해서는 열등감을 느끼며 그것을 잘 하는 사람을 동경하고 질투하는 습성이 있다. 그런데 이러한 열등감을 역이용하면 오히려 내가 원하는 그것을 이룰 수도 있다는 사실을 기억해야 한다.

예를 들어 뚱뚱한 여자를 보고 주변에서 그녀의 몸매에 대해 아무런 조언도 해주지 않는다면 그녀는 아무런 감정의 불편함 없이 뚱뚱한 대로 살아갈 것이다. 그러나 어느 날 평소 그녀가 마음에 들어 하던 남자가 와서 "어휴, 저 뱃살 좀 봐!" 라고 말했다면 그녀는 충격을 받고 당장 그날부터 다이어트에 돌입할 것이다. 이는 평소 그녀가 느끼고 있던 열등감에 더 충격을 주므로 본인이 깨닫게 되어 행동으로 옮기는 효과로 이어진 것이라 할 수 있다.

공부나 업무도 마찬가지다. 평소 업무를 잘 처리하지 못하는 사람을 마냥 내버려 두면 그는 별다른 동요 없이 그대로 지내게 될 것이다. 그러나 어느 날 갑자기 동기가 먼저 승진을 하고 자신이 승진하지 못한 이유가 업무능력 부족 때문이라는 사실을 알게 되면 그날부터 그는 업무능력 개발을 위해 학원에 등록하게 될 것이다. 이처럼 자신이 열등한 부분을 개선하기 위해서는 적당한 외부적 충격이 필요하다.

열등감의 노예가 되지 말고 열등감을 다스리는 사람이 되기 위한 방법, 비교 금지

## 열등감을 극복하는 뻔한 방법

사람은 누구나 한두 가지의 열등감을 가지고 있다. 키가 작다든지 뚱뚱하다든지 머리가 나쁘다든지 못생겼다든지 다리가 굵다든지 학벌에 대한 열등감 등 그 종류는 다양하기 그지없다.

이러한 열등감은 도대체 왜 생기는 걸까? 당연히 나와 남을 비교하려는 의식 때문에 생긴다. 생각해 보라. 비교할 대상이 없다면 키가 작은 것도 뚱뚱한 것도 전혀 문제될 것이 없지 않은가. 그런데 인간은 본능적으로 남과 비교하려는 마음이 있기 때문에 자신이 완벽한 존재가 아니라면 한두 가지 열등감은 가질 수밖에 없다. 이렇게 생긴 열등감은 나의 감정을 불쾌하게 만드는 근본 원인이 되기도 하기 때문에 모든 사람들이 싫어한다.

그렇다면 인간에게 있어 열등감은 무조건 나쁘기만 한 것일까? 오스트리아의 정신과 의사였던 아들러(Adler, Alfred 1870~1937)는 열등감에 대해 심리학적 연구를 하여 열등감 이론을 피력한 것으로 유명하다. 그는 인간은 누구나 열등감을 가지고 있으며 이를 극복하고 남들보다 우월해지려는 욕구가 기본적으로 사회를 움직이는 에너지라고 보았다. 즉, 열등감이 오히려 인간에게 학습의 동기를 제공하는 에너지가 된다는 것이다.

열등감은 분명 고통스럽고 경험하기 싫은 감정임에 틀림없다. 하지만 이것이 나를 더욱 채찍질하는 에너지가 된다고 생각하면 상황이 달라진다. 앞에서도 이야기한 내성적인 성격을 외향적인 성격으로 바꾸려는 노력도 결국 내성적인 성격이 나에게 열등감으로 작용하여 이것이 나의 적극적인 행동을 촉발시키는 에너지가 된 셈이다.

나는 지금 어떤 열등감에 사로잡혀 있는가. 만약 내가 그 열등감에 사로잡혀 있기만 하다면 그것은 한없이 나를 괴롭히는 괴물이 될 것이요, 내가 그것을 극복하려고 노력한다면 그것은 나를 적극적으로 행동하게 만드는 에너지로 작용하게 될 것이다.

이러한 열등감을 이기기 위한 두 가지 방법이 있다. 하나는 키와 같이 더 이상 물리적으로 바꿀 수 없는 사항에 대한 열등감이 있을 경우 앞에서 소개한 자기암시 등을 통해 남과 비교하는 의식 자체를 내 마음에서 지워 버리는 것이다. 또 하나 몸무게와 같이 물리적으로 바꿀 수 있는 열등감에 대해서는 충격요법을 이용하는 것이다. 즉, 오히려 나를 그 열등감을 더 부추기는 환경 속에 내놓아 자극함으로써 더욱 더 적극적인 행동을 하게 만드는 방법이다. 어쨌든 우리는 열등감의 노예가 되지 말고 열등감을 다스리는 사람이 되어야 할 것이다.


## 마음을 조절하면 슈퍼맨, 원더우먼이 된다

최근 세상이 너무 빠르게 돌아가면서 사람들의 마음도 점점 안정되지 못하고 들뜬 상태로 되어간다는 느낌을 지울 수 없다. 점점 스트레스가 많아지고 우울증 환자도 늘어가는 추세이다. 이는 무엇을 말하는가. 물질적으로 풍요해지고 지적으로도 성숙해졌지만 감정을 조절하는 능력은 오히려 과거보다 후퇴했다는 것을 뜻한다. 이러한 현상은 실제 군대에서 쉽게 접할 수 있다. 과거에 군대생활을 한 사람들은 어떤 어려움도 참고 이겨내었으나 요즘 군대생활을 하는 사람들은 어려움 앞에 쉽게 감정이 요동치고 눈물을 보이는 경우가 많다. 이는 현대문명이 발달할수록 마음을 조절하는 능력, 즉 정서적인 부분은 오히려 퇴보하고 있기 때문에 나타나는 현상이다.

그렇다면 왜 이런 현상이 나타날까? 그것은 학교교육의 문제부터 지적해야 할 것이다. 오로지 경쟁에 휘둘린 아이들에게 지식교육만 강요하다보니 감정을 다스

100
99
98
97
...
50
...
49
48
...
10
9
8
...
5
4
3
2
1

리는 정서교육은 할 엄두조차 내지 못하는 것이 오늘
날 학교의 현실이다. 그리고 큰 어려움 없이 쉽게 자
라다보니 어려움에 대처하는 능력이 부족하다. 이런
이유로 요즘 사람들은 감정조절 능력이 부족한 상황
에 놓여 있다. 이러한 자기조절 능력의 부족은 곧 자
신에게 닥치는 수많은 어려움은 물론 사회적 스트레
스에 무방비로 당할 수밖에 없다. 그래서 우울증과
히스테리 환자가 속출하고 있는 것이다.

　이제 감정조절 능력은 행복하고 성공적인 인생을
사는데 필수요건이라 해도 과언이 아닌 시대가 되었
다. 따라서 자신의 감정을 조절하는 능력을 키우는
데 많은 노력을 한다면 분명 행복한 인생을 설계하는
데 최고의 도움이 될 것이다. 이때 앞에서 소개한 여
러 마음을 바꾸는 방법들을 동원한다면 많은 도움이
될 것이다.

## 마인드컨트롤

// 감정조절 능력을 키워 주는 수많은 프로그램 중 마인드컨
트롤(mind-control)이 있다. 마인드컨트롤이란 말 그대로
마음, 즉 감정을 통제하는 능력을 말한다. 원래 심리학에서는
최면이나 자기암시 등과 비슷한 의미로 쓰였으나 여기서 말
하고자 하는 '마인드컨트롤'은 감정통제(Emotion-
Control)에 관한 것이다.

극도의 긴장 속에 치러지는 스포츠 경기에서 감정을 통제하는 것은 승리를 위한 필수요건이라고 할 수 있다. 그래서 수많은 운동선수들의 훈련 프로그램에 마인드컨트롤은 꼭 들어가 있다. 실제 마인드컨트롤을 한 운동선수들은 집중력이 향상되어 더 좋은 성적을 올리는 것으로 나타났다. 그런데 이러한 마인드컨트롤이 비단 운동선수에게만 필요한 것일까. 절대 그렇지 않다. 감정이 요동치는 경험을 한 현대인이라면 누구에게나 필요한 것이 마인드컨트롤이다. 마인드컨트롤을 통하여 분노와 불안과 불만을 조절할 수 있기 때문이다. 만약 분노와 불안과 불만을 조절하지 못하고 그 감정의 노예가 된다면 일은 그르치고 말 것이며 불행의 나락으로 떨어지고 말 것이다. 따라서 직장인이든, 학생이든, 주부든 각자에 맞는 마인드컨트롤이 필요하다. //


### 위험한 마인드컨트롤도 있다

// 위험한 마인드컨트롤의 대표적인 예로 중세에 암살자를 육성하는 방법을 들 수 있다. 중세에는 충성스런 암살자를 만들기 위해 다음과 같은 일을 꾸몄다고 전해진다.

교육자들이 일단의 남자들에게 수면제를 먹인 후 산속으로 데려간다. 잠에서 깨어난 남자들은 놀라운 광경을 목격하게 된다. 그곳은 말로만 듣던 천국이었던 것이다. 눈을 어지럽게 만드는 수려한 경치 속에 진수성찬이 끊임없이 펼쳐져 있다. 그리고 온갖 미녀들이 등장해 수발을 들어준다. 이런 곳이라면 평생을 살고 싶은 곳이다. 그러나 며칠이 지나자 다시 약을 먹여 잠재운 후, 원래 살던 곳으로 보내 버린다. 잠에서 깨어난 남자들은 현실로 돌아온 것을 보고 실망하게 되는데, 이때 다시 교육자들이 나타나 이렇게 이야기한다.

"너희들은 며칠 동안 천국을 다녀온 거야. 너희들이 우리가 시킨 대로 사람들을 암살하고 목숨을 바쳐 일한다면 죽어도 그런 천국에 다시 돌아갈 수 있지."

이렇게 세뇌당한 남자들은 목숨을 바쳐 암살을 자행했다고 전해진다. 이는 마인드컨트롤을 이용하여 사람의 마음을 빼앗는 대표적인 이야기이다. //

# 상대를 움직이고 싶을 때

많은 사람들에게 세상을 살면서 가장 힘든 것이 무엇이냐고 물어보면 그 중 많은 사람들이 '인간관계'라고 답한다. 물론 공부하고 일하는 것도 힘들지만 그보다 더 힘든 것이 인간관계라는 것이다.

왜 인간관계가 그리 힘든 것일까? 세상에는 온갖 유형의 사람들이 섞여 살고 있고 그들의 마음이 모두 내 마음 같지가 같다. 사람들은 누구나 이기적인 본능이 있어서 자기 마음대로 하고 살고 싶으나 다른 사람들과의 관계 속에서는 그럴 수 없는 노릇이다. 그렇게 했다간 당장 충돌만 생길 뿐이기 때문이다. 그래서 참고 또 참고 살아가지만 이는 결코 쉽지 않은 일이다. 이런 가운데 처세를 잘하는 사람은 성공하고 잘하지 못하는 사람은 박수부대만 될 뿐이다.

그렇다면 어떻게 해야 처세를 잘 할 수 있는 걸까? 요즘 수많은 자기계발서에서 그 해답을 제시하고 있으니 참고하면 될 것이다. 여기에서는 심리학적인 차원에서 다른 사람의 마음을 사로잡는 방법에 대해 다루고자 한다.


## 필요를 채워 주면 홀딱 넘어간다

상대에게 인정을 받거나 관심을 끌고 싶으면 먼저 상대가 선호하거나 필요로 하는 것이 무엇인지 파악하는 것이 중요하다. 그렇다고 당장 술을 좋아하는 상사에게 명절 선물로 값비싼 고급 양주를 선물해 주는 것, 때로는 돈을 좋아하는 거래처 사장에게 상품권을 선물하는 것 등을 떠올리지는 말기 바란다. 요즘 같은 세상에 양주나 상품권 같은 것들은 뇌물로 인식되어 어쩌면 패가망신의 지름길이 될 수도 있을 테니 말이다. 이런 방법들은 과거에 성행하던 것들로, 이제 생각을 바꿔야 한다. 여기서 다루고자 하는 것도 이런 류는 아니다.

직장에서 일 잘한다고 소문난 친구들을 살펴보자. 그들은 왜 상사로부터 인정받는 것일까? – 아부를 잘해서 인정받는 사람은 제외하겠다. – 물론 그가 업무처리 능력이 탁월하고 거기에 일찍 출근하고 늦게 퇴근하는 등 성실성까지 갖추었다고 하면 달리 할 말이 없다. 그런데 나와 큰 차이가 나지 않는 것 같은데도 유독 인정받고 있다면 이는 분명 그만의 비법이 있는 것이 확실하다.

나이가 지긋한 모 출판사 편집부장이 있었다. 사장으로부터 제법 편집 일은 잘한다고 인정받았으나 유독 약점이 있었으니 기획력이 약하다는 것과 컴맹이라는 사실 때문이었다. 어느 날부터 사장이 새로운 기획안을 올리라고 난리인데 기획력이 약하고 컴맹이다 보니 버벅거릴 수밖에 없었다. 그런데 그 부서에 대리가 한 명 있었는데 그는 신입사원 때부터 이 편집부장으로부터 편집 일을 정말 못한다고 구박받던 그런 존재였다. 워낙 오래 근무한 탓에 대리까지는 달게 되었으나 편집부장은 여전히 그를 신뢰하지 못하고 있었다. 편집부장은 부하 직원들에게 기획안을 만들어 올리라고 지시했고, 많은 직원들이 저마다 기획안을 만들어 올렸다. 그런데 이게 웬일인가. 바로 그 대리가 탁월한 기획안을 올렸던 것이다. 사실 대리는 기획관련 책을 많이 읽어 기획은 자신 있었고 평소 컴퓨터에 관심이 많아 문서작성도 자신 있었던 것이다. 그 기획안은 곧 사장에게 올려져 통과되기에 이르렀다. 대리의 편집 실력은 여전히 부족했으나 이후로 편집부장은 대리를 인정하게 되었으며 어느 날부터는 자신의 오른팔이라며 추켜세우기까지 했다. 편집부장의 인정을 받자 대리의 편집 실력도 어느 정도 향상되기에 이르렀다.

어떻게 평소 고문관으로 취급받던 대리가 편집부장의 오른팔까지 될 수 있었을까, 생각해 보자. 심리학에서는 사람들이 자신에게 유리한 것만 인지하려고 하는 경향이 있다고 주장한다. 즉, 도로를 가다가도 차종에 관심이 있는 사람은 차의 상표만 보게 되나 배기 가스의 유해성에 관심이 있는 사람은 코를 막고 상을 찡그리게 된다. 전자의 사람은 배기 가스는 아예 인식하지도 못하며 후자의 사람은 상표가 눈에 들어오지도 않는다. 이처럼 사람은 관심분야가 다르며 자신에게 불리한 것은 인지하지 않으려 하고 자신의 관심분야만 인지하려고 한다. 앞에서 편집부장의 경우도, 그에게 가장 필요한 것은 기획력과 그것을 문서로 멋지게 꾸미는 일이었다. 그런데 대리가 가장 절실할 때에 그것을 충족해 준 것이다. 이는 평소 그를 신뢰하지 않던 편집부장의 마음을 돌려놓는 결정적인 역할을 한 것이다. 그렇다고 당시 대리의 편집 실력이 좋아진 것도 아니었지만, 기획력이 그것을 커버하고도 남았던 것이다. 이후로 대리의 편집 실력까지 좋아진 것은 편집부장으로부터 인정받다보니 어쩌면 당연한 수순이었을 것이다.

여러분 중에서도 직장에서 상사에게 아직 인정받지 못하는 부분이 분명 있을 수 있다. 이때 대리의 경우처럼 상대의 필요를 알아내어 그것을 충족시키는 노력을 한다면 분명 인생역전을 이룰 수 있을 것이다.

## 마음을 움직이는 절대 기술, 인간적일 것

한 대학 강의실에 교수가 뚜벅뚜벅 걸어 들어왔다. 그의 모습은 무척 경직되어 보였는데, 그것은 사실 그가 첫 강의를 하러 들어왔기 때문이었다. 거기에다 성격까지 근엄하고 내성적이라 강의실에는 적막이 흘렀다. 교수는 인사를 하고 곧바로 강의를 시작했다. 하지만 어색하고 무거운 분위기는 계속되고 있었다. 어떡하면 이 무거운 분위기를 깰 수 있을까?

아마도 대학강의를 들어본 사람이라면 이 장면이 연상될 것이다. 학생 중에 분위기를 반전시켜 보려고 시시껄렁한 농담을 던져 보지만 그때뿐이다. 학생들과 교수 사이에 가로놓인 벽은 좀처럼 허물어지지 않는다. 이때 벽을 허물 수 있는 가장 좋은 방법은 교수가 자신의 인간적인 모습을 보여 주는 것이다. 곧바로 강의

마음의 벽을 허무는 가장 간단한 방법, 인간적일 것

를 들어가는 것보다 자신의 가족관계나 살아온 과정, 성격, 취미 등에 관한 이야기를 들려 주면 학생들도 어느새 교수를 이해하고 공감하며 마음의 벽을 허물게 된다. 이는 교수의 인간적인 모습에서 저 교수도 나와 별다르지 않은 사람이구나, 라는 느낌을 가지게 되기 때문에 생기는 현상이다.

학교나 직장 등에서 아무리 오랫동안 알고 지냈어도 별로 친하지 않은 사람들이 많이 있다. 이는 오로지 공적인 관계 속에서만 지냈기 때문에 그런 것이다. 그러나 술자리를 함께 하거나 취미생활을 같이 하면 금방 친해지는데 이는 그런 자리를 통하여 서로에게 인간적인 면모를 보여줄 수 있는 기회가 많아지기 때문이다. 따라서 누군가와 친해지고 싶거나 처음 만나는 거래처 사람들과 친해지고 싶다면 너무 공적인 관계를 내세우지 말고 인간적인 모습을 보여주도록 노력하라.


## 기대 심리를 높이는 심리기술, 예측불허(=강화)

과거에 복권이 유행하더니 요즘은 로또가 대세다. 당첨이 되면 최소 수억에서 수십억의 불로소득이 생기니 너도나도 로또에 매료되어 있다. 그런데 어떤 사람은 수년 동안 로또를 했으나 3등에 딱 한 번 당첨된 것과 5등에 3번, 그리고 6등에 4~5번 당첨된 것이 전부인데도 그는 매주 어김없이 로또를 하고 있다. 그는 왜 이렇게 확률이 낮은 데도 로또를 끊지 못하고 계속하는 걸까? 아마도 언젠가는 당첨될 것이라는 기대심리가 그로 하여금 로또를 계속하게 만들겠지만, 사실 그가 지치지 않고 로또를 계속하는 데는 놀라운 심리기술이 숨어 있다.

심리학에서 강화 스케줄이란 것이 있는데, 여기서 '강화'란 어떤 일을 하고자 하는 의욕을 더 강하게 하는 요소를 뜻하는 말로 보통 일의 대가로 주어지는 그 어떤 것을 의미한다. 이러한 강화를 조절하는 것을 강화 스케줄이라고 하는데, 이에는 강화를 주는 간격의 변화로 강화를 조절하는 방법과 강화를 주는 비율의 변화로 강화를 조절하는 방법이 있다.

먼저 간격의 변화로 강화를 조절하는 방법에 대해 알아보자. 예를 들어 월급을 꾸준히 받는 것은 매달 일정한 간격으로 대가를 받는 것이므로 고정된 간격으로 강화를 조절하는 대표적인 경우라 할 수 있다. 반면 대형마트 같은 데서 가끔씩 경품행사를 하는 경우가 있는데 이는 경품을 주는 시간을 예측할 수 없다는 점에서 변동된 간격으로 강화를 조절하는 대표적인 예라 할 수 있다.

이번에는 강화를 주되 그 비율을 다르게 조절하는 방법에 대해 알아보자. 예를 들어 주유소에서 매주 주급을 똑같이 30만 원씩 일정하게 주고 있다면 이는 고정적인 비율로 강화를 주고 있는 경우라 할 수 있다. 그러나 로또의 경우 언제 얼마의 대가를 받을지 도통 알 수가 없다. 이는 변동비율로 강화를 조절하는 대표적인 예라 할 수 있다.

그렇다면 로또는 왜 강화 스케줄 중에서도 변동비율을 채택하고 있는 것일까? 그것은 심리학적으로 사람들이 변동비율일 때 더 흥미를 가지고 반응을 보인다는 사실이 밝혀졌기 때문이다. 예를 들어 로또를 하는데 매달 일정 금액이 당첨되도록 정해져 있다고 해보자. 만약 자기가 투자하는 금액보다 많은 보상을 받는다면 지속할지 모르나 그렇지 않다면 그는 금방 로또를 끊어버릴 것이다. 하지만 언제 당첨될지 모르고 가끔씩 당첨되는 것은 오히려 기대심리를 높여 끊임없이 로또를 하게 만든다. 이것이 로또에 숨어 있는 심리기술의 비법으로 오늘도 많은 사람들이 로또를 하게 만드는 힘이라고 할 수 있다.

강화 스케줄의 4가지 유형

// • **고정간격과 변동간격** : 강화를 주기 위해 고정적인 간격으로 자극을 줄 것인가, 변동적인

간격으로 자극을 줄 것인가를 결정해야 하는데 고정적인 간격으로 자극을 주는 것을 고정간격,
변동적인 간격으로 자극을 주는 것을 변동간격이라고 한다.

• **고정비율과 변동비율** : 강화를 주기 위해 고정적인 비율로 자극을 줄 것인가, 변동적인 비율
로 자극을 줄 것인가를 결정해야 하는데 고정적인 비율로 자극을 주는 것을 고정비율, 변동적인
비율로 자극을 주는 것을 변동비율이라고 한다. //

## '보상효과', 고전적이지만 유용한 심리기술

　그렇다면 어떤 일을 하는데 있어 보상을 주는 시간 간격이 짧은 경우와 긴 경
우 어느 것이 더 큰 효과를 나타낼까? 예를 들어 일한 대가로 받는 급여를 일당으
로 주는 경우와 월급으로 주는 경우를 비교해보자. 당연히 일당으로 주는 것에 더
큰 의욕을 보일 것이다. 이러한 사람의 심리를 교묘히 이용한 것이 즉석복권이다.
즉석복권을 긁는 즉시 보상효과를 얻을 수 있다는 기대심리 때문에 선풍적인 인
기를 끌 수 있었던 것이다.

　이러한 방법은 집에서 아이들을 교육시킬 때도 써먹을 수 있다. 예를 들어 매
일 아침 아빠의 구두를 닦으면 한 달 용돈을 얼마 주겠다고 하는 방법보다 그날
그날 구두를 닦을 때마다 얼마씩을 주는 것이 훨씬 일에 대한 의욕을 높인다는
것이다.

　또한 아이를 교육시키고자 할 때에도 강화 스케줄을 잘 활용하면 교육효과를
극대화할 수 있다. 예를 들어 아이에게 단순히 그냥 해라고 지시하는 것보다 그것
을 하면 어떤 보상을 해준다고 하면 아이의 의욕을 더욱 높일 수 있는 것이다. 그
리고 그 보상을 주는 방법은 앞에서 말한 대로 강화 스케줄의 원리를 잘 활용하면
교육효과를 배로 높일 수 있을 것이다.

대중의 심리를 이끄는 가장 간편한 방법, 박수부대를 동원하라

## 대중을 사로잡는 심리기술, 박수

어떤 경우 수많은 대중을 상대로 심리기술을 펼쳐야 할 경우가 생긴다. 예를 들어 정치가들의 연설이나 강사가 청중을 상대로 연설할 경우가 그것이다. 강사의 경우 강의를 재미있고 의미 있게 하면 청중들은 쉽게 동화되기 마련이다. 하지만 정치가의 경우 말재주만으로 수많은 사람들의 마음을 끌기란 쉽지 않다. 이때 청중들의 심리에 자극을 주어 심리적 흥분을 조성하는 여러 가지 심리기술이 이용될 수 있다.

가장 간편하게 대중들의 심리를 이끄는 방법이 바로 박수부대의 투입이다. 즉, 청중 곳곳에 눈치 채지 못하게 박수부대를 분산 배치해 두고 연설이 진행될 때 박수를 치게 하거나 환호성을 지르게 한다. 그러면 청중들은 무의식중에 자기도 모르게 따라서 박수를 치고 환호성을 지르며 흥분하기 시작한다. 이는 마치 전쟁에 나가기 전 고막을 울릴 만큼 북을 세게 치며 군인들이 심리적 흥분을 불러일으키는 것과 유사한 효과를 나타낸다.

또한 대중을 연설자에게 집중시키기 위해 사용하는 방법으로 청중석을 캄캄하게 하는 방법이 있다. 이때 스포트라이트는 오직 연설자에게만 비춰지므로 청중들의 시선은 연설자에게 고정될 수밖에 없다.

무엇보다 중요한 것은 연설 내용이 쉽고 간결해야 한다는 것이다. 아무리 집중을 시키려고 장치를 한다고 해도 연설 내용이 어렵고 장황하면 귀에 잘 들어오지 않아 집중하기가 힘들어진다. 따라서 가능하면 현재 모인 청중들의 수준을 파악해 그보다는 낮은 단계의 수준으로 연설을 해야 할 것이다. 그리고 좀 지루하게 길어진다 싶으면 핵심을 요약해서 분위기가 지루해지지 않도록 해야 한다. 훌륭한 연사들은 대부분 연설 내용이 쉽고 재미있고 의미 있었다는 사실을 기억하면 많은 도움이 된다.

### 대중을 움직이는 또 다른 심리기술, 공포환기법

// 공포환기법이란 대중에게 강한 공포감을 불러일으켜 대중들의 관심을 끌려고 하는 심리기술이다. 이는 정치판에서 자주 써먹는 수법이므로 이에 관한 예를 들면 쉽게 이해할 수 있을 것이다. 선거철이 돌아오면 갑자기 북한의 도발 등과 같은 돌발 상황이 벌어진다. 최근의 예를 들자면 천안함 사건과 같은 것이 그것이다. 그러면 정부는 이것이 북한의 소행이라며 공포심을 조장하고 국민들은 이러한 공포로부터 도피하고 싶은 감정으로 가득 차게 된다. 그때 정부에서는 정부의 안정만이 공포로부터 도피할 수 있는 방법이라는 것을 보여 줌으로써 표를 찍게 만드는 것이다. 진실인지 조작인지 알 수는 없지만 과거 이 방법으로 표를 많이 얻어 선거에서 유리한 고지를 점유했던 것이 사실이다. //

강한 공포는 무조건적으로 안정으로 도피하게 만든다

## 혼자서 안 되면 후광, 아니 위광을 입어라

국회의원을 뽑는 총선을 치를 때 한 지역의 국회의원 후보가 연설을 하는데 인기 있는 고위정치가가 함께 나와 연설을 하는 장면을 심심찮게 본 적이 있을 것이다. 그런데 이것이 한 표라도 더 얻기 위해 단순히 행해지는 일 같지만, 그 속에 교묘한 심리기술이 숨어 있다는 사실을 아는 사람은 많지 않다. 이것은 심리학에서 위광암시(威光暗示) 효과라 불리는 심리기술을 이용한 것이라 할 수 있다.

위광암시 효과란 그 분야의 전문가나 이름 있는 사람을 내세워 상대를 설득시키려는 심리기술을 말한다. 즉, 앞의 경우에 별 이름 없는 국회의원이 혼자 연설하는 것보다 인기 있는 정치가가 함께 연설하면 그 사람에 대한 신뢰도가 급상승하게 된다. 그 이유는 국회의원에 대한 확신이 생기지 않았던 것이 인기 있는 정치가가 믿을 만한 사람이라고 하는 말 한마디에 갑자기 믿어 버리고 싶은 심리가 생기기 때문이다. 이때 중요한 것은 위광으로 나서는 사람의 인기도가 높을수록 위광암시 효과는 더욱 크게 나타난다는 점이다.

이러한 위광암시는 정치판에서만 이용되는 것이 아니라 상술에서도 곳곳에서 이용된다. 의료기기를 판매하는 데 실제 유명한 의사를 내세운다든지 옷을 파는 데 유명 디자이너를 내세우는 것 등이 그것이다. 이때 소비자들은 결국 위광암시 효과에 넘어가 상품을 더 많이 구매하게 된다.

## ● 호세 실바(Jose Silva)가 창안한
## ● '마인드컨트롤' 방법

> **명상 단계**
>
> ∨

1. 편안히 누운 자세에서 눈을 감은 채로 눈동자를 눈꺼풀 뒤에서 약 20도 위쪽에 고정시킨다.

2. 천천히, 약 2초 간격으로 100에서 1까지 거꾸로 숫자를 센다. 이때 당신은 안정된 알파(매우 안정된 상태에서 나오는 뇌파) 상태의 뇌파에 들어가는 첫 경험을 하게 된다.

   ※ 보다 깊은 알파 상태인 세타 상태까지 들어가려면 약 7주 정도 연습해야 한다. 처음 10일 간은 100에서 1까지의 방법을 사용하고, 그 다음에는 10일 간격으로 50에서 1까지, 25에서 1까지, 10에서 1까지, 마지막에는 5에서 1까지 세는 방법으로 연습한다.

3. 한편 알파에서 베타 상태(보통의 생활을 할 때 나오는 뇌파)로 나올 때는 처음 알파 상태에 들어가던 방법을 반대로, 즉 숫자가 커지는 방향으로 센다. 그리고 마음속으로 다음과 같이 자기암시를 준다.

   ※ 1에서 5까지 세고 있는 동안 나는 서서히 깨어나 정신이 맑아지고, 전보다 훨씬 기분이 좋아질 것이다. 하나… 둘… (눈을 뜰 준비를 한다) 셋… 나는 이제 곧 눈을 뜰 것이다. 넷…다섯… (눈을 뜬다) 나는 이제 맑은 정신으로 깨어나, 전보다 훨씬 기분이 좋아진 것을 느낀다.

## 이완 단계

v

1. 이제 몸의 한 부분에 의식을 집중해 그곳을 의식적으로 이완시키고 나서 그 다음 부분으로 옮겨 간다. 먼저 왼쪽 발의 힘을 빼고 다음에 왼쪽다리, 오른쪽 발 등의 순서로 목, 얼굴, 눈, 마지막에 머리의 피부까지 계속한다.

2. 다음에는 정면으로 약 45도 높이의 벽이나 천장의 한 지점을 선택하여 눈꺼풀이 무겁게 느껴질 때까지 깜빡이지 않고 똑바로 바라본다. 그런 후, 눈을 감고 50에서 1까지 세어 나간다. 이것을 10일간 연습하고 나서, 다시 10일 간격으로 10에서 1까지, 5에서 1까지 세어 나가는 연습을 한다.

## 시각화 단계

v

이제는 명상에 들어가는 즉시 처음부터 시각화 연습(의식 속에 영상을 그리는 연습)을 한다. 이것을 생생하게 할수록 마인드컨트롤의 효과는 더욱 높아진다.

1. 2미터 전방에 상상의 스크린을 만든다.

2. 스크린에 당신이 생각한 이미지를 투영한다. 과일, 동물 등 한 가지만 떠오르게 하는 것이 중요하고 다음 연습 때는 그 대상을 바꾸어도 좋다. 중요한 것은 실물과 똑같이 구체적으로 그려내는 것이다.

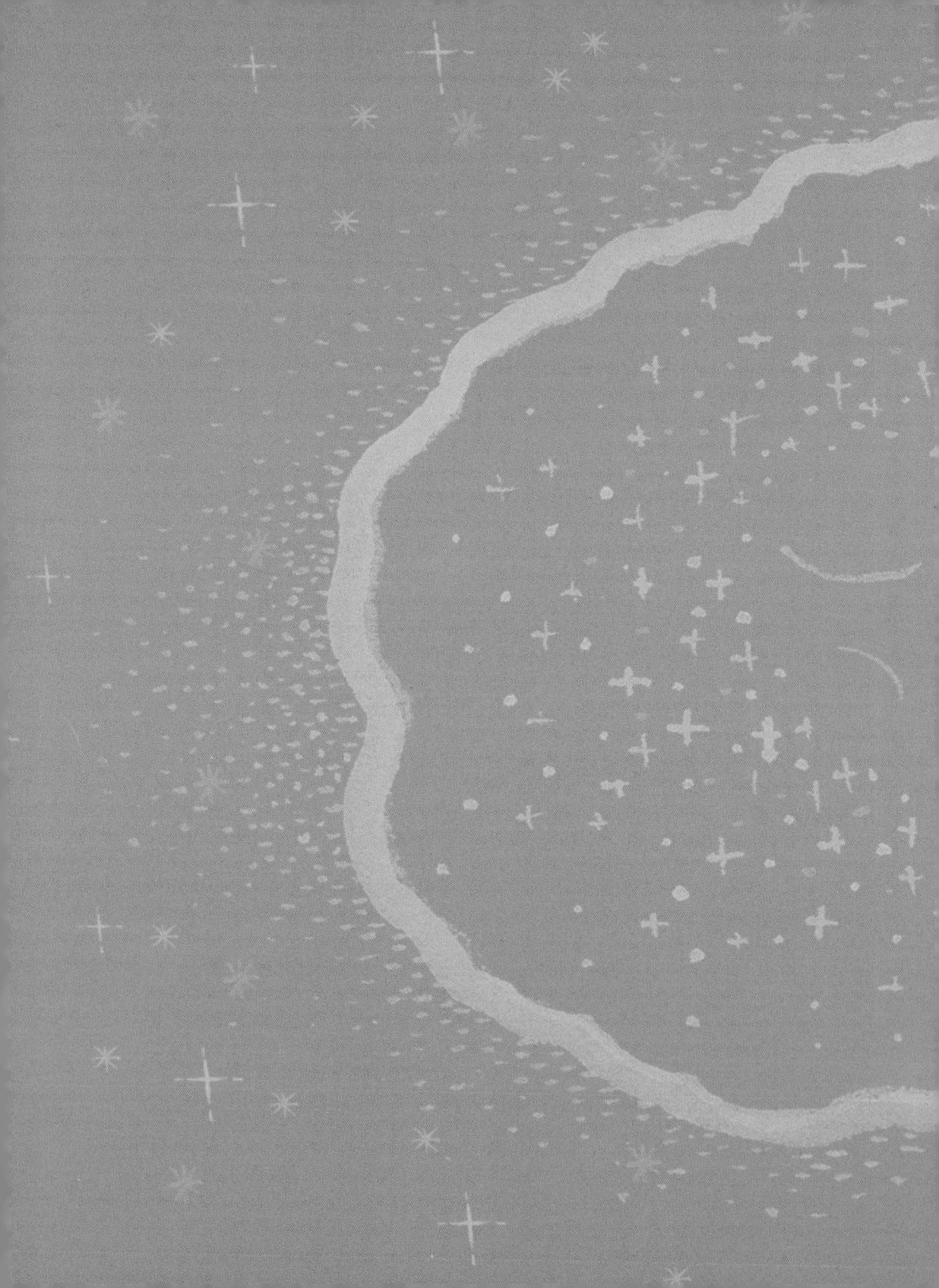

- 3장 -

# 연애하고 있습니까,
# 연애하고 싶습니까?

# 여자와 다른 남자, 남자와 다른 여자

존 그레이란 작가가 쓴 〈화성에서 온 남자 금성에서 온 여자(Love Lesson 99, Men are From mars, Women are from Venus)〉란 책이 세상에 나왔을 때 사람들은 너나 할 것 없이 무릎을 치기에 바빴다. 어쩌면 남녀의 차이를 그렇게 잘 표현했는지 감탄했기 때문이다.

진짜로 남자는 불같은 별인 화성에서 오고 여자는 아름다운 별인 금성에서 왔다고 생각될 정도로 남자와 여자는 다르다. 그런데도 서로 사랑할 수밖에 없는 운명을 타고 어쩔 수 없이 부부가 되긴 하지만 티격태격하긴 부부가 되고 나서도 마찬가지다.

도대체 남자와 여자의 싸움은 언제나 끝날 수 있을까? 아마도 인류의 역사가 끝나지 않는 한 계속될 수밖에 없을 것이다. 그렇다면 왜 이런 남녀의 차이가 생기는 걸까?

## 아예 생겨 먹은 게 다른 남자와 여자

역사적으로 수많은 과학자들과 심리학자들이 이 난제(?)를 풀기 위해 매달렸었다. 그 궁금증을 풀기 위해 실제 남녀의 뇌를 해부하기도 하고 유전자 코드를 분석하기도 했다. 그 결과 유전자 코드의 경우 99%가 같은 것으로 나타났다. 유전자 코드는 인간의 모든 신체와 정신활동을 담당하는 소프트웨어와 같은 것이라 할 수 있다. 이것이 거의 똑같은데도 왜 남자와 여자는 커다란 차이를 보이는 걸까?

그 비밀은 뇌 구조의 분석에서 나타났다. 신경심리학자들은 남자와 여자의 뇌 구조가 어떻게 다른지 분석하기 시작했는데 놀라운 차이를 발견해 낼 수 있었다.

일단 남자의 뇌가 여자에 비해 10~15% 가량 큰 것은 겉보기만으로도 짐작할 수 있다. – 물론 머리 큰 여자와 머리 작은 남자도 있지만, 이는 보통의 남녀를 기준으로 한 수치이다. – 이 때문에 남자의 뇌를 이루는 신경세포의 수가 여자의 뇌

남자의 뇌는 여자의 뇌에 비해 10~15% 가량 크다. 이것이 남자와 여자의 차이?

보다 40억 개 정도나 더 많다. 혹시 이 때문에 남자의 머리가 더 좋지 않을까, 라고 생각할 수 있으나 신경세포의 수가 많은 것과 머리가 좋은 것과는 비례하지 않음을 밝혀둔다.

신경세포 수의 차이보다 더 놀라운 발견은 뇌를 구성하는 각 부위의 할당 비율이 남녀 간에 큰 차이를 보였다는 점이다. 즉, 인간의 뇌는 약 45개의 부위로 나눌 수 있는데, 이 각각의 부위를 차지하는 구성 비율이 남자와 여자가 차이를 보이더라는 것이다. 이러한 차이 때문에 남자와 여자가 너무나도 다른 사고방식을 갖게 된 것이라고 신경심리학자들은 말한다.

또한 유전자 코드가 거의 같다고 했는데, 나머지 1%는 남자와 여자가 서로 다르다. 이 차이 역시 무시할 수 없다. 결론적으로 남자와 여자는 뇌의 구성 비율과 약간의 유전자 코드 차이로 인해 서로 다른 별에서 온 남자와 여자로 둔갑하게 된 것이라 할 수 있다.


## 남자와 여자가 다른 건 뇌 사이즈 때문?

언제부턴가 여성 운전자들이 눈에 띄게 늘어났다. 그런데 이런 여성 운전자들의 등장에 대해 남성 운전자들은 크게 기뻐하지 않는 눈치다. 왜냐하면 갈림길에서 갑자기 툭 튀어나오거나 주차장에서 답답한 행동을 보이는 운전자들을 보면 여지없이 여성 운전자였다는 이유 때문이다. 실제로는 모든 여성 운전자들이 이런 운전습관을 가지고 있는 것이 아닌데도 불구하고 남성들이 이런 생각을 갖고 있다는 것은 그만큼 남성보다 여성 운전자에게 많이 당했기 때문일 것이다.

그렇다면 여자들은 왜 운전에 약할까? 운전은 아무래도 공간지각력이 뛰어나야 한다. 그런데 연구 결과 여자가 남자보다 공간지각력이 떨어지는 것으로 나타났다. 그래서 이런 결과가 나왔다고 여겨지고 있다. 과연 여자는 남자보다 공간지각력이 떨어지는 걸까?

이에 대하여 뇌구조를 연구하는 신경학자들에 의해 그 원인이 밝혀졌다. 실제 남자의 뇌는 여자보다 대뇌피질에 해당하는 두정엽 부위가 여자보다 크다는 것이 밝혀졌기 때문이다. 두정엽은 뇌의 역할 중 공간을 인식하는 일을 담당한다. 이것이 더 크다는 것은 그만큼 공간인식 능력이 뛰어남을 의미한다. 실제로 남자는 여자보다 길을 찾는 능력이 뛰어나다. 이는 공간에 대한 인식 능력이 뛰어남을 의미한다. 여자들은 상대적으로 남자보다 두정엽 부위가 작기 때문에 공간지각력이 떨어지는 것이다. 물론 이는 상대적이라는 점을 밝혀둔다. 남자보다 떨어진다는 것이지 결코 공간지각력이 떨어진다는 의미는 아니기 때문이다.

또한 남자의 뇌가 여자보다 더 큰 부위는 편도체이다. 편도체는 여러 기능이 있지만 그 중 중요한 것이 바로 감

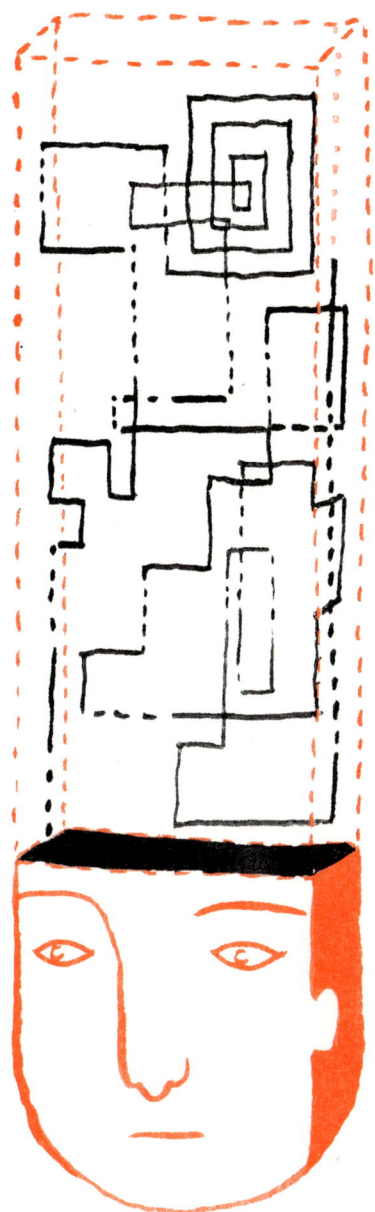

남자의 뇌는 공간을 인식하는 일을
담당하는 부위가 클 뿐이다

정조절의 기능이다. 이는 무엇을 뜻하는가. 남자가 여자보다 감정조절 기능이 뛰어남을 의미한다. 사람들은 여자들이 남자보다 오래 사는 이유 중에 하나가 아마도 감정을 쉽게 노출하기 때문이라고 생각하는 경향이 있다. 실제 여자들은 기쁠 때 크게 웃고 슬플 때 크게 우는 등 감정을 숨기지 않는다. 그래서 감정표현이 자유롭다 보니 말도 많아지는 것이다. 그러나 남자들은 어떤가. 자신의 감정을 잘 표출하지 않는다. 아무리 슬픈 일이 있더라도 여자처럼 소리 내어 울지 않는다. 뿐만 아니라 두려움 앞에서도 여자보다 견디는 힘이 강하다. 이는 다시 말하면 그만큼 감정조절 능력이 크다는 의미로 해석할 수 있다. 이렇게 남자가 여자보다 감정조절 능력이 강한 이유는 바로 이를 담당하는 뇌의 편도체 부위가 여자보다 크기 때문이라는 것이다.

## 남자와 여자는 감정의 사이즈가 다르다

앞에서도 이야기했듯이 여자가 남자보다 더 감정표현이 자유롭다는 사실은 모두가 알고 있다. 이에 대하여 남자의 감정조절 능력이 여자보다 더 강하기 때문이라고 볼 수 있으나 여기에는 또 다른 이유가 숨어 있다. 즉, 여자들이 남자보다 정서적 경험을 더 잘 기억하고 감정을 표현하는 일을 담당하는 해마와 변연계라는 부위가 남자보다 더 크기 때문이라는 것이다.

정서적 경험을 더 잘 기억한다는 것은 감정을 표현하는 전제조건이 된다. 즉, 여자들은 그날그날 일어났던 자잘한 일까지 몽땅 기억하고 있다가 쉬는 시간이 되면 그것을 빠짐없이 풀어놓기 시작한다. 누가 무엇을 했고 그래서 기분이 어쨌다는 둥. 이런 수다를 떨면서 때론 크게 웃기도 하고 때론 질투하기도 하며 때론 흐느껴 울기도 한다. 그러나 남자들에게 있어 이런 일은 기억도 나지 않을뿐더러 관심 밖의 상황이기도 하다. 이처럼 남자와 여자의 감정표현 방식은 다르다. 그리고 이런 감정표현의 차이가 나타나는 것은 바로 뇌 구성의 차이에서 비롯된다는 사실이 밝혀진 것이다.


## 성적 충동의 크기도 다르다

남자들의 성적 충동은 매우 즉각적이다. 아무런 생각 없이 길을 가다가 여인의 살결을 보는 것만으로도 성적 충동이 생길 정도다. 또한 바람에 스치는 여인의 향내에도 쉽게 성적 충동을 느낀다. 그래서 남자들은 늘 여자들의 마음이 궁금하다. 과연 여자도 남자처럼 성적 충동을 느끼는지. 그러나 아쉽게도 여자가 느끼는 성적 충동은 남자의 그것을 도저히 따라가지 못한다. 물론 여자들도 성적 충동을 느낀다. 하지만 그 정도는 남자보다 극히 횟수도 적고 약하다.

그렇다면 왜 남녀 간에 이런 성적 충동의 차이가 생기는 걸까? 이에 대한 원인 역시 뇌의 구조에서 밝혀졌다. 즉, 성적 충동과 행동을 지배하는 뇌중추의 크기가 여자보다 남자가 2.5배나 크다는 사실이 밝혀진 것이다. 이러한 뇌중추의 크기 차이가 바로 남녀의 성적 충동의 차이를 만들어낸다는 사실이 매우 흥미롭지 않은가.

### 남녀 성적 충동의 차이

// 남자와 여자가 느끼는 성적 충동은 분명 다르다. 그런데 이러한 차이는 연령대별로도 차이가 난다. 즉, 남성은 15세에서 25세 사이에 최고점에 달하게 되는데 반해 여성은 30세에서 40세 사이에 최고점에 달하게 된다. 이처럼 남자와 여자가 성적 충동을 느끼는 나이대가 다르기 때문에 이로 인한 가정의 문제가 생기기도 한다. 즉, 40세가 된 남편은 피곤한데 40세가 된 아내는 성적 충동이 절정에 달해 있으니 도저히 균형을 맞출 수가 없는 것이다. //

## 여자가 눈치가 빠를 수밖에 없는 이유

길을 가다 멋진 미니스커트를 입은 여성을 보면 남자들은 일단 긴장하기 시작한다. 그 여자의 멋진 각선미를 훔쳐보고 싶은 마음이 본능적으로 생기기 때문이다. 그렇다고 막 대놓고 쳐다볼 수는 없는 노릇이다. 이는 무례한 행동이기도 하지만 주변 사람들에게 이상한 놈(?)으로 비춰질 가능성도 있기 때문이다. 그래서 남자들이 사용하는 방법이 눈 흘기기다. 즉, 고개를 살짝 돌리며 곁눈질로 보는 것인데, 이는 들키지 않고 볼 수 있는 아주 좋은 방법이다. 하지만 이 방법은 혹시 옆에 애인이나 아내가 있을 경우 거의 100% 들킨다는 데 문제가 있다. 그런데 곁눈질로 살짝 봤을 뿐인데 여자들은 어떻게 귀신처럼 눈치 채는 것일까?

이는 여자의 뇌에 남자보다 '거울뉴런'이 더 많기 때문이라는 사실이 밝혀졌다. 거울뉴런이란 다른 사람의 움직임을 거울처럼 비춘다고 하여 붙여진 뉴런(신경세포)의 이름으로 다른 사람의 행동이나 소리만으로 무엇을 하려는 것인지 알아채는 감각을 갖게 해 주는 신경세포를 말한다. 이러한 거울뉴런의 존재는 1996년 이탈리아의 신경생리학자 리촐라티(Rizzolatti, Giacomo)에 의해 발견되었으며

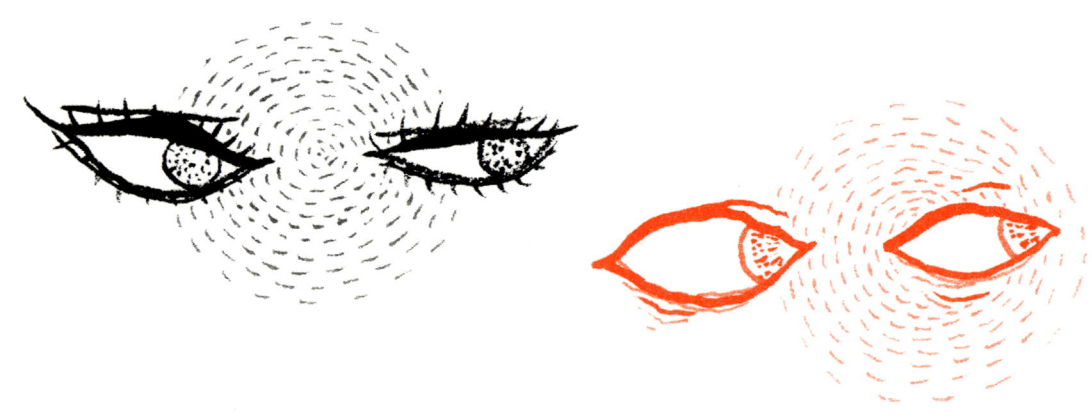

*곁눈질로 살짝 봤을 뿐인데 이마저도 귀신처럼 눈치 채는 여자*

그 중 여자에게서 이것이 더 활성화되어 있다는 사실이 밝혀진 것이다.

이 때문에 여자들은 남자보다 눈치가 훨씬 빠르다. 그래서 몰래 다른 여자를 훔쳐보는 남자를 쉽게 발견할 수 있다. 뿐만 아니라 여자들은 남자보다 시세포(특히 원추세포)가 더 잘 발달되어 있다. 이는 물체의 모양이나 색을 감지하는 기능이 남자보다 더 잘 발달되어 있다는 뜻이다. 그래서 남자가 아주 조금 고개를 돌리는 것도 알아챌 수 있다. 이런 기능을 갖고 있는 여자에게 남자가 들키는 것은 어쩌면 당연한 일이 아닐까.

그렇다면 반대로 여자의 경우는 어떨까? 여자들도 길을 가다 멋진 남성을 보면 쳐다보고 싶은 충동이 일지 않을까? 물론 여자들도 남자와 마찬가지로 멋진 남성을 쳐다보고픈 욕구를 느낀다. 그래서 여자들도 몰래 남자를 훔쳐보기도 한다. 그러나 여자들은 함께 가는 애인이나 남편들에게 절대 들키지 않는다. 도대체 왜 이런 불공평한 일이 생기는 걸까? 이는 앞에서도 이야기했듯이 남자들의 거울뉴런이 여자들보다 활성화되어 있지 않아 눈치가 둔하기 때문이기도 하고 또 여자들의 시세포가 워낙 발달해 눈동자를 굴리는 것만으로도 얼마든지 남성미를 훔쳐볼 수 있기 때문이다. 상황이 이러니 남자들이 항상 여자들에게 당할 수밖에 없다.


## 여자의 수다를 우습게 보는 남자들에게

옛말에 '여자 셋이 모이면 그릇이 깨진다' 는 말이 있다. 이는 여자들이 근본적으로 수다 떨기를 좋아한다는 말을 빗대어 표현한 것이다. 굳이 이런 격언이 없더라도 우리는 분명 여자가 남자보다 말이 많음을 경험적으로도 알고 있다. 찜질방에서 남자들이 모인 자리에 가 보면 - 실제 남자들은 잘 모여 있지도 않다 -

그냥 점잔만 빼고 앉아 있다. 그러나 여자들이 모인 자리에 가면 벌써 귀가 따가워지기 시작한다. 무슨 할 말이 그리 많은지 수다가 끊이질 않는다. 혹시 좁은 황토방 안에서 여자들을 만나기라도 할라치면 소음공해(?) 때문에 얼른 자리를 피해야 할 정도이다. 아마도 여자들은 이런 수다를 통해 스트레스를 푸는 것이기도 할 터이다.

그렇다면 왜 여자들은 남자들보다 말이 많은 것일까? 이 역시 남자와 여자의 뇌 구조 차이 때문이라는 사실이 밝혀졌다. 즉, 여자들의 좌뇌가 남자들의 그것보다 더 발달되어 있다는 것이다. 보통 좌뇌는 인간의 언어활동을 담당하는 것으로 알려져 있다. 따라서 이러한 좌뇌가 발달해 있으니 당연히 언어 능력이 뛰어날 수밖에 없다는 것이다.

여자의 언어 능력이 남자보다 발달해 있다는 것을 좀 더 세밀히 살펴보자. 좌뇌와 우뇌는 뇌량이라는 다리에 의해 연결되어 있다. 뇌량이 존재하는 이유는 좌뇌와 우뇌를 서로 소통시키기 위해서이다. 우뇌는 주로 공간적인 지각을 담당하고 좌뇌는 언어 영역을 담당하는데 뇌량은 이 둘을 서로 소통시켜 원활한 활동을 하게 만든다. 만약 뇌량이 없다면 인간은 좌뇌와 우뇌의 활동을 따로따로 할 수밖에 없다. 그런데 이러한 뇌량 또한 여자들이 남자보다 더 조밀하고 촘촘히 구성되어 있다는 것이다. 그러니 여자들은 공간 속에서 지각한 감각들을 재빨리 말로 풀어내는 데 탁월한 능력을 발휘하는 것이다.

그렇다면 남자와 여자가 싸움을 하면 누가 이길까? 힘으로 하면 당연히 남자가 이길 것이다. 하지만 요즘 세상에 남자가 여자를 힘으로 누르다간 잡혀가기 십상이다. 따라서 남녀의 싸움은 반드시 말로 해야 될 터인데 이럴 경우 싸움의 승패는 불을 보듯 뻔하다. 왜냐하면 뇌 구조학적으로 남자는 여자한테 절대 말싸움으로는 이기지 못할 테니까!

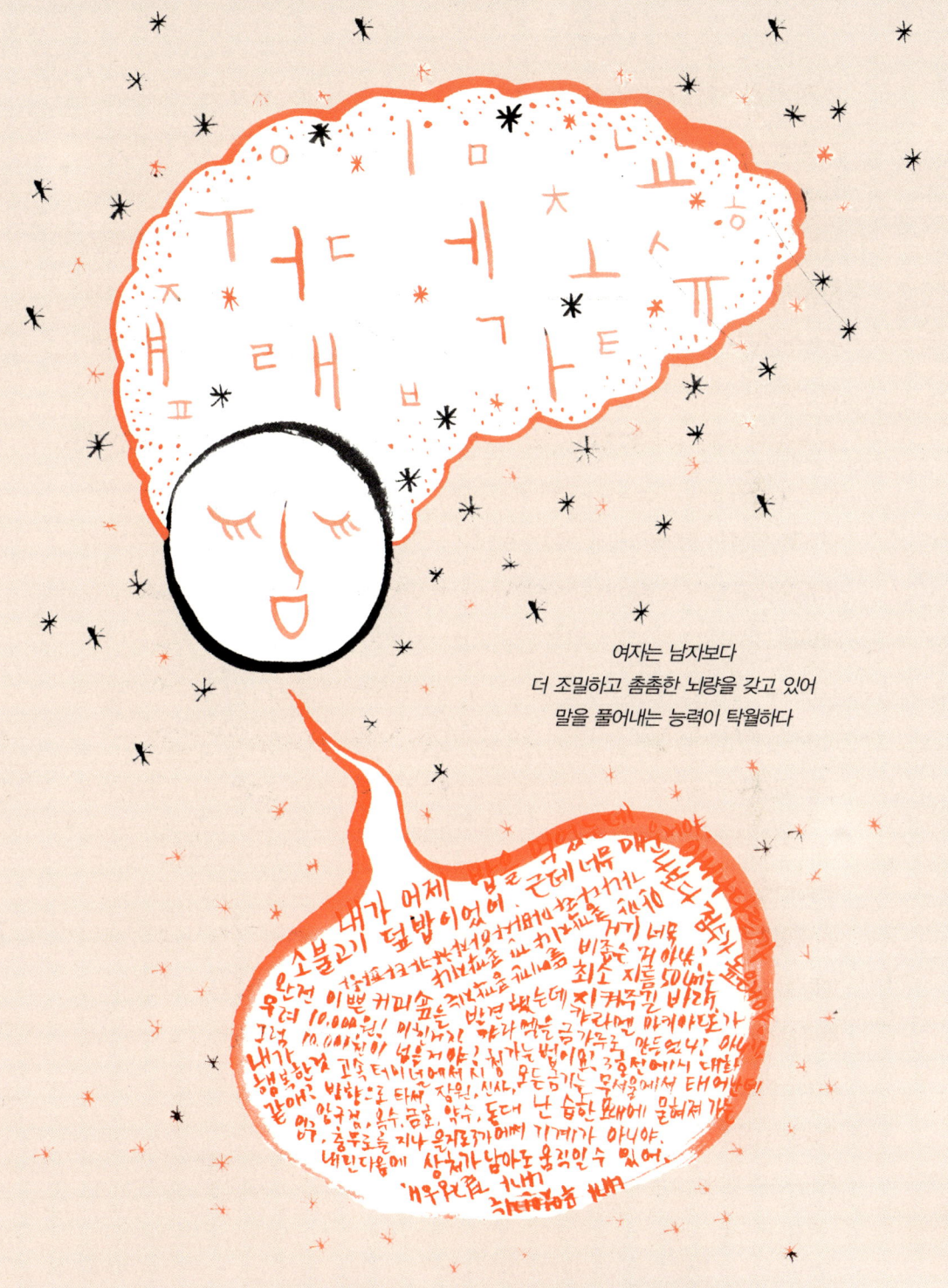

여자는 남자보다
더 조밀하고 촘촘한 뇌량을 갖고 있어
말을 풀어내는 능력이 탁월하다

## 여자와 남자는 생체 시계도 다르다?

보통 여자는 봄바람 나고 남자는 가을을 탄다고 한다. 즉, 꽃 피는 봄이 오면 처녀들의 가슴이 설레고 마음이 싱숭생숭해지고, 백마 탄 남자라도 금방 자신 앞에 나타날 것만 같은 충동에 사로잡힌다. 여자들의 이런 마음을 '봄바람 난다'라는 말로 표현한 것이다. 그러나 가을이 오면 봄에는 끄덕도 하지 않던 남자들의 마음이 왠지 우울해지기 시작한다. 떨어지는 낙엽만 봐도 슬픈 것이다. 왜 이런 현상이 생기는 걸까?

여자와 남자들이 봄과 가을을 타는 것은 뇌의 작용 때문이라고 할 수 있다. 즉 인체의 뇌에는 한가운데를 흐르는 송과선을 중심으로 인체의 시계 역활을 하는 '바이올로지컬 클락(Biological Clock)'이라는 것이 있는데 이는 인체 시계와도 같은 역할을 하는 곳이다. 이러한 뇌 시계는 15일에서 1년까지 다양한 주기로 변화를 경험하는데, 대부분 1년에 한 번씩은 그 증상이 심하게 나타난다. 이러한 현상이 여자는 봄에 주로 나타나고 남자는 가을에 주로 나타난다. 이때 세로토닌 같은 각종 신경전달물질의 분비는 물론 성 호르몬의 분비

봄바람 나는 여자, 가을 타는 남자.
인간으로 태어나면 응당 겪게 되는 일

까지 달라진다. 물론 이러한 변화에는 봄에 피는 꽃의 향기나 일조량의 변화도 크게 기여하는 것으로 알려져 있다.

여자는 이러한 내분비 물질의 변화 때문에 피부가 뽀얗게 피며 기분도 좋아져 마치 날아갈 듯한 흥분에 사로잡히기도 하는데 이러한 현상을 사람들은 '봄바람 났다' 라고 표현한다.

반대로 남자는 가을이 되면 여자의 봄바람과 정반대의 기분을 느끼게 된다. 즉, 낙엽 지는 가을의 스산한 분위기 때문에 괜히 기분이 우울해지는 것이다. 이런 가을의 정서에서 벗어나기 위해 다양한 행동을 표출하며 몸부림치기도 하는데 때로는 멜라토닌과 남성 호르몬이 과다분비 되어 얼굴색이 변하기도 한다. 이때 괜히 주변 사람들에게 자신의 감정을 표출하여 피해를 주기도 하는데 이때 주변 사람들이 하는 말이 "가을 타나보다"이다.

여자가 봄바람이 나고 남자가 가을을 타는 것은 아주 자연스런 현상일 뿐이므로 자신에게 이런 일이 나타났을 때 심각하게 받아들이기보다는 담담히 받아들이는 것이 좋다. 그리고 주변에 봄이나 가을을 타는 사람이 있으면 그냥 자연스런 일이 일어나는구나 하고 이해해 주는 것이 현명한 방법일 것이다.


## 여자가 남자와 평생 함께 살 수 없는 생물학적 이유

남자들 입장에선 아주 억울할 법한 남녀의 차이에 대하여 알아보자. 남자들은 가족을 먹여 살리기 위해 평생 죽도록 일한다. – 물론 요즘은 맞벌이 가정이나 오히려 여자가 먹여 살리는 가정이 늘어나고 있는 추세이지만 – 그런데 죽을 때가 되면 남자가 먼저 죽고 여자는 더 오래 산다. 도대체 이유가 무엇일까?

어떤 학자는 여성 호르몬의 일종인 에스트로겐이 혈관 질환을 막는 역할을 하기 때문이라고도 하고 또 어떤 학자들은 여자가 남자보다 숙면을 취하는 시간이 더 길기 때문이라고도 한다. 숙면을 많이 취할수록 건강하니 이것도 하나의 이유가 될 수 있다. 또 하나의 중요한 학설은 남자의 심장보다 여자의 심장이 더 튼튼하기 때문이라는 것이다. 즉, 젊었을 때는 비슷했던 심장 기능이 나이가 들면서 남자들은 급격히 떨어지는 데 반해 여자들의 심장 기능은 나이가 들어도 크게 떨어지지 않는다는 연구 결과가 나왔다. 그러나 여자의 심장 기능이 나이가 들어도 떨어지지 않는 이유에 대해서는 아직 밝히지 못하고 있다.

이렇듯 여자가 남자보다 오래 사는 이유에 대해 과학적인 이유들이 속속 밝혀지고 있으나 그 어느 것 하나 정설로 받아들이기에는 뭔가 석연치 않은 점이 있다. 왜냐하면 그것만으로 뭔가 2% 부족하기 때문이다. 어쨌든 신기한 것은 전 세계 어느 나라 어느 인종을 막론하고 여자들은 남자보다 평균 6~7년은 오래 살고 있다는 사실이다. 보통 가정의 부부를 기준으로 보면 남자가 여자보다 평균 2~4살 많으니 결국 여자가 남자보다 거의 8~10년은 더 오래 산다는 결론이 나온다. 아무래도 여자들은 홀로 살게 될 8~10년도 미리 준비해야 하지 않을까.

### 여자가 오래 사는 것은 이미 예정된 자연의 선택

// 이것은 영국 뉴캐슬 대학의 연구팀이 발표한 여자가 남자보다 더 오래 사는 이유로 아예 태어날 때부터 여자는 남자보다 더 오래 살도록 선택되어 있다는 것이다. 연구팀은 침팬지와 돌고래 등 수컷 동물을 선택해 거세한 그룹과 거세하지 않은 그룹의 수명을 장기간 비교 관찰하는 실험을 했는데, 그 결과 거세한 그룹이 더 오래 산다는 사실을 밝혀냈었다. 이는 무엇을 의미할까? 그것은 남자의 경우 거세하지 않은 동물에 해당하고 여자는 거세한 동물에 해당하는 것을 뜻한다. 따라서 남자는 이미 태어날 때부터 여자보다 오래 살지 못하게 설계되어 있다는 것을 뜻한다. //

## 쇼핑만 가면 싸우는 남자와 여자

이제 갓 결혼한 사이좋은 신혼부부가 즐거운 마음으로 쇼핑을 간다. 그러나 이 쇼핑 장소가 이 신혼부부 최초의 싸움터가 될 줄이야 누가 알았겠는가.

남녀가 함께 쇼핑을 갈 경우 대개 싸움으로 이어지는 일이 다반사다. 아마 젊은 부부나 커플이라면 누구나 한 번쯤은 겪어봤을 것이다. 그런데 이런 미스터리는 왜 일어나는 것일까?

우선 남자와 여자의 쇼핑 목적이 다르기 때문이다. 여자는 필요한 것을 구입할 뿐만 아니라 쇼핑 그 자체도 즐기기 위해 쇼핑을 한다. 그러나 남자는 필요한 것을 구입하기 위해서만 쇼핑을 한다. 그러다보니 남자는 자기가 필요로 했던 물품을 구입하는 순간 쇼핑의 목적이 이루어져 버린다. 그래서 빨리 집에 가고 싶다. 반면 여자는 쇼핑을 즐기기 위해서 최대한 이곳저곳을 돌아다닌다. – 이때 보통 1시간 이상이 소요되는 것은 다반사다. – 뿐만 아니라 남자도 자기의 쇼핑에 동참해 주기를 원한다. 쇼핑을 즐길 뿐만 아니라 이를 통해 스트레스도 해소하려는 기세이다. 그런데 남자는 그게 엄청난 고역이 아닐 수 없다. 그래서 티격태격하다가 결국 싸움으로 번지는 것이다. 여자들의 이런 쇼핑 습관은 충동구매를 할 수 있기 때문에 조심해야 한다. 왜냐하면 쇼핑 그 자체를 즐기다 보면 필요하지 않은 물품까지 충동적으로 구매할 수 있기 때문이다.

남자와 여자의 쇼핑 방법이 이렇게 차이를 보이는 이유에 대해 뇌과학자들은 역시 뇌의 구조 속에서 원인을 밝히려는 시도를 하고 있다. 하지만 이보다 더 중요한 것은 이유를 알았으니 더 이상 쇼핑을 가서 싸우는 어리석은 일을 하지 말아야 한다는 것이다. 좋은 방법은 서로 협상을 하여 여자가 쇼핑하는 동안 남자는 휴게소에서 쉬고 있는 것도 한 방법이 될 것이며, 아예 쇼핑을 갈 때는 여자가 먼저 갔다가 남자가 데리러 가는 방식도 좋을 것이다.

# 남자 여자 , 연애 걸기

남녀의 연애에 대해 다루는 심리학을 '연애심리학' 이라고 한다. 이러한 연애
심리학에서는, 남녀 간에 사랑의 감정을 만들어 내는 심리에 대해 연구하여 다음
8가지 심리적 요인이 있음을 밝혀냈다. 그 요인은 다음과 같다.

성격이나 스타일이나 몸매나
내 이상형에 꼭 맞는 여자인데.
내 성격하고 잘 맞을지. 무엇이 문제야?
내가 맞추고 우리는 결혼한다!

① **자신의 기준에 맞는 사람에게 매력을 느낀다.** 이는 상대방의 특성에 의존하는 요인이다. 흔히 말하는 이상형이 여기에 해당된다. 호감이 가는 성격, 신체적인 매력, 욕구 충족 등 상대방이 풍기는 매력에 연애 감정을 느낀다.

② **자신에게 관심을 표현해 준 사람에게 사랑의 감정이 생긴다.** 이는 상대방의 행동 특성에 의존하는 요인으로 연애 감정이라는 것이 실제로는 혼자만이 아닌 상호작용을 통해 생겨난다는 것을 뜻한다.

③ **자부심이나 적극적인 성격이 연애에 큰 영향을 미친다.** 이는 자신의 특성에 의존하는 요인이다. 자신에 대한 자부심이나 자신의 성격이 연애에 큰 영향을 미치게 되는 경우다.

④ **자신의 심리상태나 행동 패턴에 따라 연애감정을 느낀다.** 기분이 좋을 때 사람도 좋아지게 되는 경우, 생리적으로 흥분한 상태에서 자신도 모르게 사랑에 빠지는 경우, 고독할 때 연애감정을 느끼는 등 자신의 심리상태에 의존하는 요인이다. 따라서 사랑이 하고 싶으면 자신의 기분을 상승시키는 것이 필요하다.

⑤ **서로가 잘 어울린다고 생각되면 호감을 느끼게 된다.** 이는 상호적 특성 관계

나랑 잘 어울릴까?
성격이나 태도를 보면 맞을 듯한데.
그냥 연애나 하자.

에 의존하는 요인이다. 성격이나 태도가 유사하다거나 신체적인 매력이 서로 조화를 이룬다거나 상호보완 할 수 있는 성격을 지녔을 것 같은 느낌을 받을 때 상대방의 매력에 빠지게 된다.

⑥ **상호작용을 통해 좋아하는 감정이 생기게 된다.** 이는 상호작용에 의존하는 요인으로 근접한 공간 내에서 접촉이 반복적으로 이루어지면서 서로 행동을 주고받는 관계를 통해 감정이 생긴다. 어떤 사건을 통해 공포나 기쁨, 슬픔을 같이 경험하게 되는 경우 상대방에게 매력을 느끼게 되는 경우도 이에 해당한다.

⑦ **사회적 분위기 때문에 자신도 연애를 하고 싶어진다.** 이는 사회적 분위기에 의존하는 요인으로 친구에게 애인이 생기면 자신도 그렇게 하고 싶어지는 것과 관련이 있다.

⑧ **만남의 장소, 분위기 등이 연애감정을 고조시킨다.** 이는 주변 환경에 의존하는 요인이다. 나이트클럽이나 해변 같은 곳에서 더욱 감정이 고조되는 것과 관련이 있다. 쾌적한 기온, 좋은 경관이 갖추어진 여행지에서 사랑에 빠지거나 재해와 같은 어려운 상황에서 연애감정을 느끼는 경우도 위와 같은 요인으로 인한 심리적 작용에 해당한다.

지금 여러분이 연애를 하고 있다면 이 8가지 중 몇 가지와 관련이 있음을 알 수 있을 것이다. 또 아직 연애를 하지 못하고 있으나 하고 싶은 사람이 있다면 이 8가지 중 자신에게 적합한 방법을 이용할 수도 있을 것이다.

### 연애심리학에 대하여

// 사실, 정통 심리학의 분야 중에 연애심리학이란 과목은 없다. 그렇다면 연애심리학이란 누가

만들어낸 것인가? 물론 시중에는 다양한 연애 경험을 통해 연애심리의 달인이 된 사람들이 이런 경우는 이렇게 하고, 저런 경우에 저렇게 하라는 등의 조언을 하면서 연애심리학이란 명칭이 거론되기도 한다. 물론 이들은 심리학 이론을 적용하여 이런 말을 하는 것은 아니다.

그러나 연애란 분야가 워낙 사람들의 관심사이다보니 심리학을 공부한 심리학자들이 연애에 심리학을 적용하여 만들어낸 연애 관련 심리학의 이론들과 책들이 등장하기도 했다. 여기에서 말하는 연애심리학이란 최소한 이런 것을 염두에 두고 하는 말이다. 즉, 연애를 심리학에 결부시킨 것이 바로 연애심리학인 것이다. //

## 사랑받고 싶다고? 확실한 방법은 칭찬!

평생 남자라곤 관심도 없었던 여자가 어느 날 한눈에 스파크를 일으킨 남자를 만나게 되었다. 남자는 정말 멋진 외모를 가졌을 뿐만 아니라 수줍고 순박한 성격의 소유자이기도 했다. 이는 바로 여자가 평소 꿈꾸던 이상형 그 자체였다. 여자는 저런 남자에게 사랑을 받을 수 있다면 소원이 없겠다는 생각을 했다. 그러나 남자는 과묵하고 소극적이어서 접근하기가 쉽지 않다. 과연 여자는 남자에게 어떻게 해야 사랑을 받을 수 있을까?

우선 적극적으로 대시해 보는 방법이 있다. 그러나 수줍음이 많은 남자의 성격으로 보아 쉽지 않은 일이다. 자칫 이상한 여자로 오해받을 수 있기 때문이다. 이럴 때 쓸 수 있는 좋은 방법은 상대를 칭찬하는 것이다. 어떻게든 칭찬거리를 찾아 그 사람에게 칭찬을 해 주면 즉각 효과가 나타날 수 있다.

사람이 칭찬을 받으면 혹 그 칭찬이 빈말일지라도 왠지 기분이 좋아지는 효과가 있다. 이는 칭찬을 받아본 사람이라면 누구나 공감이 갈 것이다. 왜 사람은 칭찬을 받을 때 이런 감정이 생기는 걸까? 이는 사람에게 '자기승인 욕구(또는 자기 긍정 욕구)' 라는 기본적인 욕구가 있기 때문이다. 자기승인 욕구란 인간의 내면에 깔린 자기 자신에 대해 긍정적으로 평가하려는 욕구를 말한다. 인간은 이런 욕구를 통하여 자존감을 높일 수 있기 때문에 이는 중요한 욕구 중 하나이기도 하다.

그러나 인간은 험난한 환경 속에서 이러한 욕구를 충족시킬 기회를 거의 만나지 못하게 된다. 따라서 이 욕구는 항상 부족하여 갈증을 심하게 느끼는 상태로 남아 있게 된다. 그런데 칭찬을 받을 때 이 욕구가 충족될 수 있다. 따라서 자신을 칭찬해 준 사람에게 호감을 느끼는 것은 당연한 일이다. 그리고 그 칭찬을 해 준 사람이 이성이라면 그 이성에 대한 호감은 더 강하게 될 것이고 호감이 발전하면 연애감정으로 이어질 수도 있다.

물론 계속되는 비슷한 칭찬은 효과를 발휘할 수 없다. 그 이유는 이미 자기승인 욕구가 충족되어 있기 때문이다. 실제 심리학자의 실험에서, 사람은 무조건 자신을 칭찬해 주는 사람을 좋아하게 된다는 사실이 입증되기도 했다.

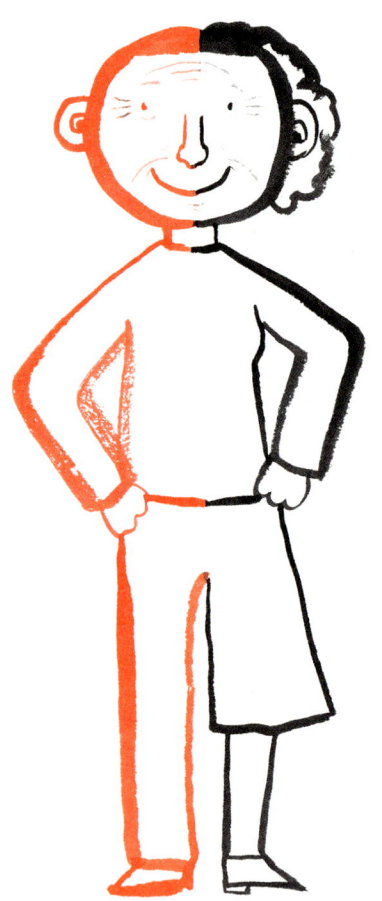

부부는 살면서 비슷해진다,
비슷한 외모의 이성이 부부가 된다?

### 될 사람? 안될 사람? 간단한 식별법

'부부는 닮아간다' 는 말이 있다. 과거 이 말은 부부가 함께 살면서 생활 습관이 비슷해지기 때문에 부부가 닮아가는 것으로 알려졌었다. 그러나 최근 보도된 연구 결과를 살펴보면, 부부가 닮는 것은 아예 처음 만날 때부터 자신과 비슷한 외모의 이성을 선택하기 때문이라는 사실이 밝혀졌다. 그렇다면 사람은 왜 자신과 비슷한 사람을 선택하게 되는 걸까. 이를 심리학자들은 '유사성의 법칙'으로 설명하는데 아무래도 취미와 기호가 비슷하고 자신과 같은 생각이나 스타일을 갖고 있는 사람을 보면 관심이 가게 마련이다.

학자들은 이런 인간의 감정에 대해 좀 더 세밀한 연구를 하였다. 즉, 단순히 서로 유사한 부분의 개수가 많아질수록 호감도가 증가하는지 아니면 어느 한 부분에 대해 비슷한 정도가 더 깊을수록 호감도가 증가하는 것인지 알아보고자 한 것이다. 실험 결과 재미있는 사실을 발견할 수 있었다. 단순히 유사한 항목의 개수가 많은 것보다 항목의 개수는 적더라도 어느 한 부분에 대한 유사성의 깊이가 깊을수록 더욱 호감도가 높아진다는 사실이었다.

즉, 어떤 사람이 자신과 10개 항목에서 유사한 점이 발견되더라도 그 유사성의 정도가 50%인 것보다 3개 항목에서 유사한 점이 있는데 그 유사성의 정도가 100%일 때 – 예를 들어 생일이 정확히 같을 때 – 호감도는 훨씬 높아진다는 것이다. 이제 이 사실을 알았으니 자신이 마음에 둔 사람이 있다면 비슷한 점을 알아내어 그것이 더욱 비슷해지도록 노력해 보는 것은 어떨까.


## 그 또는 그녀의 사람이 되려면 이상형을 트집 잡지 말 것

심리학자들이 다음과 같은 실험을 했다. 즉 미혼여성들에게 애인을 구하는 매력적인 남성의 모습과 프로필이 담긴 메모를 보여 준 것이다. 그런데 거기에는 그 남성의 이상형이 '성격이 차분하고 가정적이며, 남편의 권위를 세울 줄 아는 여성'이라고 적혀 있었다. 과연 이 남성의 프로필을 전해 받은 여성들은 어떤 반응을 보일까? 우선 자신이 그 남성의 이상형에 맞다고 생각되는 여성은 속으로 쾌재를 부를 것이다. 그러나 평소 활달하고 개방적인 성격이었던 여자들은 '아차' 싶을 것이다. 이제 여성들은, 자신이 어떤 타입인지 적어야 할 차례다. 과연 개방적인 여성들은 자신의 성격을 곧이곧대로 적을까? 그러나 아쉽게도 실험 결과는 딴판이었다. 즉, 개방적인 성격을 가진 많은 여성들이 자신을 속이고 그 남성의 이상형에 자기를 맞추려고 한 것이다.

그렇다면 이번엔 전혀 매력적이지 않은 남자의 프로필을 보여 주며 똑같은 실험을 하였다. 과연 어떤 결과가 나올까? 물론 우리의 예상대로 여자들은 자신을 그 남자의 이상형과 정반대의 성격이라고 답했다.

이상의 실험에서 우리는 매력적인 사람이나 이상형의 사람을 만났을 때 이성에게 보이는 심리를 읽을 수 있다. 즉, 이상형을 만난 사람은 곧이어 연애작전을 모색하게 되는데, 그 중 한 가지로 상대방의 이상형에 자신을 맞추려고 한다는 것이다. 이는 인간에게 본능적으로 유사성의 법칙을 이용하려는 심리가 있음을 뜻한다. 상대방의 이상형에 합치된 자신을 제시하여, 그 사람의 관심을 끌려고 하는 본능이 작용하는 것이다.


## 내 반쪽을 가까운 데서 찾아야 하는 이유

보통 어른들이 연애 한 번 못하고 세월만 좀먹는 청춘들에게 하는 말이 있다. "멀리서 찾지 말고 가까이서 찾으라"고.

그러나 사랑의 피가 끓는 청춘들은 이 말이 들리는지 마는지 오늘도 언젠가 멀리서 나의 이상형이 탁 하고 나타날 것만 같은 환상에 사로잡혀 산다.

*싱글인 당신은 5%밖에 안 되는 확률에 목을 매고 있다*

　하지만 나의 반쪽이 아주 먼 곳에 있을 가능성은 5%도 안 된다는 조사 결과가 있어 흥미롭다. 즉, 어느 한 국가에서 부부들을 상대로 재미있는 조사를 실시한 바 있다. 서로 어떻게 만나게 되었는지를 물은 것이다. 그랬더니 학교나 직장, 동아리에서의 만남이 40% 정도였고, 나머지 친지나 친구의 소개로 만난 것이 또한 30% 정도였다. 그리고 나머지도 아르바이트나 맞선 등으로 만난 것이며 실제 청춘들이 꿈꾸던 영화 같은 만남은 5%에 불과했다. 대부분의 남녀가 영화 같은 만남을 꿈꾸지만 현실적으로는 5%밖에 안 되는 확률에 목을 매고 있는 것이다. 그리고 대부분의 사람은 자신과 가까운 곳에 있는 사람과 사랑에 빠진다는 것을 알 수 있다.

그렇다면 왜 사람은 가까이 있는 사람과 쉽게 연애감정을 느끼게 되는 걸까? 이에 대해 심리학자들은 심리의 경제적 효과 때문이라고 한다. 즉 가까이 있는 사람과 만나는 데에는 심리적 비용이 적게 들고, 이는 그만큼 편하여 심리적 부담이 적다는 뜻이다. 반대로 멀리 있는 사람을 사귀고자 한다면 아무래도 심리적 부담이 클 수밖에 없다. 그만큼 심리적 비용 지출이 많아지는 것이다. 이런 이유 때문에 사람은 경제적으로 비용이 적게 드는 쪽을 선택하려는 심리가 작용하게 된다. 이는 서로가 마찬가지니 만남이 이루어지기가 그만큼 쉽다. 따라서 거리가 가까우면 이러한 심리적 경제효과 때문에 자주 만나게 되고 상호작용이 더 많이 이루어지니 결국 서로에게 호감이 생겨 결혼까지 가는 경우가 많은 것이다.

그러나 아무리 멀리 떨어져 있어도 운명적인 만남이라고 생각될 경우 심리적 비용을 지불하고서라도 만남을 가지려고 할테니 아주 가끔씩은 이런 만남도 이루어지는 것이다.


## 여자는 솔직한 남자를 좋아한다

심리학자들이 여자들을 상대로 다음과 같은 실험을 했다. 영화처럼 화려한 멘트를 하는 남자와 그냥 평범한 멘트를 하는 남자, 그리고 짧지만 솔직한 멘트를 하는 남자 중 어느 남자에게 가장 호감이 가는지 선택하라고 한 것이다. 과연 여러분은 어떤 남자가 가장 인기 있을 것이라 생각되는가?

결과는 화려한 멘트를 날리는 남자가 아니라 솔직한 멘트를 건네는 남자가 1등을 차지했다. 이게 실제에서도 통하는지 싶어 다시 실제 남자를 투입해서 똑같은 실험을 해 보았으나 역시 결과는 같았다. 여자들은 의외로 자신에게 솔직한 남자를 더 원하고 있었던 것이다.

이러한 결과는 여자를 꼬드기는 화려한 말기술이 없어 감히 접근도 못하는 남자들에게 정말 희소식이 아닐 수 없을 것이다. 사실 화려한 말기술은 영화에서나 통하는 수법이다. 현실에서는 그것이 오히려 가식적인 것처럼 보이기 때문에 여자들이 오히려 싫어하는 것이다. 솔직한 마음으로 여자를 만나기 위해 노력하다 보면 어느 새 나에게도 좋은 결과가 있을 것이다.

## 그, 그녀의 마음을 여는 시간, 딱 2분

'풋 인 더 도어(Foot in the door)' 란 세일즈맨의 테크닉에서 유래한 것으로 일단 문이 열려 발을 들여놓으면 상품을 팔 수 있다는 판매기술을 말한다. 실제 세일즈맨들이 물건을 팔기 힘든 이유는 집 안으로 들어가기가 어렵기 때문이다. 사람들은 누구나 낯선 사람을 경계하는 마음이 있기에 이것은 쉽지 않다. 그러나 무슨 수를 써서라도 일단 집 안에 발을 들여놓으면 이야기는 달라진다. 이때부터 세일즈맨은 자신이 배운 대로 제품의 설명을 청산유수로 늘어놓을 수 있다. 자신의 집 문을 열어주었다는 것은 이미 마음의 경계를 어느 정도 풀었다는 것을 뜻하기 때문에 듣는 사람도 이때부터는 세일즈맨의 목소리에 귀를 기울이게 된다.

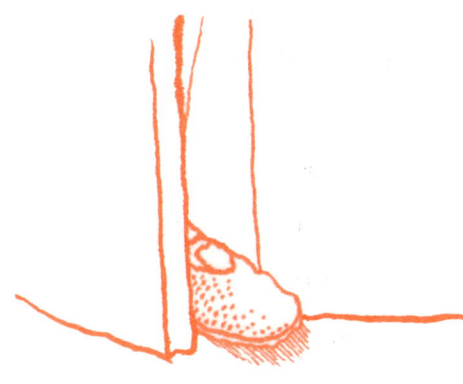

이러한 원리는 연애에도 그대로 적용할 수 있다. 즉, 마음에 드는 이성에게 접근하려는 데 처음부터 부담을 주는 말을 하면 접근하기가 쉽지 않다. 하지만 '풋 인 더 도어' 의 원리처럼 일단 접근을 하고 나면 일은 쉬워지는 법이다.

일단 접근을 하고 나면 일은 쉬워지는 법

    예를 들어 어떤 남자가 여자에게 "저녁에 시간 좀 내주시겠습니까?"라고 말을 건넸다고 치자. 이 말을 들은 여자는 벌써 경계하는 마음이 생길 것이다. 왜냐하면 저녁에 시간 좀 내 달라는 말은 이미 긴 시간을 뜻하기 때문에 마음에 부담을 가지게 된다. 따라서 머뭇거리다 거절하게 되는 것이다. 이렇게 처음부터 무겁게 시작하면 접근 자체가 쉽지 않다.

    그러나 첫 접근을 가볍게 간다면 이야기가 달라질 수 있다. 예를 들어 "저 할 이야기가 있는데 딱 2분이면 돼요"라고 말하는 것은 어떨까. 이 경우 웬만한 여자는 거절하기가 곤란할 것이다. 세상에 2분도 시간을 내주지 않는 치사한 여자가 되기는 싫다는 심리가 작용하기 때문이다. 이렇게 접근이 허락되고 이야기를 나누다 보면 어느새 2분이 지난다. 물론 매정한 여자는 딱 2분 후에 떠날 수도 있으나 대부분의 여자들은 일단 이야기가 시작되면 좀 길어지더라도 참아 주게 된다.

## 마음의 빗장을 열려면 미안하게 만들어라

사랑에 성공해서 결혼까지 골인하는 커플이 있는 반면, 대부분 짝사랑으로 그치고 마는 남녀들도 의외로 많이 있다. 속에 있는 것을 말하지 못하고 끙끙대다가 결국 기회를 놓치고 마는 것이다.

그런데 짝사랑에 빠진 남녀가 이렇게 속마음을 말하지 못하는 가장 큰 이유는 거절당할지 모른다는 불안감 때문이다. 그러나 연애심리학적 연구에 의하면 거절당한 순간이 오히려 기회가 될 수 있다는 보고가 있어 흥미를 끈다. 어떻게 거절당한 순간이 기회가 될 수 있는 것일까?

이는 이성의 부탁을 거절한 사람의 마음속에 약간의 미안한 마음이 생긴다는 심리적 원리를 이용한 것이라 할 수 있다. 예를 들어 어떤 남자가 근사한 저녁을 대접할 테니 시간 좀 내 달라는 부탁을 했다고 치자. 그러나 여자는 그 남자가 썩 마음에 드는 것도 아니고 또 낯선 남자에게 근사한 저녁까지 얻어먹는 게 부담스러워 거절해 버린다.

남자는 어깨가 축 늘어진 채로 되돌아가고 여자는 그런 남자의 쓸쓸한 뒷모습을 보면서 약간의 측은한 마음이 들게 된다. 그리고 마음 한 켠에는 '내가 너무 심했나' 라는 생각이 떠오른다. 이때 거절당한 남자가 포기하지 않고 음료수 한 병을 사들고 되돌아와 여자 앞에 내놓는다면 여자는 아마도 거절하지 않고 받아 줄 것이다.

이런 심리를 연애에 잘 이용한다면 멋진 방법이 만들어질 수도 있을 것이다. 즉, 처음에는 좀 무리한 요구를 하며 이성에게 접근하는 것이다. 그러면 이성은 당연히 마음의 부담 때문에 거절할 것이고 마음속에는 미안함이 자리 잡게 될 것이다. 그때 가벼운 선물이나 데이트를 요청하면 아마도 거의 넘어오지 않을까.

// 이성에게 호감을 주는 색이 따로 있다는 사실을 알고 있는가. 실제 연구 결과에 의하면 여자는 연보라색에, 남자는 선홍색에 호감을 느낀다고 한다. 그 이유는 이성을 만났을 때 이러한 색을 보면 뇌하수체를 자극하여 남성 호르몬과 여성 호르몬을 더욱 많이 분비하기 때문이라고. 그러니 앞으로 데이트나 미팅을 나갈 때면 여자는 선홍색의 옷을, 남자는 연보라색의 옷을 입으면 어떨지. //

## 물고기가 있는 곳으로 가라

노총각, 노처녀들이 넘쳐나고 있는 세상이다. 옛날 같으면 중학생 자녀를 뒀음직한 나이의 사람들까지도 당최 결혼할 생각을 하지 않는다. 그렇다고 이런 사람들이 연애를 잘 하는 것도 아니다. 보아하니 주변에서 뭔가 손을 쓰지 않으면 세월만 보내고 있을 사람들이다.

이들을 어떻게 시집장가 보낼 수 있을까. 만약 같은 조건이라면 평소 자주 봐왔던 사람에게 더 끌리는 것은 당연한 이치일 것이다. 그러니 물고기를 잡기 위해서는 물가로 가야 한다. 물고기를 잡아야 하는데 집 안에만 틀어 박혀 물고기 잡는 상상만 하고 있다면 어떻게 물고기를 잡을 수 있겠는가. 그러니 주변에 이런 사람이 있다면 – 또는 본인이 이런 사람이라면 – 얼른 물고기(이성)가 있는 곳으로 가게 해야 한다. 그곳이 어디이든 간에 말이다.

## 사랑이 당첨되는 자리

일단 이성을 만날 수 있는 장소에 갔다면 해야 할 일은 자신의 존재를 부각시

오늘도 집 안에 틀어 박혀 물고기 잡는 상상만 하고 있나?

키는 일이다. 교회나 동호회의 모임에 가보면 유독 회장이나 총무 등 간부를 맡은 사람이 커플이 잘 생긴다는 것을 알 수 있다. 왜 이런 현상이 생기는 걸까? 여러 가지 이유가 있겠지만 간부를 맡은 사람은 자주 앞에 나서게 되고 사람들의 눈에 잘 띌 수밖에 없다. 사람들의 눈에 익숙하게 되니 보통의 다른 사람보다 기회가 더 많이 오는 것이다.

그렇다면 물고기를 낚으려는 목적으로 모임에 간 우리 노총각, 노처녀들은 어떻게 해야 할까? 그렇다고 나간 지 얼마 되지도 않았는데 간부를 맡을 수도 없는 노릇이다. 이럴 땐 중앙을 노리는 것이 좋다. 왜냐하면 맨 앞자리에 앉은 사람들이 더 눈에 잘 띌 것 같지만 실제로는 그렇지 않다. 사람은 조건반사적으로 중앙을 먼저 보려는 습성이 있기 때문이다. 그것은 마트에서 진열된 물건을 고를 때 중앙에 있는 물건에 제일 먼저 손이 가는 것으로도 증명할 수 있다.

열심히 중앙에 앉아 있다 보면 사람들의 눈에 잘 띌 것이고 결국 나에게도 드디어 멋진 기회가 찾아올 것이다.


## 연애를 성공시키는 황금시간

좀 적극적인 남녀들은 주로 카페나 바에서 만나는 경우가 많다. 왜냐하면 젊은 남녀에게 그곳은 그냥 단순히 술이나 커피를 마시는 공간이 아니라 최적의 헌팅 장소이기 때문이다. 그러나 이런 곳에서 주로 인기 있는 남녀는 섹시한 외모의 소유자들이다. 반면 섹스어필하지 못하는 남녀는 별로 인기가 없다.

그렇다면 외모는 좀 딸리지만 이런 곳에서 이성을 사귀고 싶은 사람들이라면 어떻게 해야 할까? 그 해답은 카페나 바가 거의 문 닫을 시간에 짠! 하고 나타나라는 것이다. 왜 이런 방법이 효과가 있을까?

심리적으로 조바심 나는 시간을 노려라

    실제 심리학자들이 이에 대해 실험해 본 적이 있는데, 문 닫을 시간이 가까워올수록 같은 외모의 이성에게 더 후한 점수를 주는 결과를 얻을 수 있었다. 이는 오늘은 꼭 성공해야 한다는 강박관념에 시달리면서 헌팅에 대한 의욕이 더 높아지기 때문이다. 이는 남녀 모두에게 해당되는 심리이므로 한번 시도해 보기 바란다.

### 자주 볼수록 호감도가 높아진다? 그런 사람, 아닌 사람

어느 날 갑자기 그녀에게 꽂힌 남자는 그녀가 나타나는 버스 정류장에 매일 모습을 드러낸다. 회사 앞은 물론 심지어 커피숍까지.

영화에서 가끔 볼 수 있는 장면이다. 실제 이러한 접근 방법이 정말 효과가 있을까? 심리학자들의 실험에 의하면 자주 얼굴을 노출한 사람일수록 그 사람에 대한 호감도가 상승하는 것으로 나타났다. 이를 '단순 노출효과' 라 하는데 아무래도 눈에 익은 사람에게 더 호감이 가기 때문에 나타나는 현상일 것이다. 그러나 이것은 모든 사람에게 다 해당되는 이야기는 아니다. 예를 들어 첫인상이나 인상이 좋지 않은 사람의 경우 정반대 현상이 나타난다. 즉, 자주 노출할수록 오히려 호감도가 더 떨어진다는 이야기다.

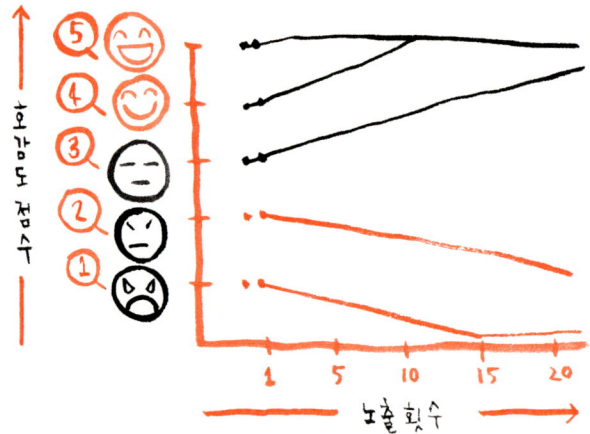

위의 그래프에서 보는 바와 같이 호감도(첫인상)가 중간 이상(그래프에서 3 이상)일 경우 노출횟수가 많아질수록 점수가 올라가고 호감도가 2 이하일 경우 노출횟수가 많아질수록 점수가 낮아지는 것을 알 수 있다. 또한 호감도가 높을수록 노출횟수가 많아지면 점수가 더 가파르게 올라가고 호감도가 낮을수록 노출횟수

가 많아지면 점수가 더 가파르게 내려가는 것을 알 수 있다. 따라서 이 방법은 평소 인상이 좋다는 이야기를 듣는 사람에게 적당한 비법이라 할 수 있다.

## 연애의 법칙, 의외성을 이용하라

많은 청춘 남녀가 마음에 드는 이성이 나타났을 때 가장 먼저 그(또는 그녀)가 평소 좋아하는 것이 무엇인지부터 살핀다. 이는 자기도 마치 그것을 좋아하는 것

연애의 하나, 자기가 갖지 못한 부분을 상대로부터 채우려고 한다

처럼 해서 그의 환심을 사기 위해서다. 이를 심리학적으로 '유사성의 법칙' 이라고 한다. 즉, 사람은 아무래도 자기와 닮은 공통분모가 많은 사람에게 호감이 가게 마련이기 때문이다.

그러나 이와 반대로 '상보성의 법칙' 이라는 게 있다. 이는 정반대 타입의 남녀가 오히려 잘 어울린다는 데서 나온 연애심리학의 법칙이다. 길을 가다 보면 잘생긴 남자와 못생긴 여자가 함께 가거나 반대로 늘씬한 미녀가 못생기고 뚱뚱한 남자를 옆에 끼고 가는 것을 심심찮게 볼 수 있다. 어디 그뿐인가. 남자 같은 여자는 여자 같은 남자를 데리고 다니고, 키 큰 여자가 키 작은 남자를 데리고 다닌다. 보는 사람 입장에서는 '참 이상하다', 라고 생각되겠지만 이런 연인들의 입장에서 보면 나름의 이유가 있다. 이런 사람들은 비슷한 면을 찾기보다 자기가 갖지 못한 부분을 상대로부터 채우려는 심리가 있기 때문이다. 자신의 외모나 성격에 자신이 없는 사람들도 자신감을 가지고 상보성의 원리를 이용해 보기 바란다. 의외의 성과가 있을지도 모를 일이다.


## 짠돌이를 심리학적으로 구별해 내는 방법

요즘 젊은 여자들 중 자기에게 인색한 남자를 좋아하는 사람은 별로 없는 것 같다. 이는 최소한 연애할 때만큼은 공주로 대접 받고 싶은 심리가 깔려 있기 때문이기도 하고 그것을 자신에 대한 사랑의 척도로 판단하기 때문이기도 하다.

그런데 어쩌랴. 이미 그에게 한번 넘어가고 나면 눈에 콩깍지가 씌어 그런 것이 눈에 잘 보이지 않으니 말이다. 그리고 남자 역시 최소한 연애할 때만큼은 자신의 구두쇠 기질을 숨기려고 할 테니 쉽게 알아채기 어려운 것이 사실이다.

이럴 경우 구두쇠를 심리학적으로 구별해 내는 방법이 있다. 혹시 주머니에 손을 넣고 주머니 속 동전을 짤랑거리는 습관을 가진 사람이 있다면 그는 구두쇠일 가능성이 높다. 왜냐하면 동전을 짤랑거리는 것은 마치 자신이 소유한 돈을 확인하는 절차와도 같은 것이기 때문이다. 사람들 중에는 불안을 느낄 때 어떤 물건에 집착함으로 그 불안감을 해소하려는 습성을 지닌 타입이 있다. 예를 들어 어린 여자아이들이 인형을 안고 자는 것도 이러한 이유 때문일 수 있는 것이다. 주머니 속 동전을 짤랑거리는 것도 이와 비슷한 맥락에서 해석할 수 있는 것이다.

### 배신의 심리학

// 연애를 하다 배신을 당한다면? 아, 청춘에게 이보다 더 큰 절망이 있을까. 그러나 지금도 수많은 연인들이 배신을 당하며 울고 있다. 배신은 왜 당하는 것일까? 이를 심리학적으로 분석해보자. 배신이 생기는 이유는 나와 너의 관점이 다르기 때문이다. 즉, 나의 행동은 동기를 보고 있는데, 상대방의 행동은 현상만 본다. 예를 들어 나는 여자친구와 해외여행을 가기 위해 열심히 일하며 적금을 모으고 있는데 그녀가 잘 만나 주지 않는다며 결별을 통고한다. 이때 나는 여자친구와 여행을 가겠다는 순수한 동기로 그랬던 것이나 여자친구는 나의 뜸한 행동만 보게 되니 이해를 못하고 결별을 통보한 것이다. 이렇게 다른 서로의 관점이 결국 배신이라는 결과를 낳는다는 것이다. //

## 원초적인 이끌림, 향기를 피워라

군대에 가 본 사람이라면 '고무신 거꾸로 신는다' 라는 말을 심심찮게 들어 봤을 것이다. 실제 80명 정도가 생활하는 내무반에서 절반 이상이 여자친구가 있었는데 그 중 제대할 때까지 사랑을 지킨 사람은 다섯 손가락에 꼽을 정도만 남았다는 사례가 있기도 하다.

이런 현상이 나타나는 이유는 아무래도 눈에서 멀어지면 마음까지 멀어지기 때문일 것이다. 물론 단기적으로는 멀어질수록 오히려 마음이 깊어지는 현상이 일어난다. 그래서 티격태격 싸우다가도 갑자기 남자친구가 출장이라도 가면 간절히 보고 싶어지는 것이다. 그러나 멀어져 있는 시간이 길어지면 이야기가 달라진다.

그렇다면 멀리 떨어져 있는 사람에게 나를 각인시키는 좋은 방법이 없을까? 가장 좋은 방법은 바로 후각을 이용하는 것이다. 즉, 평소 나를 느끼게 하는 향기를 이성에게 각인시킨 뒤 그가 떠나 있을 때 그 향기를 다시 맡게 함으로써 나에 대한 추억을 떠올리게 하는 방법이다.

실험에 의하면 후각은 생각보다 강력한 힘을 발휘하는 것으로 알려져 있다. 이는 마치 음악을 들으면서 추억 속으로 빠져드는 것처럼 냄새를 맡음으로써 정신줄을 놓아 버릴 정도로 추억에 빠져들게 하는 힘을 가지고 있다. 따라서 이러한 자신의 향기가 밴 물건을 멀리 떠나 있는 그에게 보낸다면 아무리 멀리 떨어져 있어도 그는 나를 기억할 것이다.


## 첫눈에 반하는 사랑은 위험하다?

세상에서 사랑 이야기를 듣는 것보다 재미있는 게 또 있을까. 그 사랑 이야기 중에서도 첫눈에 반한 사랑 이야기는 재미와 스릴 면에서 최고다. 적어도 사랑 이야기가 펼쳐질 때만큼은 눈이 초롱초롱해지며 아무도 조는 사람이 없다.

그렇다면 사람은 일생을 살면서 첫눈에 반하는 경험을 얼마나 하게 될까? 보통 어른들은 이에 대해 평생 한두 번 기회가 올까, 말까 한다고 이야기한다. 하지만 이는 사람에 따라 차이가 있을 수밖에 없을 것이다. 실제 이에 대해 미국에서 1,500명을 대상으로 조사한 적이 있었는데 결과는 매우 흥미로웠다.

즉, 전체의 60%가 첫눈에 반하는 일이 일어날 수 있다고 믿고 있었고, 이들 중 60%가 실제로 첫눈에 반한 경험을 갖고 있었다. 그리고 대부분의 사람들이 첫눈에 반하는 경험은 일생에 단 한 번뿐이라고 대답했다. 이는 어른들이 하는 이야기와 거의 일치한다. 재미있는 것은 이처럼 첫눈에 반하는 경험은 대부분 20대 초반에 일어나며, 그 이후에는 이런 일이 일어날 가능성이 점점 희박해지는 것으로 나타났다.

그렇다면 첫눈에 반한 사람과 결혼까지 가는 비율은 어느 정도일까? 놀랍게도 50%가 넘는 사람들이 첫눈에 반한 사람과 결혼하였다고 답했다. 그리고 그러한 사람들의 이혼율은 보통의 이혼율보다 훨씬 낮았다. 또한 남성이 첫눈에 반한 여

*첫눈에 반한 커플은 더 오래 행복을 이어갈 수 있다*

성과 결혼한 경우보다 여성이 첫눈에 반한 남성과 결혼했을 때 이혼율이 훨씬 낮다는 사실이 밝혀졌다. 아마도 이런 결과가 나타나는 이유는 첫눈에 반한 상대와의 만남은 운명적인 만남이라는 생각이 마음 깊이 자리 잡고 있기 때문일 것이다. 아직 첫눈에 반한 상대를 만나지 못했다면 오늘부터 눈에 불을 켜고 이성을 찾아보는 것은 어떨지.

### 사랑의 삼각이론

// 심리학에는 '사랑의 삼각이론' 이라는 것이 있다. 즉, 성숙한 사랑은 친밀감, 열정, 헌신이라는 3요소가 조화를 이룰 때 비로소 이루어진다는 이론이다. 이를 연애심리학에 적용해 보면 친밀감만 있다면 그냥 좋아할 뿐이요, 열정만 있다면 도취적인 사랑이 되며, 헌신만 있다면 공허한 사랑만 남는다는 것이다. 따라서 자신의 연애 타입이 이 세 가지 중 어느 것이 약한지 잘 살펴서 친밀감, 열정, 헌신이 잘 조화를 이루도록 노력한다면 분명 그 사랑은 성공할 것이다. //

## 연하 아내를 두면 오래 살고, 연상 아내를 두면 행복하고

요즘 연예인들을 보면 10살 차이는 기본일 정도로 많은 나이 차를 극복하고 결혼하는 경우가 많다. 심지어 20살 가까이 차이 나는 경우도 있다. 걱정되는 것은, 당장은 사랑으로 결혼하지만 과연 결혼생활을 잘 할 수 있을까, 하는 것이다. 반대로 연상의 여인과 결혼하는 남자들도 늘어 가는 추세다. 심지어 여자가 남자보다 10살 가까이 많은 경우도 있다. 이는 사회적 통념을 깨는 것이기에 신기해 보인다.

그렇다면 이렇게 평범하지 않은 나이 차를 극복하고 결혼한 이들의 결혼생활은 보통 커플들과 어떤 차이를 보이게 될까? 일단 어린 아내를 둔 남편은 세대 차 때문에 티격태격하지만 보통의 남편들보다 더 오래 산다는 연구 결과가 나왔다. 아무래도 나이 어린 아내와 살다보니 마음이 젊어져서 이런 현상이 생기는 게 아닐까 싶다. 그렇다면 연상의 아내와 사는 남편의 결혼 생활은 어떨까. 놀랍게도 이 경우 행복지수가 일반 남편들보다 높다는 연구 결과가 나왔다. 그 이유는 아무래도 아내의 나이가 많다보니 자신을 잘 이해해 주고 배려해 주기 때문이라고 한다. 무엇보다 성적 욕구가 비슷하다는 점이 결혼 생활의 만족도를 높여 준다. 왜 연상의 아내가 연하의 남편과 성적 욕구가 비슷한 걸까? 그것은 남자의 경우 나이가 들수록 성적 욕구가 떨어지기 시작하나 여자의 경우 나이를 먹을수록 더욱 왕성해지는 경향을 보이는데 이러한 차이를 연상의 아내가 보충해 주기 때문이다.


## 심리학이 말하는 밀당의 기술, 최소 관심의 법칙

오래된 연인이라면 아무래도 서로에 대한 관심이 처음보다 떨어지기 마련이다. 이때 둘 사이의 힘의 균형은 어디로 이동할까. 서로의 관계를 위해 신경 쓰는 정도로 따졌을 때 만약 신경을 많이 쓰는 사람과 신경을 적게 쓰는 사람이 있을 경우 힘의 균형은 신경을 적게 쓰는 사람 쪽으로 이동한다. 얼핏 생각하기에 신경을 많이 쓰는 사람이 주도권을 쥘 것 같지만 심리학적인 연구 결과는 다르다. 이러한 현상이 나타나는 이유는 '최소 관심의 법칙'으로 설명할 수 있다.

즉, 신경을 덜 쓰는 사람보다 신경을 많이 쓰는 사람이 자신에게 관심이 멀어졌나, 싶어 오히려 안절부절못하게 되므로 더 궁색하게 된다. 이 때문에 신경을 덜 쓰는 사람은 별다른 행동을 하지 않고도 주도권을 쥐게 된다. 이러한 현상은 부부 간에도 종종 발견할 수 있다. 이런저런 잔소리를 하며 간섭하는 아내보다 침묵하는 아내가 더 큰 힘을 발휘하지 않는가.

따라서 상대의 행동이 마음에 들지 않거나 관심이 시들었다 싶으면 호들갑을

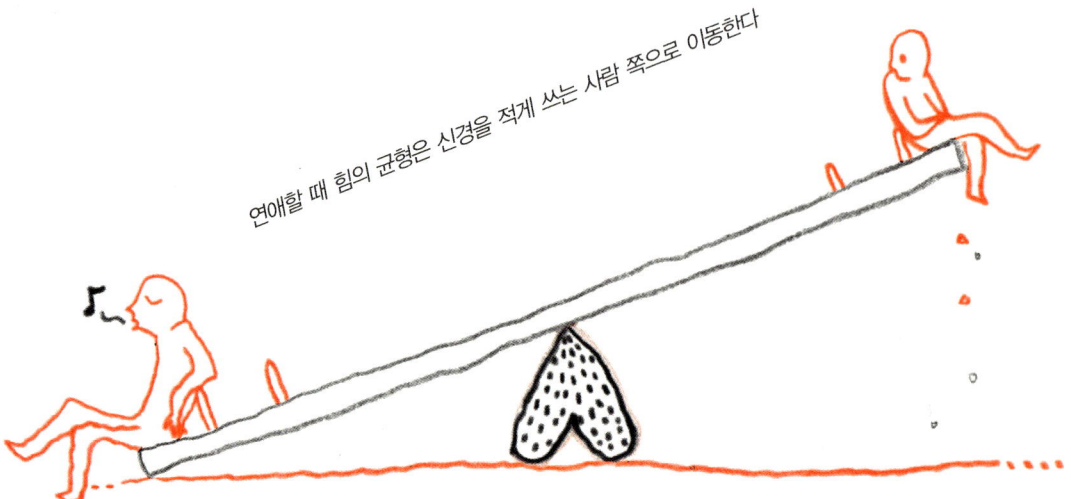

연애할 때 힘의 균형은 신경을 적게 쓰는 사람 쪽으로 이동한다

떨지 말고 대신 '최소 관심의 법칙'을 이용해 보라. 그러면 다시 사랑을 회복할 가능성이 훨씬 높아질 것이다.

### 연애할 때 가장 조심해야 할 것?

// 사람이 사랑의 노예가 되어 연애의 감정에 빠지다 보면 콩깍지가 씌어 상대의 단점이 잘 보이지 않는다. 그러니 만사가 오케이이다. 그래서 마치 세상을 다 얻은 듯한 기분에 사로잡힌다. 그러나 연애를 할 때에도 조심해야 할 것이 있다. 기본적인 매너를 지켜야 하며 약속을 잘 지키는 것도 중요하다. 그렇다면 남녀가 연애를 할 때 가장 조심해야 하는 것은 무엇일까? 한 설문조사에서 이에 대한 질문을 했더니 62%의 청춘 남녀가 '의심'을 선택해 1위로 선정되었다. 사실 의심은 서로를 너무 사랑하다보니 자연히 생기는 감정이다. 그러나 아이러니하게도 이 의심 때문에 싸우고 심지어 헤어지기까지 하는 것이다. 따라서 연애를 하는 남녀라면 우선 상대에 대한 믿음부터 가져야 할 것이다. //

## 3초-1초-5초, 연인으로 가는 눈맞춤

처음 이성을 만날 때는 수줍음이 앞서기 때문에 시선을 어디에 둬야할지 난감할 때가 많다. 얼굴을 쳐다봤다가 혹시 시선이라도 마주치면 어떡하나, 하는 불안감 때문이기도 하다. 그래서 어떤 부끄럼 많은 여자는 처음부터 끝까지 남자의 얼굴 한 번 제대로 쳐다보지도 못하는 경우도 있다.

그렇다면 사람들은 대화를 나누는 동안 상대와 시선이 마주치는 시간은 어느 정도나 될까? 아마 많은 사람들이 대부분의 시간 동안 시선을 마주치지 않느냐, 라고 생각하기 쉽겠지만 실제 심리학자들의 조사에서는 그렇지 않다는 결과가 나왔다. 즉, 전체 대화 시간의 18% 정도만 눈을 마주치더라는 것이다. 뿐만 아니라 눈은 마주치지 않더라도 상대의 얼굴을 쳐다보는 시간도 60% 정도에 불과했다. 이는 사람들은 대화할 때 항상 상대의 얼굴을 보고 있는 것이 아니라는 것을 뜻한다. 따라서 너무 의식적으로 상대를 쳐다보려고 노력하는 것은 오히려 부자연스러워 보일 수도 있다.

상대와 대화를 나눌 때 눈을 마주치는 것 못지않게 중요한 것이 눈을 마주치는 시간이다. 즉 너무 오랫동안 상대의 눈을 빤히 쳐다보고 있다면 상대는 '이 사람 왜 이러지?' 라고 이상하게 생각할 것이 분명하다.

앞의 실험에서 상대의 얼굴을 쳐다보는 시간은 3초를 넘지 않는다는 사실이 밝혀졌다. 게다가 눈을 마주칠 때는 1초 이내이다. 이 시간을 넘기면 호감의 단계에서 오해의 단계로 넘어가게 되니 조심해야 한다.

지금까지의 시선처리는 연인으로 가기 전까지의 만남에서 지켜야할 시선처리 방법이었다. 이제 조금 깊은 연인관계로 가고자 할 때는 좀 더 색다른 시선처리 방법이 필요하다. 1초 정도 눈을 마주치는 것만으로는 내 마음을 전할 수 없기 때문이다. 이때에는 좀 더 오랫동안 눈을 마주친다 하더라도 오해를 살 일은 없을 것이다. 따라서 5초 이상 사랑의 마음이 듬뿍 담긴 눈길을 보내 주자. 그러면 사랑은 더욱 깊어질 것이다.

독점하고픈 마음을 읽었다면
이제 연인관계로 나아간다

### 좋아하고 사랑하고의 차이, 질투

남녀 간에 연애를 하다 보면 필연적으로 따르는 게 바로 질투이다. 질투가 심해지면 사랑싸움으로 이어지고 둘 간의 관계에 좋지 않은 영향을 미칠 수 있다. 그러나 적당한 질투는 오히려 서로 간의 사랑을 확인할 수 있다는 면에서 긍정적인 측면도 있다.

그렇다면 연인들은 왜 질투를 일으키는 걸까? 그것은 바로 '사랑'이라는 연애감정에서 그 해답을 찾을 수 있다. 사랑하는 것과 좋아하는 것의 가장 큰 차이는 상대를 '독점'하려는 감정이 있느냐, 없느냐로 판단할 수 있다. 즉, 상대를 좋아하며 독점하고픈 마음까지 든다면 이는 이미 좋아하는 단계를 넘어 사랑하는 단계로 돌입한 것이다. 그러나 좋기는 하나 아직 독점하고픈 마음이 들지 않는다면 이는 그냥 좋아하는 단계에 머물러 있는 것이다. 이처럼 사랑은 독점을 전제로 하기 때문에 만약 이 독점하려는 욕구를 깨는 그 무언가가 나타나면 본능적으로 반응하게 된다. 그것이 바로 질투이다.

보통 여자들이 남자보다 질투심이 강하기로 유명한데, 이는 내가 독점하려는 남자와 가까이하려는 여자가 나타났을 경우 그 여자가 나보다 더 매력적일지도 모른다는 불안감이 앞서기 때문이다.

결국 이런 질투심은 자신의 애인을 너무 사랑하기 때문에 동시에 나타나는 감정으로 사랑을 지켜 주는 역할을 하기도 한다. 왜냐하면 질투를 하기 때문에 내 사람을 더 강하게 붙들어 그 사람이 자기로부터 떠나가지 못하도록 만들기 때문이다. 역으로 조그마한 바람에도 질투조차 하지 않는다면 상대는 사랑의 깊이가 약하다는 생각으로 쉽게 떠나버릴 수도 있다. 따라서 적당한 질투는 사랑에 약이 되는 법이다. 실제 질투심이 강한 미혼 커플이 결혼까지 갈 확률이 높다는 심리학자들의 조사 결과도 이를 뒷받침한다.

### 연애와 우정에 대한 남녀의 다른 생각

// 보통 남자는 의리, 여자는 사랑을 위해 목숨을 건다는 속설이 있다. 과연 이 말은 사실일까? 실제 우리 주변의 사람들을 살펴보면 분명 이 말은 진리인 것처럼 보인다. 그러나 대중을 상대로 한 설문조사에서는 전혀 다른 결과가 나왔다. 사랑과 우정에 대한 남녀의 엇갈린 선택을 다룬 영화 〈러브 앤 프랜즈〉의 상영 기념으로 실시된 설문조사에서 남자의 70%가 뜨거운 사랑이 우정보다 더 중요하다고 답했고 여자의 55%가 한순간의 사랑보다는 끈끈한 우정이 더 소중하다고 답했다. 어째서 이런 결과가 나왔을까? 이는 분명 기존의 심리학을 뒤엎는 결과가 아닐 수 없다. 이에 대해 요즘 젊은 남녀의 변화된 이성관을 보여 주는 사례라는 주장도 있고 영화가 영향을 끼쳤기 때문이라는 분석도 있다. //

## 알면서도 어쩔 수 없는 사랑싸움

어떤 커플이나 피해갈 수 없는 게 있다. 바로 '사랑싸움'이다. "우린 만난 후 한 번도 싸움을 한 적이 없어요"라고 말하는 커플도 있으나 이는 가뭄에 콩 나듯 흔치 않은 일이다. 대부분의 커플은 어느 정도 사이가 깊어지면 사랑싸움을 하기 시작한다. 그리고 사랑싸움이 깊어지면 결국 결별로 가는 절차를 밟게 된다. 그런데 결별로 가는 커플의 사랑싸움을 보면 대개 북받치는 감정을 억누르지 못하고 심한 화를 내는 게 보통이다. 그러나 이때 생기는 분노를 다스릴 수 있다면 싸움은 그야말로 사랑싸움으로 매듭지을 수 있을 것이다.

여기에 분노를 다스리는 방법 한 가지를 소개한다.

우선, 내가 느끼는 분노가 둘 사이의 관계에 어떤 도움도 주지 못한다는 사실을 인식하자. 그러면 나의 분노를 어느 정도 가라앉힐 수 있을 것이다. 그리고 상대가 화난 이유를 차근차근 들어 주자. 이유가 합당하지 않더라도 일단 앞으로 개선하도록 노력하겠다고 말하고 사과한다. 그리고 또 다른 불만은 없는지 물어본다. 이 정도 되면 상대도 어느 정도 화를 가라앉히고 속마음을 이야기할 것이다.

이렇게 해야 되는 이유는 보통 싸움의 진짜 원인이 다른 데 있을 수 있기 때문이다. 화가 났을 때 둘러대는 이유는 표면적인 이유일 뿐이다. 진짜 이유는 화가 가라앉은 다음에야 들을 수 있는 법이다. 따라서 싸움의 진짜 원인을 알기 위해서라도 이렇게 하는 것이 좋다. 그리고 진짜 원인을 알게 되면 이제 그것을 개선하기 위해 서로 노력하면 된다.


## 안정된 연애를 위해 필요한 공동적 인간관계

아마도 제목을 보는 순간 '공동적 인간관계'가 도대체 무엇일지 의문일 것이다. 이에 대해 알아보기 전에 먼저 다음 질문에 Yes 또는 No로 답하는 일부터 시작해 보자.

① 다른 사람으로부터 도움을 받으면,
   곧바로 답례를 하고 싶다. ····················· Yes(　) No(　)
② 다른 사람을 도와주었는데 고맙다거나
   답례가 없으면 기분이 나쁘다. ··············· Yes(　) No(　)
③ 공동으로 한 일에 대한 보수는 공헌도에 따라
   분배해야 한다고 생각한다. ····················· Yes(　) No(　)

이 질문에 대해 여러분들은 Yes가 많았는가, 아니면 No가 많았는가? 앞에서 이야기한 '공동적 인간관계'를 중시하는 사람은 No가 많아야 한다. 그러나 대부분 보통 사람들은 반대로 Yes가 많았을 것이다. 이는 사실 보통 사람들이 갖는 본능에 가깝기 때문에 Yes가 많은 것이 절대 이상한 일은 아니니 걱정하지 말기 바란다. 그러나 심리학자들은 연애관계를 안정적으로 지속하기 위해 No가 많은 공동적 인간관계를 추구해야 한다고 이야기한다.

Yes가 많은 사람들의 인간관계를 교환적 인간관계라고 하는데 이는 한마디로 주는 것이 있으면 받는 것도 있어야 하는 인간관계를 말한다. 이 경우 내면에는 절대 손해 보지 않으려는 심리가 작용한다. 그러나 연인관계(또는 부부관계)에서 손해를 보지 않으려다가는 필히 싸움으로 이어짐을 누구나 경험해서 잘 알고 있을 것이다. 공동적 인간관계란 내가 조금 손해 보더라도 다수의 이익을 위해 나의 이익을 포기하는 것을 말한다.

그러나 이것은 말처럼 쉽지 않은 일일 것이다. 따라서 위 질문에 대해 이렇게 생각해 보는 습관을 기르도록 하자.

① 도움을 받았을 때는 답례를 해야 한다는 생각보다는 그냥 감사하다는 생각을 먼저 한다.
② 다른 사람을 돕는 것 자체를 인생의 커다란 기쁨으로 받아들이고 상대의 태도에 일희일비하지 않는다.
③ 공동으로 같이 일한 사람들이 모두 평등한 존재라고 생각한다.


## '나랑 맞지 않아'에 대한 심리학적 답변

연인들이 한참 사랑을 나누다가 어느 날 위기가 찾아올 때가 있다. 그때 마음 속에 피어오르는 생각 중 하나가 '참 나와 맞지 않다'일 것이다. 처음에는 호감이 생겨 사랑하는 사이로까지 발전했으나 계속 만나다 보니 나와 맞지 않는 점이 한두 가지가 아닌 것이다. 그러다보면 이런 사람과 평생을 같이 할 수 있을까, 라는 의심이 싹틀 수밖에 없다. 이런 심리는 왜 생기는 걸까?

이에 대해 연구한 심리학자들은 명쾌한 해답을 내놓았다. 즉 연인관계나 부부 관계에 있는 커플들은 각각의 애착행동을 가지고 있는데, 심리학자들은 이를 다음 3가지 타입으로 분류해 놓았다. 이 애착행동 유형이 다를 때 자신과 맞지 않다는 생각을 하게 된다는 것이다.

① **불안애착형** 19%의 사람들이 가지고 있는 심리유형으로, 상대방이 자신과 친한 관계를 원하지 않는 게 아닐까 하고 불안해 하는 경우.
② **회피애착형** 25%의 사람들이 가지고 있는 심리유형으로, 다른 사람에게 의

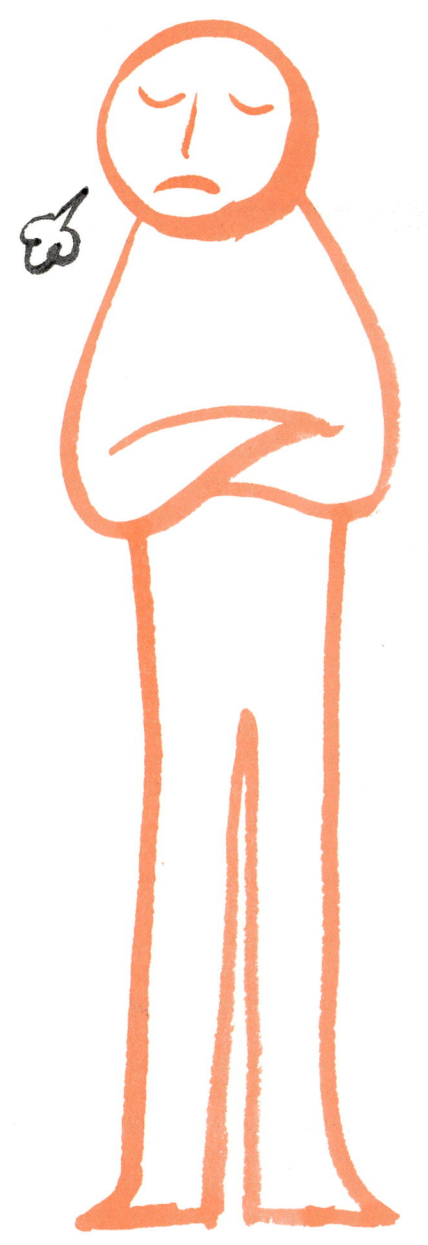

나랑 맞지 않는 점이 한두 가지가 아니야.
인연이 아닌 게 틀림없어

지하거나 의존을 받는 것이 어려워 다른 사람과 경계심을 갖고 있다.

③ **안정애착형** 56%에 해당하는 가장 많은 사람들이 가지고 있는 심리유형으로, 서로 의지하는 것이 가능하여 자연스럽게 사람들과 친하게 지낼 수 있다.

곰곰이 자신은 어떤 유형인지 생각해보라. 그리고 나의 반쪽은 어떤 유형인지. 만약 이 유형이 다르다면 지금 겪고 있는 관계의 어려움은 이 차이 때문에 생기는 것일지도 모른다. 전문가들은 애착행동 유형이 다르면 관계는 어려움을 겪을 수밖에 없다고 한다.

이러한 차이는 극단적으로 둘 사이를 갈라놓는 간접적인 원인이 될 수도 있다. 따라서 애착행동 유형을 맞추려고 노력하는 것이 절실히 필요하다. 물론 이러한 행동유형은 자라오면서 형성된 것이라 바꾸기 쉽지 않을 것이나 인간은 이러한 마음의 태도를 능히 바꿀 수 있는 힘이 있기 때문에 노력한다면 얼마든지 바꿀 수 있을 것이다.

### 로미오와 줄리엣 효과

// 심리학자 레온 페스팅거가 주장한 '인지 부조화 이론'과 관련 있는 용어로 이는 어떤 사람의 태도와 행동이 다를 때 불안과 긴장을 느끼게 되는데 이를 해소하기 위해 태도와 행동 중 어느 하나를 바꿔 둘을 일치시키려는 경향을 말한다. 로미오와 줄리엣의 경우, 태도는 둘 간의 애절한 사랑이나 행동은 부모의 반대로 어쩔 수 없으니 이를 태도와 일치시키기 위해 행동을 변화 (사랑을 더 깊게 하기 위해 극단적 행동을 함)시키려고 하는 저항이 나타난다. 이처럼 로미오와 줄리엣 효과란 연애를 할 때 주위의 장애가 오히려 반발작용을 하여 사랑을 더 깊게 하는 효과를 나타낼 때 쓰이는 말이 되었다. //

## 의심 많은 당신이 오셀로?

연애기간이 길어지거나 결혼생활이 길어지다 보면 필연적으로 서로에게 권태감을 느낄 때가 온다. 이때 나타나기 쉬운 것이 '바람'이다. 수많은 커플들이 이 바람 피우는 일 때문에 헤어지고 가정이 깨지기도 한다.

바람을 피우는 일은 사실 극적인 사건이기 때문에 수많은 드라마나 영화의 단골 소재로 등장하기도 한다. 이런 드라마나 영화에 집중하다 보면 어느 새 나의 반쪽도 저러지 않을까, 의심하기도 한다. 하지만 지나친 의심은 오해를 불러일으킬 수도 있다. 이러한 의심에 관한 심리학적 연구가 있으니 바로 '오셀로 오류'이다.

오셀로 오류란 셰익스피어의 비극 〈오셀로〉에서 유래된 심리학적 용어이다. 옛날에 오셀로와 데스데모나 부부가 있었는데 어느 날 데스데모나는 오셀로에게 바람을 피웠다는 의심을 받는다. 데스데모나는 자신의 결백을 주장했지만 오셀로는 막무가내로 날뛰었다. 데스데모나는 자신을 믿어 주지 않는 남편 때문에 울분을 토해냈다. 그러나 이 모습을 본 오셀로는 불륜 사실이 발각돼서 저런 행동을 보이는 것이라고 착각한다. 이것을 두고 '오셀로 오류'라고 부르는 것이다.

일반적으로 불륜을 의심받는 사람은 억울하기 그지없어 자기 감정을 표출한다. 그러나 의심하는 입장에서는 이러한 모습이 오히려 가슴이 찔리기 때문에 나타내는 행동이라고 해석한다. 그래서 오셀로 오류에 빠지는 것이다. 지금 여러분도 오셀로 오류에 빠져 괜한 의심을 하고 있지는 않은지 되돌아 보기 바란다.

## 바람을 참는 여자, 바람을 참지 못하는 남자

모두에게 해당하는 이야기는 아니지만, 커플이나 부부에게는 어느 날 '바람'이라는 것이 찾아온다. 아예 바람을 피울 줄 모르는 순진한 사람들에게야 무슨 남의 나라 이야기로 들릴 수도 있으나 어떤 커플들에게는 심각한 문제가 아닐 수 없는 것이 바로 바람이다.

그러면 남자가 바람을 피울 때와 여자가 바람을 피울 때 누가 더 참지 못할까? 이에 대해 심리학자들이 조사한 결과 흥미로운 사실이 밝혀졌다. 즉, 남자들이 여자보다 더 참지 못한다는 사실이 밝혀진 것이다. 특히 남자들은 여자들이 마음을 빼앗긴 것보다 몸을 빼앗긴 것에 더 이성을 잃는 것으로 나타났다. 반면 여자들은 남자들보다 오히려 바람에 대해 관대한 것으로 밝혀졌으며, 대신 자신의 남자가 다른 여자에게 마음을 빼앗긴 것에 대해서는 용서하지 못한다는 결과가 나타났다. 왜 이런 결과가 나타났을까?

우선, 남자들이 여자들의 바람에 더 민감한 이유는, 여자들은 한 번의 실수(?)로 임신까지 할 수 있는 신체적 구조를 가지고 있기 때문이다. 따라서 몸을 빼앗긴다는 사실을 용납할 수 없는 것이다. 물론, 이는 여자들의 정조를 강조해 온 전통적인 가치관의 영향 때문이기도 할 것이다.

그렇다면 여자들은 왜 남자들의 마음이 바람난 것을 용납하지 못하는 걸까? 이 역시 남자는 적당히 바람을 피울 수도 있다는 전통적인 가치관의 영향 때문이기도 하고 무엇보다 사랑을 받고 싶어 하는 정신적 욕구가 남자보다 강하기 때문이기도 하다. 그런 말도 있지 않은가. 남자들의 인생 목표는 '일'에 있지만, 여자들의 인생 목표는 한 남자의 사랑에 있다고!

## 이별에 대처하는 자세 - 무관심할 것

하루에도 수많은 커플들이 만나고 헤어진다. 만남이 있으면 헤어짐도 있는 것이 인생사이다.

그러나 많은 사람들이 이별 후에 괴로움으로 세월을 보낸다. 그 사람이 미워서일 수도 있고, 아직 그리움이 남아서일 수도 있다. 그러면 이 두 경우 모두 앞으로의 삶을 살아가는 데 방해요소로 작용한다. 왜냐하면 앞으로 살아가야 할 길은

*이별 후 뒤를 돌아보지 말 것.*
*철저하게 무관심으로*
*마음을 다잡을 것*

앞으로 뻗어 있는데, 내 마음은 자꾸 뒤쪽, 즉 과거를 향하고 있기 때문이다.

증오의 경우든 사랑의 경우든 이러한 감정을 품고 있는 한 그 사람은 헤어진 이성으로부터의 관심에서 아직 벗어나지 못한 것이다. 그래서 과거에 얽매일 수밖에 없다. 그렇다면 어떻게 하는 것이 이별의 아픔으로부터 진정으로 회복될 수 있는 길일까?

이에 대한 해답을 심리학자들이 내놓았다. 즉, 이별의 아픔으로부터 진정으로 회복될 수 있는 길은 그리움도 증오도 아닌 '무관심'이라는 것이다. 이는 사랑이나 증오의 반대말이 무엇인지를 따져보면 쉽게 이해할 수 있다. 흔히 사랑의 반대말을 증오라고 생각하기 쉽지만 사랑의 반대말은 증오가 아니라 무관심이다. 그리고 재미있는 것은 증오의 반대말도 무관심이라는 사실이다. 이러한 해석에 따르면, 사랑과 증오는 아직 상대에 대한 관심이 남아 있다는 것을 뜻한다. 따라서 이런 상황에서는 과거로부터 자유로울 수 없다. 그러나 모든 것을 잊어버리고 무관심으로 돌아선다면 비로소 과거로부터 자유로울 수 있고 새로운 길로 나아갈 수 있는 것이다.


## 오래가는 연애에는 비법이 있다

한 남자와 한 여자가 서로 오랫동안 관계를 맺기 위해 꼭 해야 할 일이 있는데, 그것은 바로 용서이다. 오래 지내다 보면 분명히 누군가 잘못을 저지르는 일이 발생할 것이다. 그리고 잘못을 저지른 쪽에서 미안해, 라고 말한다. 그러면 사과를 받는 쪽은 용서해 줄지 말지를 결정해야 한다. 이때 용서해 주지 못한다면 그 사람의 마음속에는 응어리가 진다. 이런 상황에서 어떻게 정상적인 연애를 지속할 수 있을까. 설사 참고 지낸다 하더라도 결코 연애를 즐길 수 없을 것이다. 또한 용서하지 않으면 분노가 내 몸을 망쳐 건강에 심각한 문제가 발생하기도 한다.

그래서 미안해, 라는 말을 들으면 어쨌든 용서해 줄게, 라고 답해 주는 것이 좋다. 만약 말로는 용서했어도 가슴으로 용서가 되지 않았다면 홀로 조용히 상대방을 용서하는 시간을 가져야 한다. 이때 용서하는 방법은 앞으로 나올 '심리학 키워드 6'에 소개하고 있으니 반드시 참고 하길.

### 연애심리학과 꿈

// 꿈과 심리학을 연관시킨 최초의 학자는 그 유명한 프로이트이다. 그는 현실에서 이룰 수 없는 욕망이나 억압되어 있는 욕구가 상징화되어 나타나는 것이 꿈이라고 했다. 이는 평소 마음에 그리던 일이 꿈에 나타나는 것으로 보아 일부 맞는 말이기도 하나 꿈은 워낙 다양한 형태로 나타나기 때문에 단적으로 이것이라고 말하기는 애매한 구석이 있다.

꿈을 꾸는 이유에 대해 프로이트가 제시하는 또 하나의 이유는 무의식 속에 잠자고 있던 것들이 꿈을 통해 다른 모습으로 위장된 채 나타난다는 것이다. 무의식이란 평소 자신이 생각지도 않던 분야이기 때문에 도대체 내가 왜 이 꿈을 꾼 것인지 몽롱해질 수밖에 없는 것이다.

프로이트는 〈꿈의 해석〉이란 책에서 사람이 꾸는 꿈의 정체를 성적인 것과 많이 연관시켜 이야기했다. 예를 들어 남자가 하늘을 힘차게 날아오르는 꿈을 꾸었다는 것은 성적인 발기를 상징하는 것이라고 해석했다. 또 하늘에 둥둥 떠다니는 꿈을 꾸는 것은 성적인 황홀감을 상징하는 것이라고 해석했다. 그 외에도 계단을 오르내리거나 말을 타고 가는 꿈 등도 성적인 것과 관계가 있는 꿈이라고 해석했다. 모든 것을 지나치게 성적인 것과 연관시킨다는 억지도 좀 있어 보이지만 나름 학문적인 이유를 달고 있어 설득력은 있어 보인다.

재미있는 것은 캐나다 몬트리올 사크레쾨르 병원 수면연구소에서 젊은 사람들이 가장 많이 꾸는 꿈의 종류를 조사하여 배열했더니 쫓김 – 추락 – 학교생활 – 성행위의 순서대로 나타났다는 것이다. 이는 과거나 현재의 젊은 사람에게 공통적으로 나타나는 현상으로 성행위가 포함되

어 있다. 즉, 프로이트의 이론에 의하면 인간은 현실에서 풀지 못하는 성적인 갈급함이 있기에 이를 해소하고자 성적인 꿈을 꾼다고 할 수 있다.

그렇다면 이러한 꿈은 흑백일까, 컬러일까? 이는 과거부터 계속되어 왔던 질문이다. 실제 1930~1940년대 사람들은 꿈이 흑백이라고 생각했다는 조사 결과가 있다. 그러나 미국 시카고 대학에서 1942년에 조사한 결과에 의하면 약 10%의 사람들이 컬러 꿈을 꿨다고 답했다고 한다. 그리고 미국 세인트루이스 워싱턴 대학에서 1962년에 조사한 결과에서는 83%가 컬러라 답했다고 한다. 이는 컬러 문화가 발달한 것과 연관이 있다고 보이며, 컬러 꿈을 꿀 수도 있다는 사실을 방증한다. //

# 나의 사랑 유형 알기

심리학자 '래스웰'과 '햇코프'가 만든 검사 방법

1. 나는 '첫눈에 반한다'는 것이 가능하다고 생각한다. ········ Yes ( F ) No ( R )

2. 한참 지난 다음에야 비로소 내가 그를
   사랑하고 있음을 알았다. ···················· Yes ( E ) No ( S )

3. 우리들 사이에 일이 잘 풀리지 않으면
   나는 소화가 잘 되지 않는다. ················· Yes ( C ) No ( T )

4. 현실적인 관점에서, 나는 사랑을 고백하기 전에 먼저
   나의 장래 목표부터 생각해 보지 않으면 안 된다. ···· Yes ( A ) No ( T )

5. 먼저 좋아하는 마음이 얼마 동안 있은 다음에
   비로소 사랑이 생기게 되는 것이 원칙이다. ········ Yes ( E ) No ( S )

6. 애인에게 자신의 태도를 다소 불확실하게
   해두는 것이 언제나 좋다. ··················· Yes ( D ) No ( S )

7. 우리가 처음 키스하거나 볼을 비볐을 때, 나는 성기에
   뚜렷한 반응 '발기, 축축함'이 오는 것을 느꼈다. ······ Yes ( F ) No ( T )

8. 전에 연애 상대였던 사람들 거의 모두와 나는
   지금도 좋은 친구 관계를 유지하고 있다. ········ Yes ( E ) No ( S )

9. 애인을 결정하기 전에
   인생 설계부터 잘 해 두는 것이 좋다. ·········· Yes ( A ) No ( T )

10. 나는 연애에 실패한 후 너무나 우울해져
    자살까지도 생각해 본 적이 있다. ············· Yes ( C ) No ( S )

11. 나는 사랑에 빠지면 하도 흥분이 되어
    잠을 이루지 못하는 때가 있다. ·············· Yes ( C ) No ( T )

12. 애인이 어려운 처지에 빠지면 설사 그가 바보처럼
    행동한다 하더라도 힘껏 도와주려고 노력한다. ·················· Yes ( B ) No ( Y )
13. 애인을 고통 받게 하기보다는 차라리 내가 받겠다. ········· Yes ( B ) No ( T )
14. 연애하는 재미란 그것을 진행시키면서 동시에 내가
    원하는 것을 얻어 내는 재주를 시험해 보는 데 있다. ········ Yes ( D ) No ( T )
15. 사랑하는 애인이라면 나에 관하여 모르는 것이 있다 하더라도
    그것 때문에 그렇게 속상해 하지는 않을 것이다. ·········· Yes ( D ) No ( Y )
16. 비슷한 배경을 가진 사람끼리 사랑하는 것이 가장 좋다. ·· Yes ( A ) No ( T )
17. 우리는 만나자마자 서로가 좋아서 키스를 했다. ············· Yes ( F ) No ( T )
18. 애인이 나에게 관심을 보이지 않으면
    나는 온몸이 쑤시고 아프다. ····························· Yes ( C ) No ( T )
19. 애인이 행복하지 않으면 나도 결코 행복해질 수 없다. ······ Yes ( B ) No ( Y )
20. 대개 제일 먼저 나의 주의를 끄는 것은
    그 사람의 상냥한 외모이다. ····························· Yes ( F ) No ( T )
21. 최상의 사랑은 오랜 기간의 우정으로부터 싹튼다. ·········· Yes ( E ) No ( T )
22. 나는 사랑에 빠지면 다른 일에는 도무지
    집중하기가 힘들다. ··································· Yes ( F ) No ( T )
23. 그의 손을 처음 잡았을 때 나는 사랑의 가능성을 감지했다. ·· Yes ( F ) No ( T )
24. 나는 어느 사람하고 헤어지고 나면 그의 좋은 점을
    발견하려고 무진 애를 쓴다. ····························· Yes ( B ) No ( S )
25. 나는 애인이 다른 사람하고 같이 있는 것 같은
    생각이 들면 도저히 견딜 수 없다. ··························· Yes ( C ) No ( T )
26. 나의 두 애인이 서로 알지 못하도록 교묘하게
    꾸민 적이 적어도 한 번은 있었다. ··························· Yes ( D ) No ( S )
27. 나는 매우 쉽고 빠르게 사랑했던 관계를 잊어버릴 수 있다. ··· Yes ( D ) No ( S )

28. 애인을 결정하는 데 한 가지 가장 고려해야 할 점은

그가 우리 가정을 어떻게 생각하는가 하는 것이다. ············· Yes ( A ) No ( S )

29. 사랑에서 가장 좋은 것은, 둘이 함께 살며, 함께

가정을 꾸미고, 그리고 함께 아이들을 키우는 일이다. ····· Yes ( E ) No ( T )

30. 애인의 소원 성취를 위해서라면, 나는 기꺼이

나의 소원을 희생시킬 수 있다. ································· Yes ( b ) No ( S )

31. 배우자를 결정하는 데 있어서 가장 먼저 고려해야 할 점은

그가 좋은 부모가 될 수 있겠는가 하는 여부이다. ·········· Yes ( A ) No ( S )

32. 키스나 포옹이나 성관계는 서둘러서는 안 된다. 그것들은

서로 충분히 친밀해지면 자연스럽게 이루어지는 것이다. ···· Yes ( E ) No ( T )

33. 나는 매력적인 사람들과 바람 피우는 것을 좋아한다. ····· Yes ( D ) No ( S )

34. 나와 다른 사람들과 사이에 있었던 일을

애인이 더러 알게 된다면 매우 속상해 할 것이다. ··········· Yes ( D ) No ( S )

35. 나는 연애를 시작하기 전부터 나의 애인이 될 사람의

모습을 분명히 정해 놓고 있었다. ··························· Yes ( F ) No ( T )

36. 만일 나의 애인이 다른 사람의 아기를 갖고 있다면 나는

그 아기를 내 자식처럼 키우고 사랑하며 보살펴 줄 것이다. ··· Yes ( B ) No ( T )

37. 우리가 언제부터 서로 사랑하게 되었는지 정확히 알 수 없다. ···Yes ( E ) No ( T )

38. 나는 결혼하고 싶지 않은 사람하고는

진정한 사랑을 할 수 없을 것 같다. ························ Yes ( A ) No ( S )

39. 나는 질투 같은 것은 하고 싶지 않지만 나의 애인이

다른 사람에게 관심을 가진다면 참을 수 없을 것 같다. ··· Yes ( C ) No ( R )

40. 애인에게 방해가 된다면 차라리 내가 그만 두겠다. ········· Yes ( B ) No ( S )

41. 나는 애인의 것과 똑같은 옷, 모자,

자전거, 자동차 등을 갖고 싶다. ···························· Yes ( F ) No ( T )

42. 나는 연애하고 싶지 않은 사람하고는
데이트도 하고 싶지 않다. ……………………………… Yes ( A ) No ( S )

43. 우리들의 사랑이 끝났다고 생각될 때도 그를 다시 보면
옛날 감정이 되살아나는 때가 적어도 한 번쯤은 있었다. … Yes ( C ) No ( T )

44. 내가 가지고 있는 것은 무엇이든지
나의 애인이 마음대로 써도 좋다. ……………………… Yes ( B ) No ( R )

45. 애인이 잠시라도 나에게 무심해지면 나는 그의 관심을 되끌기
위하여 때로는 정말 바보 같은 짓도 할 때가 있다. ……… Yes ( C ) No ( S )

46. 깊이 사귀고 싶지는 않더라도 어떤 상대가 나의 데이트
신청에 응하는 지를 시험해 보는 것도 재미있을 것이다. … Yes ( D ) No ( S )

47. 상대를 택할 때 고려해야 할 한 가지 중요한 점은
그가 자신의 직업을 어떻게 생각하는가 하는 것이다. …… Yes ( A ) No ( T )

48. 애인과 만나거나 전화한지 참 되었는데도 아무 소식이 없다면
그에게 그럴 만한 이유가 있기 때문일 것이다. ………… Yes ( B ) No ( R )

49. 나는 누구와 깊게 사귀기 전에 우리가 아기를 가지게 될 경우
그 쪽의 유전 배경이 우리와 잘 맞는지부터 먼저 생각해 본다. Yes ( A ) No ( S )

50. 가장 좋은 연애관계란 가장 오래 지속되는 관계이다. …… Yes ( E ) No ( T )

## 나의 사랑 유형 결과

▶ **채점 방법** : 각 질문의 Yes/No 지시에 따라 종이에 쓴 영문자 중 R, S, T는 지워 버리고 나머지 A, B, C, D E, F를 각각 헤아려 가장 많은 숫자를 기록한 영문자가 당신의 사랑 유형이 된다.

▶ **여섯 가지 사랑 유형의 특징**

A형 : 논리적 사랑         B형 : 이타적 사랑              C형 : 유희적 사랑

D형 : 소유적 사랑         E형 : 가장 좋은 친구로서의 사랑   F형 : 낭만적 사랑

- 4장 -

# 관계의 틀을
# 능숙하게
# 짜고 있나요?

# 관계의 틀에 갇힌 개인에 대하여

지금까지 우리는 개인의 성격, 감정, 심리 등에 대해서 다루었다.  그러나 한 개인은 절대 혼자서는 살아갈 수 없는 존재이다. 그래서 그 유명한 고대 그리스의 철학자 아리스토텔레스도, 로마의 철학자 세네카(Seneca, Lucius Annaeus ?B.C. 4~ A.D. 65)도 '인간은 사회적 동물이다' 라고 부르짖은 것이다.

결국 인간은 사회라는 환경 속에서 살아갈 수밖에 없다. 이는 다시 말해 인간의 마음은 사회라는 집단 속에서 다른 사람과의 상호작용에 의해 움직일 때가 더 많다는 것을 뜻하기도 한다.

지금까지 탐구했던 개인의 심리는 이제 사회라는 집단 속에서 또 다른 모습으로 등장하게 된다. 이처럼 사회 속에서 인간의 심리를 다루는 학문을 사회심리학이라 한다. 과연 한 개인의 심리는 사회라는 집단 속에서 어떤 변화 과정을 겪을까?

인간은 사회적 동물이다?

## 첫인상을 판단하는 시간 0.1초

세상에 태어나 처음으로 미팅에 나간 A양. 부모님이 보수적인 관계로 대학 4학년이 되어서야 첫미팅을 경험하게 되었다. 두근거리는 가슴을 부여잡고 카페로 들어서는 순간 먼저 온 남자들의 모습이 눈에 비치기 시작한다. 그런데 이게 웬일. A양은 부드러운 인상을 좋아하는데 하나 같이 드센 인상들이다. A양의 마음은 자리에 앉기도 전에 이미 실망으로 가득 찼다.

아마도 미팅에 나가 본 경험이 있는 사람이라면 누구나 고개가 끄덕여지는 스토리일 것이다.

한 개인이 처음으로 사회성을 갖게 되는 것은 사회 속에서 다른 사람을 만날 때이다. 이때 사람들은 가장 먼저 상대방의 첫인상을 보게 된다. 그리고 앞에서 A양의 경우처럼 스스로 그 사람의 성격에 대해 판단을 하기 시작한다. A양이 드센

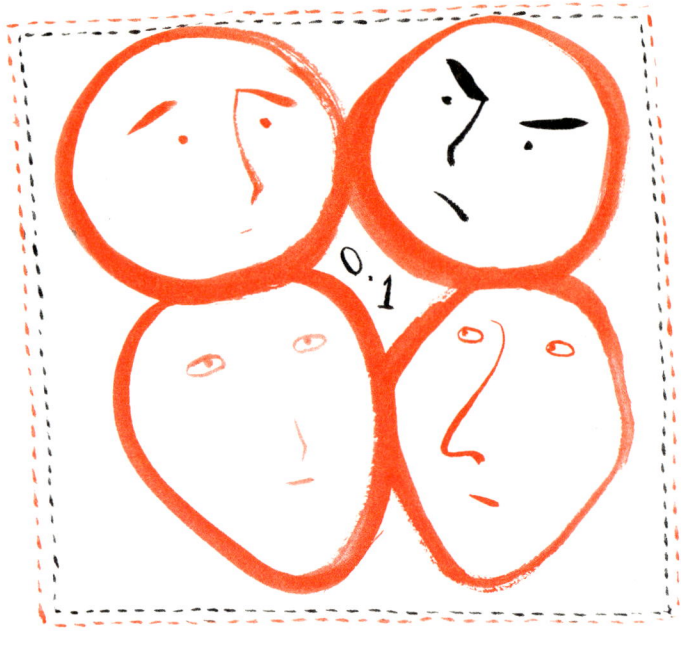

*첫인상을 파악하는 데 걸리는 시간 0.1초*

인상을 받은 것은 아마도 미팅에 나온 남자들의 외모가 우락부락하고 거칠고 사납게 생겼기 때문일 것이다. 대체적으로 눈썹이 아래로 처진 사람은 선해 보이고 위로 치켜 올라간 사람은 사나워 보인다. 또한 얼굴이 갸름하고 코가 낮은 사람은 부드러워 보이는 반면 광대뼈가 튀어 나오고 매부리코인 사람은 강해 보이는 것 등이 있다.

그런데 과연 한 개인이 첫인상만 보고 내린 진단이 실제와 비슷하기는 한 걸까? 사실 한 개인이 첫인상을 보고 내린 진단은 그 사람의 경험에서 비롯된 것이라 할 수 있다. 그동안 살아오면서 이렇게 생긴 사람은 이렇고 저렇게 생긴 사람은 저렇더라, 하는 외모와 성격 간에 유형화된 연관성을 머릿속에 인식하고 있다가 첫인상을 보는 순간에 무의식적으로 판단이 튀어나오는 것이다.

실제로 미국 프린스턴대학 심리학 연구팀은 200명을 대상으로, 사람을 만나 첫인상을 결정할 때까지 걸리는 시간을 측정한 일이 있었다. 놀랍게도 사람들이 첫인상을 판단하는 데에는 불과 0.1초밖에 걸리지 않았다. 이처럼 사람들은 순식간에 외모만으로 그 사람의 성격을 판단해 버리는 습성이 있는 것이다.

첫인상에 대한 판단이 맞는 경우도 있겠지만 틀린 경우도 많다. 이에 대한 좋은 예가 1970년 미국 휴스턴의대에서 증명되었다. 의대생을 선발하는 과정에서 행정착오로 면접에서 탈락한 학생들까지 선발하게 된 것이었다. 학교 측은 내친 김에 이들을 상대로 첫인상에 대한 심리학적 연구를 하기로 작정하였다. 면접에서 탈락했으나 추가로 합격한 학생들이 정상적으로 합격한 학생들과 비교하여 어떻게 성장하는지를 지켜보기로 한 것이다.

그 결과, 놀랍게도 이 두 그룹은 전혀 차이가 없었다고 한다. 이 사례는 첫인상이 그리 중요하지 않다는 단적인 예로 손꼽힌다. 당대 최고의 미녀 스타였던 마릴린 먼로가 초창기, 모델 면접마다 첫인상이 좋지 않다는 이유로 연속해서 퇴짜를 맞았다는 사실도 첫인상이 틀릴 수 있다는 사실을 보여 주는 좋은 예라고 할 수 있다.

### 개인심리학과 사회심리학

// 기존의 심리학은 사실 사회 속의 개인이라는 것을 고려하지 않은 채 개인의 심리를 탐구하고 연구하였다. 그러나 인간은 사회를 떠나서는 살 수 없으며 따라서 사회 속의 심리도 마땅히 연구되어야 한다. 이처럼 기존의 심리학(개인심리학)과 구분하여 사회 속에서 직접 또는 간접적으로 타인과 관계를 가지고 살아갈 수밖에 없는 사회 속 인간의 심리를 탐구하려는 학문이 바로 사회심리학이다. 이러한 사회심리학은 19세기부터 이미 탄생하여 다양한 변화를 거치며 발전을 거듭해 오고 있다. //

## 선한 나를 악마로 만드는 집단

평소 착하고 말이 없기로 소문난 청년이 있었다. 그는 어렵게 어느 회사의 영업직으로 들어가게 되었다. 영업직은 물건 하나를 팔기 위해 온갖 행동을 스스럼없이 해야 하는 처절한 곳이었다. 청년은 그런 곳에서 10년을 보냈다. 10년이 지났을 때 그 청년은 누구보다도 말을 잘하는 사람으로 변해 있었다. 그리고 그는 주변 사람들로부터 더 이상 착하다는 말을 듣지 못했다. 그는 어느덧 적당히 속이고 자기의 이익을 위해 상대방에게 쉽게 상처 주고 자기 감정을 잘 드러내는 사람으로 변해 있었던 것이다.

이는 지어낸 이야기가 아니다. 우리 주변에서 흔히 볼 수 있는 사람들의 이야기이다. 그렇다면 왜 이런 일이 일어나는 걸까? 이에 대한 원인을 알아낸 사람이 미국 스탠퍼드대학교의 심리학자 필립 조지 짐바르도(Philip George Zimbardo, 1933 ~ )이다. 그는 유명한 '스탠퍼드 감옥 실험(SPE)'을 통하여 '루시퍼 이펙트(Lucifer Effect)'라는 중요한 심리학의 원리를 발견하였다.

스탠퍼드 감옥 실험이란 가상으로 실시한 감옥 실험으로 보통의 대학생들에게 한 집단은 죄수의 역할을, 다른 집단에게는 경찰의 역할을 맡겨 수행하게 하는 실험이었다. 그런데 실험이 진행되는 도중 시키지도 않았는데 이들의 성격이 돌변하며 실제 죄수와 경찰처럼 행동하는 것을 목격하게 되었다. 이들의 행동은 결국 실험이 중단될 정도로 격렬한 상태까지 가 있었다.

왜 이런 일이 일어났을까? 이에 대해 짐바르도는 '루시퍼 이펙트' 때문이라고 설명했다. 루시퍼는 성서에 등장하는 괴수이다. 즉, 아무리 싱싱한 사과라도 썩은 상자에 들어가면 결국 썩어버리듯이 아무리 선한 사람이라도 악을 저지르도록 만드는 상황 속으로 들어가면 악하게 된다는 것을 뜻한다.

앞의 청년의 경우도 정확히 이 루시퍼 이펙트에 해당한다. 부모님이 학생들에게 좋은 친구를 사귀어야 한다고 강조하는 것도 사실은 루시퍼 이펙트에 대한 불안감 때문에 하는 말인 셈이다.


## 집단에 갇힌 나, 집단을 가둔 나?

학창시절, 누구나 공통적으로 겪어 봤던 사건이 있다. 바로 도난 사건이다. 어느 한 친구의 물건이 없어지고 이 사실을 알게 된 선생님은 배우는 학생이 도둑질을 한 것이 용서가 되지 않아 수단과 방법을 가리지 않고 범인을 찾아내려 한다. 결국 대부분의 교실 내 도난 사건은 학생들 중에 범인이 잡히는 것으로 사건은 매듭 된다.

이처럼 집단이 있는 곳이라면 고대로부터 꼭 범죄자가 있어 왔다. 그래서 법이란 게 생겨났지만 여전히 범죄를 저지르는 사람이 즐비하다. 왜 집단 속의 일부 사람들은 범죄를 저지르게 되는 걸까?

왜 사람은 죄를 저지르는가? 왜 많은 사람들은 죄를 저지르지 않는가?

물론 그 사람이 악해서 그렇다고 하면 더 이상 논할 것이 없겠지만 그것은 과학적인 탐구의 자세라 할 수 없다. 이러한 사람들의 범죄심리를 다루는 심리학을 '범죄심리학'이라고 한다. 사람이 죄를 짓는 이유에 대해 연구한 사람은 미국의 범죄사회학자였던 하시이다. 그는 사람이 범죄를 저지르는 이유를 탐구하던 중 매듭이 풀리지 않자 역발상을 하게 되었다. 문제를 거꾸로 뒤집어 생각해 본 것이다. 즉, '사람은 왜 죄를 저지르는가?'에 대한 이유는 역으로 '왜 많은 사람들은 죄를 저지르지 않는가?'를 파악하면 알 수 있다고 생각한 것이다. 어떤 문제가 풀리지 않을 때 거꾸로 생각해 보면 의외로 문제가 풀리는 경우가 있는데 이 경우가 그에 해당한다.

하시는 이 연구에서 법을 지키려는 다수의 많은 사람들 역시 죄를 저지르려는 충동은 느낀다는 사실을 발견하였다. 예를 들어 창문을 깨는 경우를 가정해 보자. 많은 사람들이 창문을 깨는 행동까지 취하진 않지만 평소 스트레스를 받을 때마다 창문을 깨고 싶다는 충동은 받는다. 그럼에도 불구하고 창문을 깨지 않는 것은 마음 속의 어떤 생각과 힘이 충동을 이기고 창문을 깨지 않도록 작동하기 때문이다.

학생들일 경우 선생님께 혼날 것이란 생각이 그것이고 어른일 경우 배상비를 물어야 한다는 생각이 창문을 깨는 충동을 억제하게 하는 힘이 될 것이다. 사회 속에 있는 한 개인은 사회와 끈처럼 연결되어 있는 이러한 마음의 힘이 작용하여 죄를 지으려는 충동을 억제할 수 있게 된다. 하지만 이 마음의 힘이 약해지면 사람과 사회를 연결하는 힘의 끈이 끊어지게 되고 사람은 범죄를 저지르게 된다는 것이 하시의 결론이었다.

결국 사람이 집단 속에서 죄를 저지르게 되는 이유는 그 사람과 집단 간에 연결되어 있는 마음의 끈이 끊어졌기 때문이라고 할 수 있다. 마음의 끈이 끊어지는 이유는 여러 가지가 있을 수 있다. 개인 본성의 문제일 수도 있고 환경의 문제일 수도 있다. 하지만 어떤 집단의 사회이든 이러한 끈이 끊어지는 사람은 소수일 수밖에 없기 때문에 범죄자의 수도 항상 소수라는 사실은 안심이 되는 대목이다.

### 범죄사회학

// 사회학의 한 분야로 인류는 범죄를 우연히 일어나는 일로 여기지 않고 하나의 사회적 현상으로 간주하여 범죄가 발생하는 원인이나 현상 등을 연구하게 되었다. 이렇게 탄생한 학문이 범죄사회학이다. 범죄사회학에서는 범죄의 원인을 기존 사회법규의 위반이나 새로운 사회규범의 출현이라는 관점에서 설명하고 있다. //

## 혼자의 힘으론 버틸 수 없다고? 이에 대한 심리학의 답변

1991년 3월, 미국의 LA에 있는 한 한인 슈퍼에서 총기살인사건이 일어났다. 왜 이런 비극이 일어났을까? 한 흑인 소녀가 물건을 훔치는 장면을 CCTV를 통해 목격한 여주인이 흑인 소녀에게 훔친 물건을 내놓으라고 으박질렀다. 그러자 흑인 소녀가 여주인의 얼굴을 강타했고 이에 흥분한 여주인이 미리 준비해 뒀던 비상용 총으로 흑인 소녀를 쏴 버린 것이다. 그러나 실제 조사 결과 흑인 소녀는 물건을 훔친 것이 아니란 사실이 밝혀졌다. 단지 훔치는 것으로 보일 만한 행동을 했을 뿐인데 그것을 착각한 여주인이 소녀를 다그쳤고 이에 흑인 소녀 역시 흥분하여 여주인의 얼굴을 강타하는 바람에 이런 비극이 일어났던 것이다. 여주인은 왜 이런 착각을 한 것일까? 그것은 당시 미국 사회에 있었던 흑인에 대한 인종적인 편견 때문이었다. 흑인은 못살고 배우지 못해 훔치는 일도 예사로 한다는 편견(偏見, Prejudice)이 그것이었다.

더 커다란 편견은 재판 과정에서 일어났다. 여주인이 살인을 한 것임에도 불구하고 착각 때문이었다는 이유로 무죄를 선고해 버린 것이다. 흑인들은 흥분하였다. 만약 그 대상이 백인이었다면 이런 결과가 나왔을까 하고. 이렇게 착각과 편견에서 시작된 한 사건으로 인해 그 엄청난 LA 흑인폭동사건이 일어난 것이다. 1992년 발생한 LA 흑인폭동사건은 코리안타운의 90%가 파괴되고 3억 5천만 달러의 재산피해를 입은 사상초유의 사건이었다.

보통 사회적인 갈등 속에서 일어나는 상대방의 문제에 대해서는 기본적인 성품의 문제로 인식하는 경우가 많다. 저 민족이나 인종은 근본 바탕이 그렇기 때문에 저렇게 행동하는 것이다, 라고 생각하는 경우가 그것이다. 앞에서 흑인에 대하여 백인이나 한인이 품은 생각이 바로 그것이라 할 수 있다. 하지만 인간은 묘하게도 같은 문제가 자기 쪽에서 일어나면 이는 성품의 문제라기보다는 환경 탓으

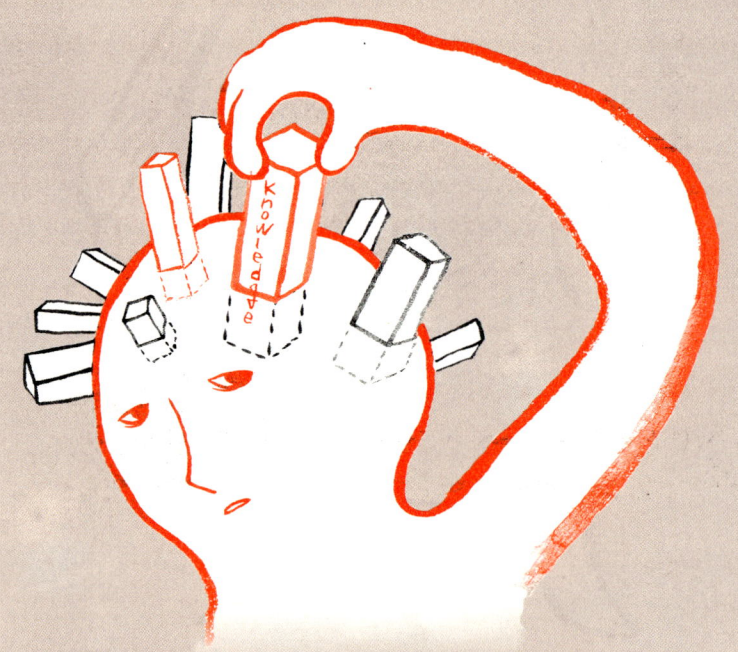

자신이 갖고 있는 지식 내에서 적합한 것을 골라내 문제를 해결하려는 위험이 바로 편견

로 돌려 버리는 습성이 있다. 우리의 근본은 그렇지 않은데 어쩔 수 없는 상황이 그렇게 만들었다는 것이다.

이 외에도 사람은 사회 속에서 수많은 편견을 가지고 살아간다. 외아들은 버릇이 없을 것이라는 편견, 아랍 사람들은 과격할 것이라는 편견 등

편견이 생기는 이유는 사람들은 복잡한 상황에 직면했을 때 그것을 해결하기 위해 먼저 자신이 갖고 있는 지식구조에서 적합한 것을 골라내기 때문이다. 그리고 그 지식구조에 따라 문제를 해결하려고 한다. 이때 지식구조에 적합하지 않은 것은 무시하거나 왜곡하려고 하는데, 그것은 기존의 지식구조를 붕괴하지 않으려는 본능이 있기 때문이다. 그 결과 사람들에게 편견이 생기는 것이다.

이러한 편견은 사회나 어느 집단 내부로부터 전통적으로 이어져 오는 것이 대부분이며, 어린 시절부터 이것을 배움으로써 얻게 되는 것이 일반적이다. 그러나 편견은 앞에서도 보았듯이 어떤 경우에 엄청난 비극의 원인이 될 수도 있다. 따라서 어쩔 수 없이 편견을 갖게 되더라도 다시 그것에서 벗어날 수 있는 열린 마음의 소유자가 되는 것이 중요하다.

심리학적으로 이에 대해 연구한 사람이 있는데, 그는 나치에 쫓겨 미국으로 망명한 정신분석가 프롬(Fromm, Erich 1900~1980)이다. 그는 독일의 나치즘을 연구하는 과정에서 '권위주의적 성격'을 가진 사람이 있음을 발견하였다. 또 가치 조사 심리학자였던 밀턴 로키치(Milton Rokeach)는 극우나 극좌의 정치세력 지지자들을 연구하는 과정에서 '독단주의적 성격'을 가진 사람이 있음을 발견하였다. 이러한 권위주의나 독단주의적 성격을 가진 사람들은 생각이 극단적이고 주관이 강하기 때문에 자신의 생각을 절대 바꾸지 않는다는 특성이 있다. 설사 그것이 잘못된 편견일지라도 말이다. 그래서 역사적으로 이들은 수많은 만행을 저지르기도 했다. 하지만 어떤 사람들은 자신이 습득한 인지구조가 있음에도 불구

하고 그것을 합리적이지 않을 때 바꿀 수 있는 유연성을 가지고 있음이 발견되었다. 이런 사람들의 마음을 열린 마음이라고 하는데 이 경우 비록 편견을 가지고 있었다고 할지라도 얼마든지 바꿀 수 있는 것이다.


## 심리학이 전쟁을 막았다고?

인류의 역사가 시작된 이래, 각 나라 간의 갈등은 계속되어 왔다. 갈등이 커지면 분쟁으로 이어지며 분쟁이 커지면 무시무시한 전쟁으로 이어진다. 가장 대규모로 비참한 결과를 가져다주는 사회적 갈등은 바로 전쟁이 아니겠는가.

그런데 인류의 역사를 돌아보면 전쟁이 끊임없이 일어났음을 볼 수 있다. 그리고 지금도 전쟁은 끊이지 않고 있다. 도대체 전쟁은 왜 일어나는 걸까? 이를 심리학적으로 분석해 보면 욕망과 불안의 차원에서 접근할 수 있다. 욕망에서 그 원인을 찾는 것은 인간의 욕망 때문에 전쟁이 일어난다는 것이다. 인간이라면 내 힘이 커졌을 때 그것으로 만족하는 것이 아니라 좀 더 많은 것을 갖고 싶다는 욕망이 생기게 마련이다. 그래서 나보다 약한 다른 나라를 침범하게 되어 전쟁이 일어난다. 불안의 차원에서 전쟁의 원인을 설명하는 이론은 좀 더 과학적이다. 즉, 평상시에는 아무런 갈등이 없으므로 편안한 상태를 유지한다. 그런데 뭔가 적이라고 생각되는 것이 나타났을 때는 상황이 달라진다. 예를 들어 고요히 책을 읽고 있는데 바퀴벌레 한 마리가 나타났다고 생각해 보자. 내 마음의 고요는 깨지고 어느덧 불안한 상태로 변한다. 이제 적에 대한 불안감은 나로 하여금 방어수단을 만들게 한다. 바퀴벌레의 경우 당장 잡아 죽이는 것이 바로 그것이다. 이렇게 만들어진 방어수단은 더욱 더 적대감을 높이고 결국 전쟁으로 이어진다는 것이 전쟁에 대한 심리학적 해석이다.

그런데 전쟁의 원인에 대한 해석이 분명하다면 그에 대한 해결책도 낼 수 있지 않을까. 실제 심리학자가 대립하는 두 집단 간에 발생한 분쟁의 문제를 해결한 사례가 있어 흥미롭다. 그 주인공은 미국의 심리학자 칼 로저스(Carl Ransom Rogers 1902~1987)이다. 그는 심리상담한 내용을 녹음하여 이를 상담 훈련과 연구에 활용하는 데 선구적인 기여를 한 심리학자로 유명하다. 그런데 그가 도대체 어떻게 하여 집단 간의 분쟁 문제를 해결할 수 있었을까?

로저스는 개인의 심리상담 활동에 주력하였으나 좀 더 큰 집단의 문제를 해결하기 위한 방편으로 참만남집단(Encounter Group)을 만들었다. 참만남집단이란 자신과 타인의 존재를 인정하고 함께 성장을 추구하는 집단의 개념으로 로저스가 만든 것으로 처음에는 수십 명의 집단에서 시작하여 그가 말년이 되었을 무

'바퀴벌레를 당장 잡아 죽여!' 이렇게 만든 방어수단은 더욱 적대감을 높인다

다수의 사람들은 서로가 서로에게 책임을 미루게 된다

렵에는 수백 명이 참가하는 집단으로까지 발전시키게 되었다.

사실 로저스가 참만남집단을 만든 이유는 집단 간의 갈등을 해결해 보자는 차원에서였다. 결국 로저스의 의도는 적중하였고, 1973년 그가 북아일랜드에서 조직한 참만남집단은 전쟁을 종식시키는 놀라운 결과를 이끌어낼 수 있었다. 당시 북아일랜드는 오랜 세월 동안 프로테스탄트 교도(개신교)와 가톨릭 교도가 피를 보는 전투를 계속해오던 지역이었다. 이런 곳에서 로저스는 양쪽의 교도 9명으로 구성된 참만남집단을 조직하는 데 성공한 것이다. 물론 처음에는 무시무시한 분위기 속에 만남이 진행되었다. 이들은 서로 간에 증오와 불신으로 가득 차 있었으며 살기등등했다. 그런데 만남이 진행되면서 서서히 놀라운 일들이 일어나기 시작했다. 상대방을 인정하고 열린 마음으로 감정을 표현하면서 서로를 이해하게 되자 살기등등하던 분위기가 급반전되기 시작한 것이다. 이는 만남을 가진 지 불과 16시간 만에 일어난 일이었다. 결국 이렇게 시작된 모임은 놀랍게도 자발적으로 이어져 계속되었고 분쟁을 종식시키기에 이르렀다.

심리학이 본격적으로 발전하게 된 것은 다른 학문에 비해 그렇게 길지 않다고 할 수 있다. 그런데 심리학 이론으로 국제분쟁의 문제를 해결할 수 있었다는 것은 정말 놀라운 발전이 아닐 수 없다.


## 불의를 잘 참는 당신이 써 먹으면 좋을 이론

1964년, 미국의 한복판인 뉴욕에서 일어난 한 술집 여종업원 강도살인사건이 전 미국을 발칵 뒤집어놓은 일이 있었다. 이 사건이 사람들의 주목을 받은 이유는 그녀가 살해를 당한 곳이 주택가였는데 당시 수많은 목격자가 있었음에도 불구하고 그 어느 누구도 신고하거나 도와준 사람이 없었다는 데 있었다. 각 언론들은 이처럼 매정한 사회가 또 있을까, 라고 한탄하며 연일 이 사건을 대서특필했다.

왜 수많은 사람들은 자신의 눈앞에서 연약한 여인이 비참하게 살해되는 데도 아무런 행동을 취하지 않았을까? 그만큼 마음이 메말라서 그랬을까? 만약 좀 더 많은 사람들이 있었다면 그 중의 한 명쯤은 그 여인을 도와주지 않았을까? 수많은 의문이 떠오르는 사건이 아닐 수 없었다. 당연히 심리학자들에게는 중요한 연구 대상이 될 수밖에 없는 사건이기도 했다.

사회심리학자였던 빕 라타네 역시 이 사건에 지대한 관심을 가지고 있었다. 그는 심리학자답게 이러한 일이 일어날 수밖에 없었던 이유를 과학적으로 분석해 내었다. 즉, 많은 사람들이 끔찍한 사건을 보고도 아무런 행동을 하지 않은 것은 매정하거나 무관심했기 때문이 아니라 많은 사람들이 보고 있었기 때문이라고 생각한 것이다. 이게 도대체 무슨 말일까. 라타네는 많은 사람들이 보고 있었기 때문에 누군가 이미 경찰에 신고했을 거라 판단해 버리고 자신은 아무런 행동을 할 필요가 없다고 생각해 이런 일이 일어났다고 생각했다. 그리고 이와 비슷한 가상 상황을 만들어 실험한 결과 자신의 생각과 일치하는 결과가 나와 이를 증명하기도 했다.

라타네는 이러한 자신의 연구 결과를 토대로 '방관자 효과'란 심리학 이론을 세상에 내놓았다. 즉, 방관자 효과란 누군가 상처를 입고 있는 장면을 다수의 사람들이 보게 될 때 다수의 사람들은 서로가 서로에게 책임을 미루게 된다는 이론이다. 사실 모두가 그 장면을 보았기 때문에 책임이 있는 셈이지만 방관자 효과 때문에 그 어느 누구도 책임을 지지 않게 되는 결과가 나온다는 것이다.

라타네는 앞의 술집 여종업원 살인사건 역시 방관자 효과 때문에 일어난 사건이라고 결론지었다. 만약 여종업원 살인사건을 여러 사람이 아닌 한 사람만 보고 있었다면 어떤 결과가 나왔을까? 당연히 방관자 효과가 나타나지 않을 것이므로 그는 책임감을 느끼고 신고했을 것이다. 이 역시 라타네의 실험에서 증명되었다. 술집 여종업원은 여러 사람이 목격하게 됨으로 오히려 피해를 보게 된 셈이다.

## 정의롭지 않은 당신에게 필요한 변명

우리나라 사람들처럼 어떤 한 현상에 온 국민이 쏠리는 나라가 없다고 한다. 대표적인 예가 2002년 월드컵 때 보여 준 거리응원과 촛불집회일 것이다. 월드컵 당시 너도나도 거리로 쏟아져 나가자 이는 전 국가적인 현상으로까지 발전하였다. 촛불집회 역시 마찬가지다. 평소에 저렇게 축구나 정치에 관심이 많았었나 싶을 정도로 조금은 과장된 면이 없지 않아 있다.

그런데 이런 집단쏠림의 현장에 나간 사람 중에는 자신의 의지와 상관없이 동참(?)한 사람도 부지기수일 것이다. 더 나아가 자신은 정반대의 입장에 서 있는데도 뭔가에 홀린 듯 집단쏠림의 현장에 나간 사람도 있을 것이다. 왜 이런 현상이 생기는 걸까?

이에 대해 연구한 학자가 있었으니 그는 사회심리학자 솔로몬 애쉬(Solomon Asch 1907~ )였다. 그는 제2차 세계대전에서 나치 독일이 보여 준 유태인 학살을 보고 도대체 독일인들은 어떤 사고방식을 가지고 있었기에 이런 만행을 저지를 수 있었는지 연구하고자 했다. 그러나 독일인들 역시 다른 나라 사람들과 크게 다르지 않은 사람들이었다. 그렇다면 그들은 어떻게 이런 끔찍한 일에 동조할 수 있었을까? 애쉬의 실험은 이러한 원인을 캐고자 실시되었다. 1951년 애쉬는 다음과 같은 실험을 했다. 처음에 카드에 그려진 선 하나를 보여 준 다음 그와 비슷한 길이의 선 3개를 보여 주며 카드의 선과 길이가 같은 것을 골라내라고 했다. 그랬더니 실험참가자 모두 정답을 골라내었다. 그들의 감각은 정확했던 것이다. 그런데 이번에는 가짜 실험참가자를 포함시킨 후 다시 선의 길이를 물어보는 실험을 실시했다. 즉, 나란히 선 7명의 사람(앞의 6명은 가짜 실험참가자)에게 3개의 선 중 길이가 같은 선을 물어본 것이다. 그랬더니 재미있는 결과가 나타났다. 즉, 앞의 6명의 연기자가 차례로 미리 지시한 오답을 말하자 7번째 사람이 그 오답을 그대로 따라하는 것이 아닌가. 이는 아마도 7번째 사람이 멍청해서 그런 것이 아니라 감히 집단의 압력을 거스르지 못하고 동조했기 때문에 일어난 일이었다. 물론 실험에 참가한 모든 사람이 이런 동조본능을 보인 것은 아니나 ―실제 실험에서 33%가 동조본능을 보임― 그는 이 실험을 통하여 개인이 집단 속에 있을 때 집단에 동조하려는 동조본능이 있다는 유익한 사실을 발견할 수 있었던 것이다. 물론 모든 사람들에게 적용되는 것은 아니지만 분명 동조본능은 인간이 가지고 있는 본능 중 하나임에 분명했다.

모두가 '예' 할때 나 혼자 '아니오' 할 수 있을까?

평범한 독일인이 끔찍한 만행을 자행할 수 있었던 것은 바로 이 동조본능이 작용했기 때문이다. 한 개인으로는 절대 그런 무자비한 일을 할 수 없으나 이 사람도 저 사람도 하는 것을 보니 나도 하게 되는 동조본능이 작용하여 홀로코스트를 저지르고 만 것이라는 이야기다.

물론 이러한 동조본능이 무조건 나쁘다고만은 할 수 없다. 앞에서 거론했던 거리응원의 경우 전 세계가 놀랄 정도로 우리 국민의 힘을 보여 주지 않았는가. 하지만 어떤 경우 동조본능이 삶에 도움이 되지 못하는 상황도 있을 것이다. 극도의 경쟁사회에서 어떤 경우 모두가 '예' 할 때 나 혼자 '아니오' 할 수 있는 주관도 가지고 있어야 성공할 수도 있는 법이라는 이야기다. 어느 광고의 카피처럼 말이다.


## 권위에 복종하는 심리에 대한 명쾌한 해석

스탠리 밀그램(Stanley Milgram, 1933~1984)은 세상의 모든 사람들은 여섯 단계만 거치면 모두 아는 관계로 얽혀 있다는 '6단계 분리 이론' 으로 유명한 미국의 사회심리학자이다. 그러나 그를 유명하게 만들어준 심리 이론은 따로 있었다.

그것은 심리학 역사상 가장 큰 파장을 일으켰던 '복종실험' 때문이었다. 도대체 복종실험이 무엇이기에 사회적으로 그렇게 큰 파장을 일으켰을까? 그것은 밀그램이 권위에 복종하는 인간의 심리를 알아내기 위한 방법으로 끔찍한 전기충격을 가하는 실험방법을 고안했기 때문이었다. 밀그램의 실험은 다음과 같이 진행되었다.

총 3명의 실험자가 참여하는데 그 중 한 사람에게는 버튼이 주어진다. 그 사람 옆에는 선생 역할을 맡은 사람이 앉아있고 앞에는 벽이 가로놓여 있다. 벽 너머엔

학생 역할을 맡은 사람이 앉아 있다. 이제 선생 역할을 맡은 사람이 문제를 내는데 학생 역할을 맡은 사람이 틀릴 경우엔 버튼을 쥔 사람은 버튼을 눌러야 한다. 버튼은 15볼트부터 450볼트까지 있다. 하나 틀릴 때 마다 15볼트, 30볼트, 45볼트, 450볼트까지 점점 전압을 높여가며 누르는 구조로 되어 있다. 물론 실험 장치는 안전을 위해 가상으로 꾸몄으며 학생 역할을 맡은 사람 역시 가상으로 비명을 지르도록 설계되어 있었다. - 그 때문에 칸막이를 친 것임 - 그러나 실험참가자들은 이 실험의 목적과 가상으로 꾸며진 장치라는 사실을 전혀 알지 못하고 있다.

자, 만약 여러분이 버튼을 쥔 실험자라면 과연 어느 단계까지 버튼을 누를 수 있겠는가? 실제 밀그램 역시 이 실험을 행하기 전 동료학자들과 대학원생들에게 실험의 결과를 조사했는데 대부분 정상적인 사람이라면 아무리 돈을 줘도 이 실험에 참가하지 않으리라는 의견이 우세했다. 그런데 실험 결과는 놀라웠다. 전체 실험참가자들 중 70%에 이르는 사람들이 최고 단계인 450볼트까지의 버튼을 누른 것이다. 물론 이들이 아무런 거리낌 없이 이런 일을 저지른 것은 아니다. 칸막이 뒤의 사람이 다치거나 죽으면 어떻게 하냐며 반문을 했지만 그럴 때마다 선생 역할을 맡은 사람이 "인간은 이 정도 전류에 절대 죽지 않는다. 그리고 모든 건 내가 책임질 테니 어서 눌러라"라고 계속 명령을 했기 때문이라고 한다. - 이 역할을 맡은 사람에게는 이런 임무가 주어져 있었다. - 어째서 이런 결과가 나타났을까?

밀그램은 이런 결과가 나타난 이유가 인간이 어떤 명령에 따를 때는 자기 자신을 단지 명령을 따르는 수단으로만 보기 때문이라고 해석했다. 따라서 명령을 따르는 사람들은 자신에게는 아무런 책임이 없다고 느끼게 된다. 이것이 불합리한 명령을 내리는 데도 사람들이 따르는 이유라는 것이다.

실제 밀그램이 이런 실험을 실시한 이유는 왜 나치의 유태인 학살과 같이 사람

인간은 명령을 따를 때 자기 자신을 단지 수단으로만 본다

들이 비인간적인 명령도 맹목적으로 따르는 건지, 또 어떻게 정의롭지 않은 군사정권을 거부하지 못하고 왜 평범한 시민들이 대량학살을 저지르는지 알고 싶어서였다고 한다. 밀그램은 이 실험으로 그 이유를 충분히 알아내었으나 실험방법이 너무 잔인하고 비윤리적이라는 이유로 그는 미국 정신분석학회로부터 회원자격이 1년간 정지 당하는 수모를 겪기도 했다. 하지만 그가 심리학계에 남긴 영향은 지대하다하지 않을 수 없다.

우리나라 역사에서도 권위에 복종하는 인간의 심리를 읽을 수 있는 사건들이 즐비하다. 그 중 대표적인 것이 5.18 민주화운동이 아닐까. 우리나라의 현대사에 가장 비극적인 사건으로 기록되는 이 참사는 단지 권력욕에 불타는 군부정권에 의해 저질러졌다. 그런데 어떻게 그런 끔찍한 일을 같은 동포들에게 저지를 수 있었을까? 그것이 바로 '권위에 대한 복종 심리'로 해석할 수 있는 것이다. 인간은 권위자로부터 어떤 명령이 떨어졌을 때 이전에 자기가 받았던 교육은 망각하고 복종에 대한 욕구가 더 우선시되어 행동하려는 습성이 있는 것이다. 물론 앞의 실험에서도 밝혔듯이 모든 인간이 다 이렇게 행동하는 것은 아님을 명심하기 바란다.


### 스탠리 밀그램 6단계 분리 이론

// 서양 속담에 지구상의 모든 사람은 다섯 다리만 건너면 어느 누구와도 안면을 틀 수 있다 말이 있다. 실제 이 말을 믿고 실행에 옮긴 심리학자가 있는데 이가 바로 밀그램이다. 그는 1967년 미국 중서부의 사람들에게 편지뭉치를 보내면서 이 편지들이 보스턴에 사는 낯선 사람들에게 전달될 수 있도록 협조해 달라고 부탁했다. 그리고 이 실험은 성공했다. 편지의 절반 가량이 여섯 단계를 거쳐 보스턴 사람들에 전달된 것이다. 이렇게 하여 밀그램의 '6단계 분리 이론'이 완성되었다. //

talk on. 09
# 성공을 보장하는 관계에 대하여

어느 집단에 있는 사람이건 자기가 속한 집단의 성공을 꿈꿀 것이다. 그러나 이 세상에는 수많은 집단이 있고 그들끼리 서로 경쟁을 벌여야 하기 때문에 그 가운데 성공하기란 쉽지 않다.

한 집단이 성공하기 위해서는 집단 개개인의 의욕이 충만해야 할 것이고 무엇보다 목표를 이루기 위한 동기부여가 되어 있어야 할 것이다. 그리고 가장 중요한 것은 리더십이다. 그 집단을 일사불란하게 이끌어 갈 리더십이 있어야 그 집단이 성공할 수 있기 때문이다. 그러나 이 모든 것을 갖춘 집단을 만나기란 쉽지 않다.

개인의 성공도 중요하지만 현대사회로 갈수록 집단의 성공이 중요하기 때문에 사회심리학에서는 이에 대한 연구도 활발히 진행되었다. 이곳에서는 심리학적인 차원에서 바라본 성공적인 집단이 되기 위한 조건에 대해 살펴보도록 하자.

## 당신은 어떤 집단에 속해 있습니까?

우선 어떤 현상에 대해 학문적인 연구를 하기 위해서는 등장하는 용어에 대한 정확한 개념 정립이 중요하다. 지금까지 사용한 '집단' 이란 무엇일까? 사전적 정의처럼 단순히 두 사람 이상 여러 사람이 모여 있는 모임이 집단일까. 그러나 개인의 사회적 행동 분석을 목적으로 하는 사회심리학에서 '집단' 은 개인의 행동에 막대한 영향을 주는 존재이기 때문에 좀 더 명확한 정의가 필요하다. 사회심리학에서 집단이란 다음과 같은 요건을 충족하는 모임을 말한다.

*단순히 모여 있는 사람들에게 공동목표가 생길 때 비로소 집단이 된다*

- 구성원 공동의 목표가 있다.

- 공동목표를 달성하기 위한 커뮤니케이션이 필요하다.

- 역할분담이 되어 있으면서도 전체적으로는 통합되어 있다.

- 규칙이나 규범이 있다.

- 구성원을 그 집단에 머물고 싶게 하는 응집력이 있다.

이런 기준으로 볼 때 지하철을 타기 위해 단순히 모여 있는 사람들은 집단이 될 수 있을까? 그들은 구성원 간의 커뮤니케이션이 필요 없고 그 집단에 대한 응집력이 없기 때문에 집단이라 할 수 없다. 사회심리학에서는 단순히 모여 있는 이러한 모임을 집단과 구분하기 위해 '군중'이라 부른다. 그렇다면 가족은 집단이 될 수 있을까? 당연히 가족은 집단의 구성요건을 충족하므로 집단이라 부를 수 있다. 학교의 학생들도 집단이 될 수 있으며 회사의 사원들도 집단이 될 수 있다.

## 소통이 잘되는 집단을 알아채는 간단한 방법

앞서 이야기했듯이 집단이 성립하기 위해서 커뮤니케이션(Communication, 의사소통)이 중요하다고 했었다. 우리나라 전체를 하나의 집단으로 봤을 때 이러한 커뮤니케이션 기능이 제대로 작동되지 않는다면 그것은 집단의 성립요건을 저해하는 것이기 때문에 커다란 문제가 아닐 수 없다. 그래서 소통이란 단어가 많이 사용되고 있는 것이다. 이처럼 모든 집단의 경우에 있어서 커뮤니케이션은 필수불가결한 요소이며, 집단은 이 커뮤니케이션에 의해서 제대로 기능할 수 있게 된다.

그런데 이러한 집단의 커뮤니케이션 유형에 대해 연구한 심리학자가 있었다. 그는 미국의 사회심리학자 바르바로스이다. 그는 이 연구를 통해 어떤 집단 내에서 커뮤니케이션이 이루어지는 방법이 크게 3가지로 구분된다는 사실을 밝혀냈다. 이를 '커뮤니케이션 네트워크'라 하며 3가지 유형은 각각 쇠사슬형, 원형, 수레바퀴형 등으로 부른다. 다음에 3가지 유형의 네트워크를 소개하도록 하겠다. 이를 참고하여 자신이 속한 집단은 어느 유형에 속하는지 체크해 보는 것도 재미있을 것이다. 물론 이 3가지 유형이 모든 집단의 커뮤니케이션 형태를 다 나타낸다고는 볼 수 없겠지만 말이다.

### 커뮤니케이션 네트워크의 3가지 유형

**〈쇠사슬형〉**

- 의사전달 : 한 사람에서 다음 사람으로 전달된다.
- 과제 해결 : 빠르다.
- 리더 : 비교적 정하기 쉽다.
- 조직화 : 느리지만 안정적
- 구성원의 만족도 : 낮다.
  = 주로 회사 조직에서 많이 나타난다.

**〈원형〉**

- 의사전달 : 평등하게 의사가 전달된다.
- 과제 해결 : 느리다.
- 리더 : 정하기 힘들다.
- 조직화 : 힘들고 불안정
- 구성원의 만족도 : 높다.
  = 동호회 활동에서 자주 보인다.

**〈수레바퀴형〉**

- 의사전달 : 중심에 있는 한 사람에 의해서 일방적으로 전달된다.

- 과제 해결 : 빠르다.

- 리더 : 정하기 쉽다.

- 조직화 : 빠르고 안정적

- 구성원의 만족도 : 매우 낮다.

   = 경찰이나 군대 조직에서 자주 나타난다.

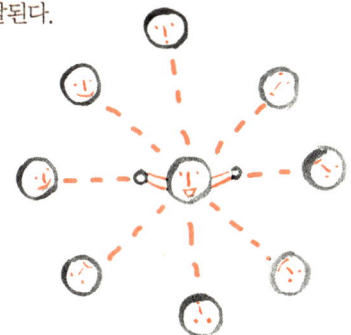

## 상승세, 하향세? 집단의 미래를 빨리 알아채는 법

미국의 사회심리학자 모어랜드와 레바인의 연구에 의하면 한 개인이 태어나고 성장하며 늙어가는 것처럼 개인이 속한 집단도 같은 발달과정을 거친다고 한다. 그것은 조사 단계 – 사회화 단계 – 유지 단계 – 재사회화 단계 – 회상 단계 등의 5단계로 이루어진다.

재미있는 것은 각 단계마다 개인이 집단에 기여하는 정도(관여도)가 달라진다는 점이다. 우선 조사 단계는 개인이 자신이 소속하려는 집단을 알아보는 단계이기 때문에 당연히 관여도가 낮을 수밖에 없다. 그러나 일단 집단에 속하게 되면 참가의식 – 예를 들어 신입생 환영회나 입사식 같은 – 을 통해 집단의 일원이 된다. 이제 '사회화 단계'에 접어든 것이다. 이 단계에서 집단은 개인에게 집단의 규범을 전한다. 개인은 이 규범을 통하여 행동기준을 알게 되고 규범을 지켜나감으로써 자기도 모르게 점점 집단에 동화되기 시작한다. 따라서 이 시기 개인의 집단에 대한 관여도는 점차 높아지게 된다.

다음은 '유지 단계'이다. 이 시기는 개인이 집단 내에서 자신의 위치를 더욱 확고히 하게 되는 시점이다. 이때 개인의 공헌도가 높을 경우 개인의 집단에 대한 관여도는 절정을 치닫게 된다. 그러나 개인에 대한 집단의 평가가 좋지 않을 경우 관여도가 저하되기도 한다. '재사회화 단계'는 관계가 서로 서먹서먹해진 개인과 집단 간에 관계회복을 시도하는 시점이다. 만약 관계회복이 성공적으로 이루어지면 개인의 관여도는 다시 높아질 수 있지만 실패할 경우 결국 개인은 집단으로부터 '탈퇴'하게 된다. 결국 개인이 집단을 탈퇴한 후에는 '회상 단계'가 기다리고 있다. 즉, 개인은 과거 집단 속에서 경험했던 여러 가지 추억을 잊지 못해 회상하는 시간을 갖게 되는데 이것이 바로 회상 단계이다.

정리하면 개인의 집단에 대한 관여도는 조사 단계부터 유지 단계까지 절정을 이루다가 재사회화 단계부터 하락하기 시작한다는 것이다. 여러분이 속한 집단은 현재 어떤 단계에 와 있는지 한번 점검해 보는 것도 재미있을 것 같다.


## 조직에 심리학이 적용한 단어, 의욕

사회심리학에서는 집단보다 더 큰 개념의 집단을 집단과 구분하기 위해 '조직'이라 부른다. 즉, 어느 정도 규모가 있는 기업 집단의 경우 조직에 속하는 것이다. 특별히 조직이라는 또 다른 용어를 만들어낸 것은 조직 속에서는 또 다른 심리학의 적용이 필요했기 때문이다.

그렇다면 조직을 이루고 있는 기업의 생산성에 가장 큰 영향을 미치는 요인은 무엇일까? 이에 대한 연구는 1920~1930년대에 걸쳐 미국 웨스턴 일렉트릭사의 호손 공장에서 장기간에 걸쳐 실시된 적이 있었다. 처음에는 작업환경이 큰 영향을 미칠 것이라 예상하고 여러 작업환경을 개선해 보기도 했으나 생산성에 가장 큰 영향을 미친 것은 '의욕'이라는 결과가 나왔다. 여기서 말하는 의욕이란 조직

개인의 만족이 최고일 때 집단은 승승장구

전체가 공유하고 있는 '하고자 하는 의지'를 뜻한다.

　이 생산 공장에서 의욕이 높았던 것은 조직 내에서 인간관계가 원만히 이루어졌기 때문이었다. 그로 인해 개개인은 만족을 얻을 수 있었으며 그것이 의욕을 높이는 결과로 이어져 높은 생산성을 기록할 수 있었던 것이다. 사실 지금 기업에서 친목활동이나 사보를 제작하는 등의 활동을 장려하는 것은 바로 의욕을 높이기 위한 방편으로 볼 수 있다. 의욕이 높아지면 자연스레 기업의 생산성이 올라가기 때문이다.

　조직의 의욕이 높아지기 위해서는 개개인의 의욕이 높아져야 할 것이다. 그렇다면 개인의 의욕은 어떻게 높일 수 있을까? 그것이 바로 동기부여에서 시작한다. 개인이 조직의 목표를 이루는 것에 대한 동기부여가 충분히 되지 않는다면 절대 의욕이 생겨날 수 없을 것이다. 그러나 조직의 목표를 이루는 것에 대한 동기부여가 충분히 된다면 의욕이 충만해져 내 일처럼 달려들 것이다. 즉, 한 기업 조직의 의욕을 높이기 위해서는 개인의 동기부여가 이처럼 중요하다. 그래서 각 기업마다 개인의 동기부여를 높이기 위해 직원 교육에 혈안이 되어 있는 것도 바로 이런 이유에서라고 할 수 있다.


## 리더십 연구 발달 과정

- **특성론적 접근법** : 우수한 리더에 공통하는 특성(기술, 지식, 책임감, 활동성, 사교성)을 추출하여 연구한다.
- **활동론적 접근법** : 우수한 리더의 행동 패턴을 추출하여 연구한다.
- **접촉 접근법** : 리더십과 집단이 놓인 상황이 얼마나 적합한지를 연구한다.
- **변혁 지향의 리더십** : 상황에 따라 얼마나 빨리 변화하는지에 관한 리더십에 주목하여 연구한다. //

## 리더십, 그 의뭉한 정체를 밝히기 위해 나선 심리학

세상에는 세 종류의 조직이 있다. 후퇴하는 조직, 제자리걸음 하는 조직, 그리고 앞으로 나아가는 조직이 그것이다. 그런데 어떤 조직이 앞으로 나아가기 위해서는 반드시 훌륭한 리더십이 있어야 한다. 다음은 한 명의 리더가 조직을 어떻게 발전시키는지 여실히 보여 주는 예가 있다. 현대그룹의 전회장이었던 정주영에 얽힌 일화이다.

정주영은 자동차 수리업으로 사업을 시작했다. 사업은 나날이 번창했고, 드디어 관청에서도 일거리가 들어와 일을 해주고 수리비를 받으러 가게 되었다. 그런데 그곳에서 정주영은 깜짝 놀라고 말았다. 왜냐하면 그곳을 드나들던 건설업자들이 받는 돈의 액수가 장난이 아니었기 때문이었다. 어림짐작만으로도 자신의 수십 배는 넘을 것 같았다. 회사로 돌아온 정주영은 고민 끝에 건설업에 뛰어들기로 작정했다. 하지만 회사 간부들은 하나같이 반대의 말을 쏟아내기 시작했다. 경험 없이 함부로 뛰어들었다가는 망할 수밖에 없다는 이유 때문이었다. 하지만 정주영은 사람들을 하나 둘 설득한 후 구석에 조그맣게 간판을 내걸고 건설업을 시작했다. 이렇게 탄생한 것이 훗날 우리나라를 대표하는 건설회사가 되었다.

이 일화에서 우리가 깨달을 수 있는 것은 정주영과 같은 리더가 있었기에 작은 공업사가 거대한 그룹으로까지 발전할 수 있었다는 것이다. 한 조직이 발전하는 데 있어 리더십은 이처럼 중요한 것이다.

리더십은 조직을 발전시키기도 하지만 위기에 빠진 조직을 구하기도 한다. 또한 경직된 조직을 유연한 조직으로 변화시키기도 한다. 오래된 조직일수록 전통의 관행과 전례를 고집하는 경우가 많은데 이 역시 리더십의 문제라 할 수 있다. 언젠가 삼성을 세계적인 기업으로 일군 이건희 회장이 "아내와 자식 빼고 모두 바꿔야 한다"는 말을 한 적이 있다. 현대의 기업은 언제든지 새로운 것을 받아들이

스스로 행동하고
성취하도록 도와주는
따뜻한 리더십, 코칭이 대세

고 또 새로운 것을 창조할 준비가 되어 있어야 한다는 뜻이다. 이제 유연성이 없는 조직은 더 이상 발전할 수 없는 시대에 우리는 살고 있는 것이다. 경직된 조직을 변화시킬 수 있는 것은 변화를 이끌고 갈 리더십밖에 없는 것이다.

이처럼 중요한 리더십에 대해 수많은 학자들이 연구하였고 수많은 결과를 도출하였다. 지금 세계에는 수많은 리더십 교육기관과 단체가 있을 정도이다. 최근 이러한 리더십을 심리학과 연관시켜 체계적으로 기르도록 하는 연구가 활발히 진행되고 있다.

그렇다면 역사적으로 이러한 리더십 연구는 어떻게 진행되었을까? 처음에는 당연히 몇몇 우수한 리더가 공통적으로 갖는 특성(성격이나 능력 등)을 찾아내는 방법을 취하였다. 이를 '특성론적 접근법'이라고 한다. 그러나 우수한 리더들에게서 공통성을 찾아내기란 쉽지가 않았다. 그래서 등장한 것이 '행동론적 접근법'이다. 이는 우수한 리더들이 어떻게 행동하는지 그 유형을 조사하여 일반화시키는 방법이다. 그러나 이 역시 같은 행동을 했는데도 불구하고 어떤 경우에는 성공하나 어떤 경우에는 실패하는 사례가 발견되었다. 그래서 새롭게 등장한 연구법이 접촉접근법이다. 이는 우수한 리더가 발휘하는 리더십이 집단이 놓인 상황과 얼마나 적합하게 발휘되는지에 관해 밝히는 연구이다. 그리고 하루가 다르게 변화해 가는 오늘날에는 변화하는 상황에 얼마나 빨리 대처하느냐가 중요한 리더십의 덕목으로 떠오르게 되었다. 이를 '변혁지향의 리더십' 연구라 부른다.

### 리더십 대신 뜨고 있는 코칭

// 코칭(Coaching)이란 기존의 리더십과 조금 다른 의미로 등장한 또 다른 리더십의 한 모습이라고 할 수 있다. 코칭의 사전적 의미는 단순히 '지도하는 일'을 뜻하나 여기에는 그보다 훨씬 깊은 의미가 담겨 있다. 즉, 발전 의지가 있는 개인이나 그룹이 가진 잠재능력을 최대한 개

발하여 그들 스스로 행동하고 성취하도록 도와주는 기술을 말하는 것이다.

코칭을 하는 사람을 '코치' 라 하는데 이는 주로 스포츠에서 개인지도 하는 사람들을 일컫는 말로 쓰이고 있었다. 그런데 스포츠 코치들이 선수들의 기량을 놀랍게 향상시키는 것을 보고 다른 분야에서도 속속 코치가 생겨나기 시작했다. 그리고 이는 개인뿐만 아니라 집단의 목표를 이루는 데도 큰 도움이 되는 것으로 밝혀져 기업조직까지 들어오게 된 것이다.

이러한 코칭은 여러 분야에 걸쳐 급격하게 발전하고 있는 상황이다. 이런 속도라면 얼마 지나지 않아 코칭을 모르고는 조직생활을 하기 힘들어지는 시대가 올지도 모를 일이다. //

# 고바야시 게이치 박사의 '네 줄 일기 쓰기'

코칭은 구체적으로 어떻게 진행되는 걸까? 그 분야가 너무 많고 방법도 너무 많기에 여기에서는 간단히 일본의 고바야시 게이치 박사가 개발한 네 줄 일기 쓰는 법을 소개하겠다. 즉, 아주 짧은 단문으로 된 네 줄의 일기를 매일 쓰는데 각 문장마다 다음 4가지 원칙에 따라 쓰는 것이다. 이는 잠재의식 속에 자신이 추구하는 바를 강렬히 인식시켜 자신을 더욱 나아지게 만드는 셀프코칭의 한 방법이기도 하다.

**사실**
그날 있었던 일 중 가장 인상 깊었거나 기억에 남는 사실 하나만 쓴다.
⇨ 이때 짧은 문장으로 사실만 기록하는 것이 중요하다.

**발견**
그 사실을 통하여 깨달은 의미를 발견하여 기록한다.
⇨ 이는 자신의 잠재의식이 그것을 해결하라고 하는 중요한 문제일 수 있다.

**교훈**
그 의미와 연관된 세상의 보편적인 교훈을 적는다.
관련된 격언도 좋고 자신이 만든 문장도 좋으니 기록하여 마음에 새긴다.

**선언**
그것이 내 것이 되도록 선언한다.
⇨ 이때 중요한 것은 되도록 긍정적인 것을 기록하고 내가 주인공이 되어야 한다는 사실이다. 이러한 일기를 반복해서 쓰다 보면 긍정적인 태도가 생긴다고 하니 여러분들도 한번 해 보기 바란다.

심리학
키워드
05
성장

- 5장 -

당신,
성장하고 있습니까?

# 나이에 대한 고민이 끊이지 않을 때

인간은 망각의 동물이라는 말이 있다. 분명히 아이의 단계를 거쳤음에도 불구하고 어른이 되면 아이 적에 가졌던 심리상태를 전혀 기억하지 못한다. 그래서 아이를 키우는 엄마는 아이를 이해하지 못해 소리를 꽥꽥 지르는 것이다. 아이는 자기를 이해하지 못하는 엄마가 이해가 되지 않는다.

자기는 아이일 뿐인데 도대체 어른들의 마음을 이해할 수 없다. 아마도 자신이 어른이 되어서야 이해하게 될 것이다. 그러나 어쩌랴. 그때가 되면 다시 아이 적 기억을 다 잊어버릴 테니 말이다. 도대체 인간의 심리는 성장해 감에 따라 어떻게 변화해 가는 것일까? 만약 이것이 체계화되어 있다면 세대가 다른 어른과 아이가 서로 이해하며 쉽게 소통할 수 있을 것인데. 심리학자들이 이렇게 중요한 분야를 연구하지 않을 리 없다.

이렇게 인간의 발달단계에 따라 그 심리상태를 연구하는 심리학을 발달심리학이라고 한다. 이 장에서는 그런 발달단계에 따른 심리적 특징과 변화 과정에 대하여 알아보기로 하자.

## 인간의 정신적인 성숙은 나이를 뛰어 넘는다

인간은 갓 태어났을 때 기쁨과 슬픔 등 거의 기본적인 감정만 표출할 수 있는 정신상태를 가진다. 그리고 신체가 성장해 감에 따라 정신도 점점 성숙해 간다.

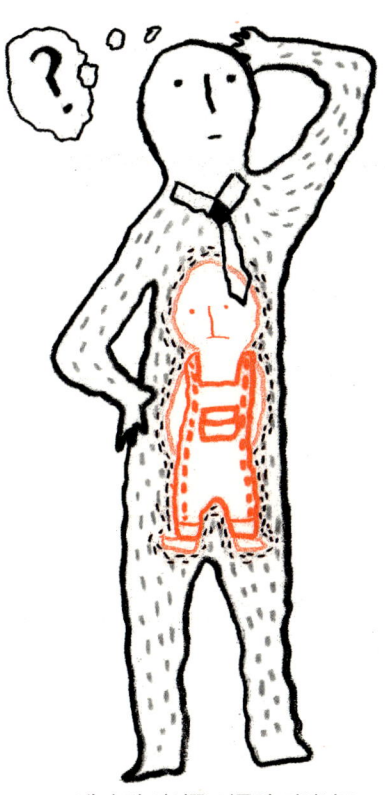

*내 속의 아이를 어른이 되어서도*
*기억할 수 있다면…*

그렇다면 이러한 심신(心身)의 발달은 언제 완성되는 걸까? 과거의 발달심리학자들의 관심은 아동기나 청년기까지의 성장에 집중되어 있었다. 인간의 마음은 태어나 성장하면서 지속적으로 발달을 거듭하다가 20세가 되면 거의 완성된다고 본 것이다. 그리고 20세 이후에는 다시 쇠퇴의 길을 걸어 결국 죽음에 이른다고 보는 견해를 가지고 있었다.

그러나 평균 수명이 늘어나고 노년 인구가 점점 늘어나면서 현대의 발달심리학자들은 이들에 대해 관심을 가지지 않을 수 없게 되었다. 그리고 인간은 노년기가 되더라도 어떤 부분에 있어 정신적인 능력이 떨어지지 않고 향상된다는 사실도 발견하였다. 이는 뇌세포의 수는 청년기 이후 소멸되기 시작하면서 줄어드는 것이 사실이지만 성인기를 거치면서 뇌세포 간에 신경회로 수가 증가함으로써 이러한 손실을 보완해 주기 때문에 나타나는 현상이라고 할 수 있다. 실제 인간은 노년기로 접어들면서 새로운 문제해결 능력과 같은 것들이 쇠퇴하는 것으로 알려져 있는데 이는 노화로 인한 신경학적 손상 때문에 일어나는 일이라 할 수 있다. 하지만 노년기에 접어들면 청년 때는 볼 수 없었던 깊은 통찰력과 지혜 같은 새로운 정신적 능력들이 생겨나기도 한다. 대부분의 나라에서 국가 최고지도자를 거의 노년기에 접어든 사람들이 맡는 이유도 여기에 있다.

나이는 통찰력과 지혜 같은 새로운 정신적 능력을 선물한다

### 발달심리학에 대하여

// 인간의 전 생애 동안 일어나는 변화를 연구하는 심리학의 한 분야로 생애심리학이라고도 한다. 19세기부터 시작된 발달심리학은 그러나 20세기 중반이 될 때까지도 유아기부터 청년기까지의 발달에만 관심을 쏟고 연구를 했었다. 그러다가 20세기 후반이 되면서부터 인간의 전 생애에 겪는 심리의 변화 등을 다루는 학문으로 발전하게 되었다. //

## 스트레스에 강한 내가 되기 위한 필수불가결한 조건

여러분들은 엄마의 뱃속에서 자라고 있는 태아도 감정을 느낀다고 생각하는가, 그렇지 않다고 생각하는가? 아마 대부분의 사람들은 '아무리 사람이 감정의 동물이라지만 태아까지는 아니다'라고 생각하는 경우가 많을 것이다. 그러나 이는 잘못된 생각이라는 것을 금방 깨달을 수 있다. 왜냐하면 사람들은 아기가 뱃속에 있을 때부터 클래식 음악을 듣는다느니, 나쁜 생각이나 감정을 품지 말라느니 하면서 태교를 한다고 난리인데 이것은 뱃속의 아기도 마음, 즉 감정을 가진다고 생각하는 반증이 아니고 무엇이겠는가. 즉, 뱃속의 아기는 탯줄을 통하여 영양분만 공급받는 것이 아니고 마음과 관련된 각종 호르몬도 공급받기 때문에 지각과 감정을 느끼는 것이다.

이에 대하여서는 실제 미국의 생물학자였던 캐논(W. Cannon)이 1925년에 실험을 통하여 증명한 바 있다. 즉, 공포에 사로잡혀 있는 동물로부터 추출한 호르몬의 일종인 카테콜아민을 다른 동물에게 주사하는 실험을 해본 것이다. 이 동물은 카테콜아민을 주사받기 전까지는 아주 평온했으나 주사를 받고나자 갑자기 겁에 질려 벌벌 떠는 것이 아닌가. 이는 동물이 주변 환경 때문에 공포심을 가지게 되지만 주변 환경과 상관없이 카테콜아민이라는 물질만으로도 공포심을 느낄 수 있다는 것을 뜻한다. 엄마의 몸에서는 감정과 관계된 각종 물질이 분비되고 이것이 탯줄을 통하여 태아에게 전달되므로 태아도 당연히 엄마가 느끼는 감정까지 느끼게 될 것이라 짐작할 수 있다.

실제로 태아는 30주가 지나면 좋고 싫음을 표현하기도 한다는 것이 실험을 통하여 밝혀졌다. 태아가 특히 싫어하는 것이 차가운 물인데, 엄마가 차가운 물을 마시면 태아는 엄마의 배를 강하게 차며 불쾌감을 표시한다고 한다.

이처럼 태아도 감정을 느끼기 때문에 이 시기부터 태교와 같은 정서적인 교육을 하는 것은 올바른 현상이라고 할 수 있다. 문제는 엄마가 임산부 시절에 아무리 좋은 것만 보고 좋은 것만 생각하려 해도 세상이 이를 받쳐 주지 않는다는 데 있다. 때로는 남편과 싸울 때도 있을 것이고 때로는 속상한 일이 생길 수도 있을 것이다. 문제는 이러한 스트레스까지 태아에게 고스란히 전달된다는 점이다.

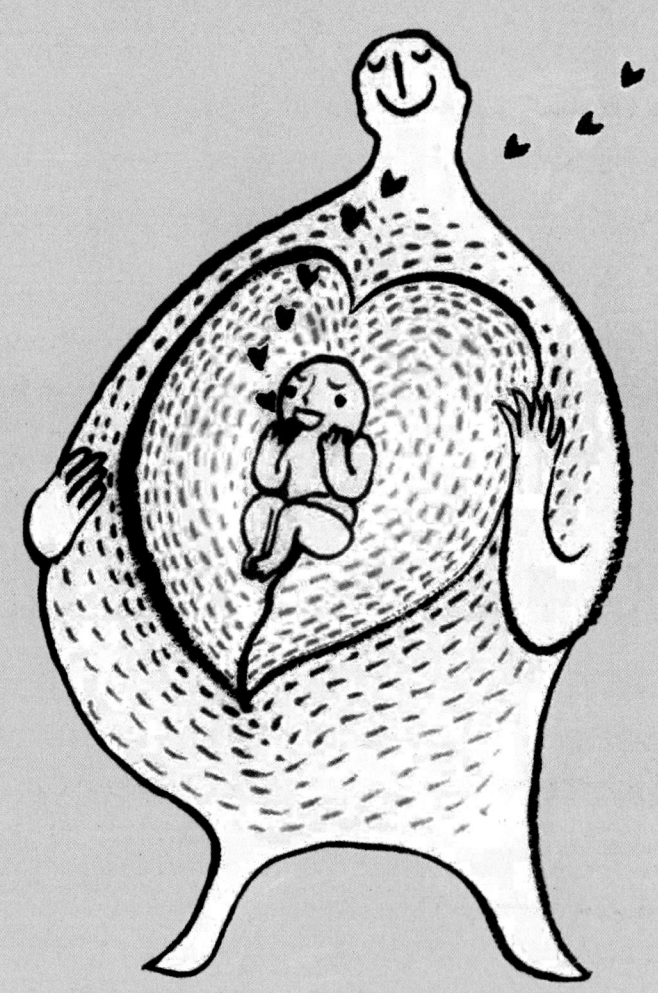

엄마의 사랑은 생명에게 스트레스를 견뎌낼 힘을 부여한다

그러나 학자들의 연구 결과에 의하면 태아에게 전달되는 스트레스를 이길 수 있는 것이 바로 사랑이라고 한다. 즉, 아기에게 사랑을 많이 주면 아기도 스트레스 정도는 충분히 이겨낸다는 것을 뜻한다. 미국의 정신과 의사 T.바니가 단언한 것처럼 엄마가 뱃속에 있는 아이를 어떻게 생각하고 있는가에 따라 태아도 스트레스를 견뎌낼 힘을 갖는다. 엄마의 사랑이 태아의 스트레스 방벽인 셈이다. 따라서 아기는 비록 뱃속에 있지만 사랑한다는 말을 자주 해 주는 것이 아기의 정신건강에 좋은 것이다.

## 관계 형성이 두렵다면 당신의 0.8세를 돌아봐야

세상에 나온 아기는 생후 2개월 정도가 되어서야 사람의 얼굴을 식별할 수 있게 된다. 그리고 8개월 정도가 지나면 이제 누가 자기를 돌봐 주는 사람인지까지 구별할 줄 알게 된다. 따라서 이 시기에 낯선 사람이 나타나면 울기도 하는 것이다. 그렇다면 이 시기의 아이들은 어떤 정서를 가지게 될까?

영국의 아동정신과 의사 볼비(J. Bowlby)는 이 시기의 아이들이 '애착(Attachment)'이라는 정서상태를 가지게 된다고 말했다. 즉, 그 대상이 누가 되었던 – 꼭 엄마가 아닐 수도 있음 – 자신을 돌봐 주는 사람에게 애착을 느끼게 된다는 것이다. 이 시기 아이들은 특히 갑자기 앙 하고 우는 일이 잦은데, 이는 아이 입장에서 배가 고프거나 기저귀가 젖어 있는 것 등을 주변에 알리는 하나의 신호인 셈이다. 이때 달려와서 자신의 욕구를 해결해 주는 사람에게 아이는 더욱 애착을 느낀다고 한다.

따라서 평소 기저귀 한 번 갈아주지 않았던 아빠는 아이가 자기를 낯가림하는 것에 서운해 하지 말아야 한다. 아무리 자신의 피가 섞여 있지만 아이가 그것을 알 턱이 없다. 이 시기 아이는 오로지 자신의 욕구를 채워 주는 사람에게만 —
그 사람이 할머니든 유모 아줌마든 상관없이 — 애착심을 느낄 뿐이다.

이러한 애착심은 아이들이 자라나면서 두 가지로 나뉘게 된다. 즉 '안정 애착'
과 '불안정 애착'이 그것이다. 당연히 이 시기 보살핌을 잘 받은 아이들은 '안정
애착'을 가지게 되고 안정 애착을 갖는 아이들은 당연히 정서적으로 안정되어 있
으므로 밝게 자라게 된다. 그러나 이 시기 보살핌을 잘 받지 못해 불안정 애착이
형성된 아이들은 많은 스킨십을 요구하고, 엄마 옆에서 떨어지지 않으려는 경향
을 보인다. 이것이 계속 해결되지 않으면 각종 행동장애를 일으킬 위험이 높아질
수도 있다. 특히 이런 아이들은 또래 아이보다 발달이 늦어져 의사 표현이 미숙해
지므로 스스로 분노를 조절하지 못하고 공격적인 행동을 보일 수도 있다.

그렇다면 이러한 아이들이 안정 애착을 갖도록 하기 위해 어떤 행동을 해야 할
까? 그것은 '아이의 모든 행동과 말에 반응해 주는 것'에서 시작해야 한다. 즉, 아
이가 행동하고 말할 때 관심을 가지고 그에 반응해 주면 아이 역시 그 대상에게 안
정적인 애착심을 갖게 되는 것이다.

### 불안정 애착에서 비롯된 행동 유형

// 1. 대부분 자기중심적인 경우에 많이 나타나는 현상으로 상대의 마음을 잘 헤아리지 못한다.

2. 상대의 요구에 건성으로 반응한다. 예를 들어 상대가 뭔가를 요구할 때 관심을 가지기보
다 "그건 니가 알아서 해"라는 식의 반응을 한다.

3. 기분이 나쁠 때는 짜증을 낸다. 이 경우 내 기분에만 빠져 있어 나의 짜증으로 인해 상대
가 어떤 상처를 받을지 잘 알지 못한다.

4. 위험신호가 오면 지나치게 불안해 한다. 위험이 닥치면 대부분의 사람들은 불안해하기 마
련이다. 하지만 지나치게 불안해 하는 모습을 보이는 것은 애착을 형성하는 데 좋지 않다. //

## 1.5세, '나'를 의식했던 나이

　　그렇다면 아이들은 언제부터 자기 자신을 의식할 수 있는 것일까? 보통의 동물들은 자기 자신을 의식하지 못한다고 한다. 그래서 거울을 갖다 대도 통 보려고 하지 않는다. 그러나 영장류에 속하는 침팬지는 자기 자신을 의식한다는 것이 실험에 의해 증명되었다. 즉, 거울을 갖다 댔더니 자신의 얼굴을 꼬집고 반응하는 장면을 볼 수 있었던 것이다.

　　그렇다면 영아들은 어떨까? 실제 미국의 심리학자 M · 루이스와 J · 브룩스건이 1979년에 이에 관한 재미있는 실험을 하였다. 즉, 아이들의 코에 빨간 표시를 한 후 거울을 보게 한 것이다. 그랬더니 아직 돌이 되기 전의 아이들은 마치 다른 사람을 쳐다보듯 거울 속 자신을 쳐다봤다. 그러나 2세 정도가 된 아이들은 비로소 거울 속 자신을 알아보고 자신의 코에 손을 대는 것이 아닌가. 이 실험을 통하여 인간은 2세 정도 – 정확히는 1.5세 – 가 되어야 비로소 자기 자신을 알아볼 수 있게 된다는 사실이 밝혀진 것이다. 이는 자신과 타인을 구별할 수 있게 되었다는 것을 뜻하기도 하기 때문에 중요한 발견이라 할 수 있다. 이는 바꿔 말하면 타인을 자신을 구별하게 되면서 배려를 할 수 있게 되고, 타인을 괴롭힐 수도 있게 된다는 것이다.

나를 알아보는 건 남을
배려할 수 있게 된다는 것이다?

# 자기 억제를 못하는 당신, 다시 아이로 돌아가서

아이들은 1세가 지나면서부터 몇 가지 단어를 말하기 시작하고 대략 3세까지는 웬만한 말을 할 수 있게 된다. 그리고 1세가 지나면서부터 걸을 수도 있게 되어 행동반경이 넓어지므로 온갖 사물을 접하게 된다.

아이들은 호기심으로 가득 차 있기 때문에 무엇이든 손에 잡히는 것은 다 만져보려 한다. 하지만 엄마는 위험할까봐 아이를 제어하기 시작한다. 그동안 자신의 욕구를 채워 주기만 하던 엄마가 드디어 자신이 하고 싶어 하는 것을 못하게 하는 경험과 맞닥뜨린 것이다. 어디 이뿐인가. 이제 좀 더 커서 놀이방이나 어린이집에라도 가게 되면 더욱 하지 말아야 할 것이 많아진다. 아이는 이런 환경 속에 자라면서 드디어 자기를 억제할 수 있는 힘을 기르게 되는 것이다. 세상을 살아갈 때에 모든 것을 자기 마음대로 할 수 없으므로 이런 억제력을 배운다는 것은 중요하다.

이전까지 자기 욕구를 채우기에 급급하고 자기주장만 하기에 급급했던 아이들이 이제 사회적 환경을 통하여 서서히 자기억제력을 키워나갈 수 있게 된 것이다.

## 인간이라면 겪는 4차례 반항기

// 일반적으로 사춘기를 반항의 시기로 알고 있으나 실제 인간은 태어나서 사춘기까지 4차례 반항기를 겪는다. 그 4차례의 반항기는 다음과 같다.

**1. 첫돌이 지나 걸음마를 시작할 때** : 사실 인간은 이때부터 처음으로 반항기를 겪는다. 혼자 걸을 수 있게 되면서 어떤 일을 자기 마음대로 하려는 고집이 생기기 때문이다.

**2. 미운 네 살 때** : 흔히 미운 네 살이라고 하는데 이게 그냥 나온 말이 아니다. 인간은 이때 두 번째 반항기를 겪기 때문에 나온 말이다. 이때부터 자아가 형성되고 자기주장과 개성이 만들어지기 시작하기 때문이다.

**3. 유치원에 들어갈 때** : 6~7살이 된 자녀를 둔 부모들은 애 키우기가 너무 힘들다고 하는데

그것은 이때가 바로 3번째 반항기이기 때문이다. 이때의 반항은 스스로 하고자 하는 욕구와 자기 주도권을 잡고자 하는 욕구 때문에 발생한다.

**4. 사춘기** : 이제 거의 어른에 가까운 몸이 되어 존중을 받고 싶은데 현실은 그렇지 못하기 때문에 반항하려는 마음이 생긴다. //


## 논리적으로 생각하지 못한다고? 자신을 모르는 소리

그렇다면 아이들은 언제부터 논리적인 사고를 할 수 있게 될까? 여기서 말하는 논리적인 사고란 단순히 눈에 보이는 현상을 뛰어넘는 생각을 할 수 있는 능력을 말한다. 예를 들어 A가 B보다 키가 크고 B가 C보다 키가 크다면 A는 C보다 키가 크다는 사실을 보지 않고도 생각해 낼 수 있는 것이 논리적 사고인 것이다.

이에 대하여 명쾌한 해답을 내놓은 사람이 스위스의 심리학자 장 피아제(Jean William Fritz Piage, 1896~1980)이다. 그는 이 문제에 대한 답을 구하기 위해 초등학교에 들어가기 전 6세 정도의 아이들을 대상으로 실험을 했다.

먼저, 아이 앞에 같은 수의 구슬을 두 줄로 평행하게 배열한 후 구슬의 수가 같은지 확인시켰다. 이때 아이들은 구슬의 수가 같다는 사실에 동의한다. 다음으로, 아이가 보는 앞에서 한 쪽 줄에 있는 구슬의 간격을 넓혀 길이를 길게 한다. 그리고 마지막으로 아이에게 어느 쪽 구슬의 수가 많은지 물어본다.

과연 아이들은 어떤 대답을 할까? 어른들이 생각하기에 아이가 보는 앞에서 구슬을 조작했으므로 구슬의 수가 같다, 라고 대답할 것 같으나 아이들은 열의 길이가 길어진 쪽 구슬의 수가 더 많다고 답했다. 당장 보기에 더 긴 쪽이 구슬이 많을 거라 생각하기 때문에 발생하는 일이었다. 이는 아이의 지능이 떨어져서 생기는 문제가 아니라 아직 논리적 사고가 형성되지 않아서 생기는 일이다. 그러나

7~8세 정도의 아이들을 대상으로 똑같은 실험을 했을 경우 모두가 '똑같다' 는 대답을 내놓았다. 이 시기의 아이들에게 드디어 논리적 사고력이 형성되었기 때문에 이런 사고를 할 수 있게 된 것이다.

이 실험을 통하여 우리는 아이들이 7~8세가 되어서야 비로소 논리적 사고가 가능하게 된다는 것을 알 수 있다. 모든 어른은 이런 단계를 거쳐 현재에 이른 것이다.

## 사회성이 부족하다고 의심 되면 초등학생 시절을 돌아보라

8~13세에 해당하는 아이들은 학교라는 집단 속에서 생활하며 점점 나 혼자가 아닌 '사회' 라는 개념이 길러진다. 이렇게 길러진 사회에 대한 인식은 이제 또래 집단을 만들려는 욕구로 발전한다. 사실 이 시기 이전까지의 아이들이 노는 방식을 보면 특별히 고정된 멤버 없이 남녀가 함께 섞여 놀았던 것을 알 수 있다. 그러

*친구는 나이가 같고, 같은 남자끼리만 하는 거야.*
*이렇게 자란 당신이 여자는 친구가 될 수 없다고 말하는 것은 당연한 일.*

나 이 시기가 되면 이성을 멀리 하고 동성의 같은 또래로 구성된 고정적인 그룹을 만들기 시작한다.

이런 시기를 심리학자들은 또래집단이 형성되기 시작하였다고 하여 '갱에이지(Gang Age, 또래시대)' 라 부른다. 갱에이지 시기의 아이들은 동성, 동일한 나이의 친구를 사귀게 되고 스스로 집단을 구성하는 데 관심을 가진다.

이렇게 만들어진 집단에서는 항상 함께 하려는 의식이 생기게 되고 너는 어떻게 해야 하고 나는 어떻게 해야 한다는 식의 그 구성원들끼리만 통하는 규칙이 생기게 된다. 아이들은 이러한 집단 속에서 규칙을 지키며, 집단 속에서 자기에게 주어진 역할에 대한 책임감을 느끼며 소속되어 있다는 것에 강한 의식을 키우는 등 사회성을 발달시킨다.

그러나 이러한 '갱에이지' 시기에 친구집단을 제대로 경험하지 못한 사람들은 정상적인 사회성이 형성되지 않을 수 있다. 이런 경우는 주로 집단의 규칙을 지키지 않는다거나 자신이 소속되지 못한 집단으로부터 따돌림을 받기 때문에 발생하게 된다. 다른 아이들이 집단을 통해 활동 범위와 무대를 넓혀가며 사회성을 발달시키는 동안, 따돌림을 당한 아이는 심리적으로 의지할 곳을 잃고 어떠한 형태의 폭력에 맞서는 방법을 배울 수 없게 된다. 이런 아이들은 앞으로 계속되는 집단생활 속에서 계속 어려움을 겪을 수밖에 없다.

### 섹스와 젠더의 차이

// 남녀의 성을 구분할 때는 우리가 익히 알고 있는 섹스(Sex)라는 용어를 사용한다. 그러나 이러한 성을 나타내는 또 다른 단어가 있으니 바로 '젠더(Gender)' 이다. 그러나 젠더는 섹스와는 엄연히 다른 개념이다. 젠더(Gender)란 생물학적 개념이 아니라 사회적으로 정의된 성을 말하기 때문이다. 사회적으로 정의된 성이란 구체적으로 무엇을 말하는 걸까. 그것은 사회적

성 역할로서의 성이라고도 할 수 있다. 즉, 남자가 말 또는 행동을 통해 자신이 사회 속에서 남자로서의 지위를 가지고 있다는 것을 드러내거나 반대로 여자가 말 또는 행동을 통해 자신이 사회 속에서 여자로서의 지위를 가지고 있다는 것을 드러내는 것을 뜻한다. //


## 반항아였던 당신이 똑바로 살고 있는 이유

보통 발달심리학에서 12~20세 사이의 시기를 이전의 아동기와 이후의 성인기와 구분하여 '청년기'라고 부른다. 사람이 청년기에 접어들면 나타나는 가장 큰 특징이 자립하고픈 마음이다. 이러한 마음이 생기는 가장 큰 이유는 신체적 생리적 변화를 겪으면서 자아를 발견해 나가는 심리적 변화와 외형적으로는 자신과 통하는 친구 그룹이 형성되었기 때문일 것이다.

청년기에 나타나는 또 하나의 특징은 이성에 대한 관심의 폭발이라고 할 수 있을 것이다. 사실 사춘기는 이제 생리적으로 진정한 남자와 여자로 다시 태어나는 순간이라 할 수 있다. 남자는 뇌하수체에서 남성 호르몬이 분비되면서 근육이 발달하고 고환에서 정자가 만들어지게 된다. 이러한 정자가 가득 차게 되면 몽정(夢精, night pollution, 수면 중에 성적인 꿈을 꾸고 사정하는 현상)을 통하여 배출하기도 한다. 아침에 일어났을 때 팬티가 축축히 젖어 있는 것이 바로 몽정에 의한 결과이다. 여자는 또한 어떤가. 역시 여성 호르몬의 분비로 가슴이 돋아 나오며 생리를 하게 된다.

이러한 생리적 변화가 곧 정신적으로 이성에 대한 관심을 폭발시키는 것이다. 즉, 처음에는 성적 변화에 대해 당황하다가 차차 성장의 일면으로 수용하게 되면서, 이것이 이성에 대한 애착으로 발전하기 시작하는 것이다. 그래서 이성을 가까이 하려 하고, 용모나 복장에 퍽 신경을 쓰며, 실제 이성친구를 사귀기도 한다. 또한 남자들의 경우 동영상이나 잡지 등을 통한 자위행위를 하기도 하고 여자들의 경우 인기 연예인, 운동선수, 선생님 등 연상의 이성에 대한 관심을 폭발시키기도 한다.

## '나다움이란 무엇인지?' 매번 고민하는 이들에게

사람에 따라 정도의 차이가 있지만 누구나 사춘기를 겪게 된다. 어느 작가는 이 시기를 '질풍노도의 시기'라고 표현하기도 하는데 실제 사춘기에는 급격한 신체적 변화뿐만 아니라 심리적 변화를 경험하게 된다. 사실 사춘기에 심리적 변화를 겪는 것은 급격한 신체적·생리적 변화를 경험하기 때문에 어쩌면 당연하다 생각할 수도 있다. 그렇다면 사춘기의 심리변화에 대해 발달심리학자들은 어떻게 과학적인 분석을 하고 있을까?

이에 대해 미국의 심리학자 에릭슨(E. Erickson)의 주장에 귀 기울일 필요가 있다. 그는 본능적이고 욕구적인 측면에서 사람의 심리를 해석한 프로이트와 달리 인생

사춘기의 좌절과
불안감은 '나란 어떤 사람인가?'
라는 질문에 답을 준다

에서 습득하는 다양한 경험이 개인의 성격발달에 중요한 영향을 미친다고 보는 학자이다. 또한 어렸을 때의 경험이 성인이 된 후의 성격과 행동에 영향을 미친다고 보는 다른 학자들의 견해와 달리 에릭슨은 사춘기 이후나 성인이 된 이후의 사회적 경험들을 통해서도 얼마든지 개인의 성격은 변할 수 있다고 보았다.

에릭슨은 사춘기를 '주체성 확립의 과정'이라고 보았다. 사실 사춘기의 소년소녀들은 자신의 신체 변화를 경험하는 과정을 통해 이전과 달리 모든 관심을 자신에게 집중하게 되는데, 이때 자신이란 존재에 대해 재발견을 하게 되고 '도대체 나란 어떤 존재인가'에 대한 답을 스스로 얻어내게 된다. 이렇게 형성되는 것이 바로 '주체성'인 것이다. 에릭슨은 사춘기야 말로 이러한 '주체성 확립'이 이루어지는 과정이라고 본 것이다. 또한 사춘기는 아이와 어른의 중간 단계이므로 실제 어른과 달리 책임으로부터 자유롭기 때문에 여러 가지를 실험적으로 시도해 볼 수 있는 시기라고 보았다. 그래서 사춘기에 무언가에 몹시 열중해 보기도 하고 실패와 좌절을 겪기도 하는 것이 오히려 주체성을 발견하는 데 도움이 될 수 있다고 보았다.

이 시기에 겪는 실패와 좌절은 심리적인 불안감을 동반하지만 '나란 어떤 사람인가, 나다움은 무엇인가?'라는 질문에 대한 해답을 마련해 주기 때문이라는 것이다.

'나다움'에 대해 깊이 생각하지 않은 상태에서 사회인이 되었을 때 삶의 한 획을 넘어설 때마다 주체성에 대한 문제는 매번 다시 직면하게 되고, 청년기에 겪는 심리적인 불안감을 되풀이하게 된다.


### 인생에서 사춘기를 잘 보내야 하는 이유

// 누구나 사춘기를 겪게 된다. 이 질풍노도의 시기에 가정에서 부모와 부딪치는 문제, 성적에

대한 고민, 친구들 사이에서의 문제 등을 접하며 마음의 안정을 유지할 수 있기란 정말로 쉽지 않다. 이러한 사춘기를 잘 보내기 위해서는 문제에 대한 인식을 바꿔야 한다. 어차피 사춘기에 생기는 문제들은 진통을 겪고 지나가야 할 문제들이다. 즉, 정답을 찾을 수 있는 그런 성격의 문제들이 아니란 이야기다. 따라서 문제에 집착하기보다는 차라리 자신이 몰두할 수 있는 자기만의 세상을 발견하는 데 힘써 보는 것이 더 낫다. 왜냐하면 그 세상 속에서 분명히 기쁨과 만족을 얻을 수 있기 때문이다. 그러다보면 문제는 자연히 지나가 버리게 된다. //

## 동성 친구를 들러리로 생각하는 이들을 위한 따끔한 충고

누구는 이성 친구와 친밀한 관계를 잘 형성하고 누구는 그렇지 못하는 이유는 무엇일까? 물론 대부분의 사람들은 성격적인 문제가 크다고 생각할 것이다. 아무래도 외향적이고 적극적인 성격을 가진 사람들이 내성적이고 소극적인 성격을 가진 사람들보다 이성 친구를 더 잘 사귈 수 있을 것이기 때문이다.

그러나 이에 대해 좀 더 분석적인 이유를 내놓은 사람이 있다. 그는 미국의 정신의학자 H·설리반으로, 그는 이성 친구를 잘 사귀지 못하는 원인이 동성 친구와의 사귐이 충분하지 않은 데 있다고 보았다. 도대체 동성 친구와의 사귐과 이성 친구와의 사귐에 무슨 연관이 있기에 그는 이런 주장을 내놓았을까?

앞에서 사춘기 이전의 아이들은 또래시기를 거친다고 이야기했었다. 즉, 또래 집단을 만들어 동성, 동일 연령의 친구들과 사귐을 가지려고 하는 시기이다. 이때의 아이들은 이성 친구에 대한 관심보다 동성 친구에 대한 관심이 더 지배적이다. 그리고 동성 친구에 대한 관심은 청년기에 접어들더라도 그대로 쭉 이어진다. 그러나 청년기가 되면 이제 동성 친구뿐만 아니라 이성 친구에 대한 관심이 더 지배적인 시기가 된다. 그래서 이성 친구를 사귀고 싶어 하는데, 이때 동성 친구와의 사귐이 충분하지 않은 상태에서 이성 친구와의 관계로 들어가게 되면, 진정으로 친밀한 관계를 형성하는 것이 어렵다는 것이 설리반의 주장인 것이다.

이러한 현상이 나타나는 이유는 이성 친구와 친밀한 관계를 맺는 것이 동성 친구와 친밀한 관계를 맺는 것보다 훨씬 어렵기 때문이라고 한다. 이는 아무래도 이성간은 생물학적인 조건이나 사회적·문화적인 조건이 전혀 다르기 때문에 어쩌면 당연하다 할 수 있겠다. '이성'이라는 다른 조건의 세계를 갖고 있는 상대방을 받아들이고, 자신을 주장하고 때로는 이성에게 양보하면서, '나다움'을 잃지 않는다는 것이 어디 쉬운 일이겠는가.

따라서 이성 친구를 사귀고 싶다면 먼저 동성 친구와 친밀감을 갖는 연습을 통해 '나다움'을 갖추는 것이 이성 친구를 잘 사귈 수 있는 비결이라 할 수 있을 것이다.

talk on. 11
# 내 삶의 방식에 대해 고민될 때

이제 청년기를 지나면 성인기로 접어들게 된다. 각 나라마다 성인으로 인정하는 나이가 다르나 우리나라의 경우 만 19세 이상이 되어야 성인으로 인정한다. 이때부터 시작되는 성인기는 크게 20~40세까지의 초기 성인기, 40대의 중년기, 50대의 갱년기, 그리고 60대 이상의 노년기로 구분할 수 있을 것이다.

이러한 시기에 인간은 또 어떤 심리적 변화를 겪게 될까? 사람에 따라 차이는 있겠으나, 성인기는 일단 부모로부터 심리적으로 독립하는 시기라고 할 수 있을 것이다. 경제적으로 독립하고픈 욕구가 생기기도 하나 우리나라의 교육제도상 대학진학을 해야 하기 때문에 현실적으로는 쉽지 않은 일이다. 아르바이트를 하는 등 갖가지 노력을 하나 대학등록금과 생활비를 번다는 것은 많은 시간과 노력을 투자해야 하기 때문에 학업에 방해가 된다. 그래서 실질적인 경제적 독립은 졸업 후 직장을 잡은 후에나 가능하다.

여하튼, 심리적으로 독립한 성인기에는 이전까지 부모의 보호로 인해 경험하지 못했던 여러 가지 문제에 직면하게 된다. 생활 속에서 일어나는 여러 가지 사소한 문제를 스스로 해결해야 할 뿐만 아니라 평생의 먹고 사는 문제인 직업과 결혼에 관한 문제도 알아서 선택하고 해결해야 한다.

뿐만 아니라 나날이 변해 가는 시대적 상황에 대해서도 대처 능력을 길러야 하며 이러한 과정에 발생하는 수많은 어려움들을 스스로 이겨내야 하는 시기가 바로 성인기인 것이다. 즉, 성인기는 주체성을 확립하고 자신만의 삶의 방식을 만들어 나가는 시기라 할 수 있다.

**민법상의 성인 개념과 사전적인 성인 개념**

∥ 우리나라의 민법에서는 성인(成人)을 어떻게 정의하고 있을까? 민법에 의하면 만 19세 이상의 남녀를 성인이라고 한다. 계속 만 20세를 기준으로 했다가 2011년에 와서야 19세로 낮춰졌다. 이때 중요한 것은 반드시 자신의 생일이 지난 나이여야 한다는 것이다. 법적인 성인 기준은 아주 중요하다. 왜냐하면 이것을 기준으로 할 수 있는 것과 할 수 없는 것(예를 들

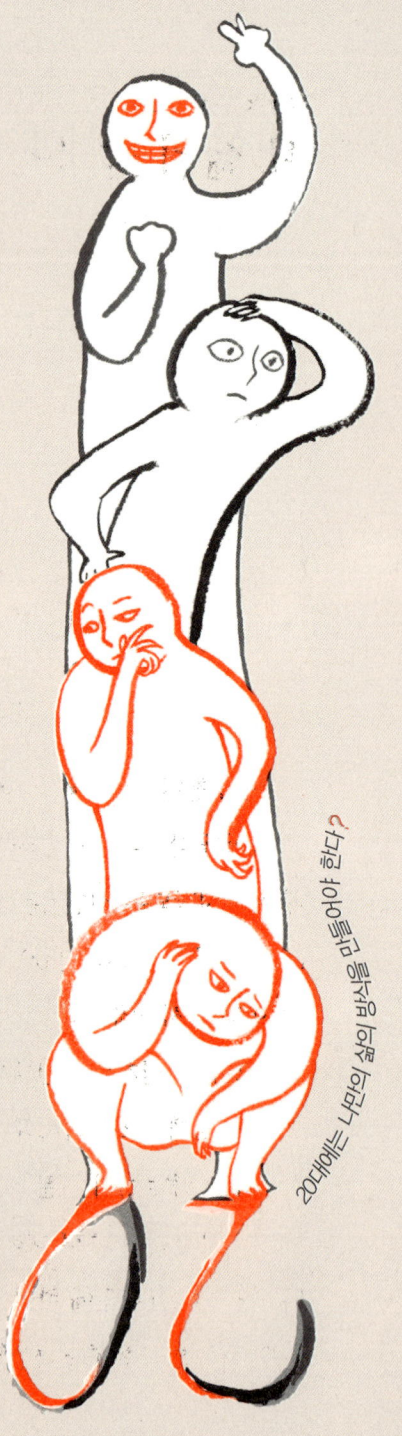

20대에는 나만의 삶을 살아야 한다?

어 선거권과 피선거권 등)이 구분되기 때문이다.

그렇다면 사전적인 성인의 개념은 무엇일까? 사전에 보면 성인이란 다 자란 사람, 또는 다 자라서 자기 일에 책임을 질 수 있는 사람을 뜻한다고 되어 있다. 그리고 이러한 성인을 다시 청년(19~30세), 장년(30~48세), 중년(48~60세), 노인(60세 이상) 등으로 나누기도 한다. //

## 멈칫거리는 당신, 20대에 세웠던 설계도를 꺼내라!

20대는 인생의 여러 세대 중 갑자기 세상에 내던져진 존재라 할 수 있을 것이다. 10대까지는 부모의 보호 속에서 자랐기 때문에 내가 문제해결의 주체가 아니었다. 그러나 어느 날 갑자기 내가 문제해결의 주체가 된 것이다. 하지만 이러한 문제를 주체적으로 해결해 나가기엔 너무도 경험이 적고 아직 세상에 대한 주체성도 확립되지 않았다. 그래서 20대는 방황할 수밖에 없다. 마치 10대와 30대 사이에 끼어 이러지도 저러지도 못하는 형국이다.

사실 모든 시대의 20대가 다 방황하는 세대는 아니었을 것이다. 하지만 밀레니엄 시대를 맞이한 오늘날의 20대는 분명 방황하는 세대가 된 것이 확실하다. 그것은 오로지 입시에 성공하기 위해 달려왔다가 곧바로 취업전쟁에 매달리게 되는 현실이 만들어낸 결과이다. 사실 20대야말로 가장 열정적으로 자기 인생의 목표를 설계하고 실행할 수 있는 방법들을 찾아내야 하는 시기임에도 불구하고 사회적 영향에 휘둘리다보니 방황의 주체가 되고 만 것이다.

이러한 방황이 길어지다 보면 자신의 주체성을 확립하지 못하고 세상 풍파에 휩쓸려 살 수밖에 없게 된다. 따라서 당장의 현실에 휘둘리지 않고 자신의 주체성을 확립하며 먼 미래를 설계하는 자세가 필요하다. 그러기 위해서는 현재 자신의 위치와 상황을 점검하고 자신의 전 생애에 대한 설계도를 만드는 것이 필수적이다.

이는 마치 튼튼한 건물을 짓기 위해 설계도를 만드는 것에 비유할 수 있다.

그리고 세상의 어려움과 맞서겠다는 태도가 필요하다. 전 생애를 통하여 20대만큼 정열적일 때가 또 어디 있겠는가. 이렇게 어려움과 계속 맞서다보면 어느새 강해진 자기를 발견할 수 있다. 이는 마치 설계도에 따라 건물을 지을 때 기초공사를 튼튼히 한 것과 같다. 기초가 튼튼하다면 이제 나머지 건물을 올리는 것은 걱정할 필요가 없다.


## 30대에 접어들면 고민하기 마련인 가정이라는 것

결혼을 하고 아이가 생기면 부모로서의 역할을 감당해야 한다. 그동안은 부모 밑에서만 살아왔기에, 내가 부모가 된다는 것은 새로운 경험이며 또한 신기한 경험이 아닐 수 없다. 그러나 과연 처음 맞이하는 부모로서의 역할을 잘 감당할 수 있을까, 라는 고민에 직면하게 된다.

그러나 부모가 돼 봐야 진정 부모의 마음을 알 수 있다는 말이 있는 것처럼 아이를 양육하는 과정에서 겪는 수많은 어려움을 통하여 부모의 마음을 알아가는 시기라 할 수 있다.

부모로서 한 아이를 키운다는 것은 기쁨과 보람과 진정한 인생의 의미를 알게 해주는 값진 경험이기도 하지만 산모의 진통처럼 엄청난 고난의 경험이기도 하다. 아이가 어느 정도 자라기까지 부모는 아이에게 소리를 수천 번, 아니 수만 번 질러야 한다. 육아라는 것은 고통이 수반되는 것이다. 이러한 육아를 과거에는 주로 여자들이 담당하는 것으로만 여겼다. 그러나 시대가 변하고 맞벌이 가정이 늘어나면서 육아에 대한 상식도 변하고 있다. 이제 남자도 일정 부분 육아를 책임지는 것이 당연시되는 시대로 변화하고 있는 것이다. 그래서 과거 여성들의 전유물로 여겨졌던 육아휴직 제도가 남성에게까지 확대되기에 이른 것이다.

그렇다면 남자도 여자가 아이에게 주었던 모성과 같은 부성을 쏟아 줄 수 있을까? 이에 대해 아이는 아버지가 자기를 사랑으로 양육해 줄 경우 – 어머니의 역할을 대신해 줄 경우 – 과거 어머니에게서 느끼던 모성을 충분히 느낄 수 있다는 연구 결과가 나왔다. 이는 이미 수많은 가정의 사례로도 증명할 수 있다.

특히 미국의 심리학자인 T · 필드는 아버지가 육아의 주된 담당자가 될 경우 평소 엄마가 아이에게 말을 거는 방식이나 달래는 방식을 그대로 사용하게 된다는 연구 결과를 내놓았다. 뿐만 아니라 평소 보조적인 역할만 담당했던 아빠라도 양육의 주된 역할을 할 수밖에 없는 입장에 놓이면 동일한 말과 행동을 하게 된다는 결과도 밝혀냈다.

이를 통하여 사람은 남자와 여자가 하는 역할을 본래부터 타고 나는 것이 아니라 사회적 환경을 통해 습득하게 된다는 사실을 알 수 있을 뿐만 아니라 남자도 얼마든지 아이의 주된 양육자가 될 수 있다는 사실을 알 수 있다. 따라서 이 시대에 아이를 가진 30대 부모들은 서로 협력하여 아이를 잘 양육하는 과정을 통해 서로가 더욱 성숙된 인간성을 확립할 수 있게 될 것이다.


20대와 40대의 같지만 다른 질문, '어떻게 살아야 하나?'

흔히 40대가 된 사람들끼리 자주 쓰는 단어가 있는데, 바로 '사추기(思秋期)'이다. 사실 사추기는 사전에 등장하는 단어가 아닌, 사람이 40대가 되면 마치 사춘기처럼 정신적인 방황을 겪게 된다는 의미에서 생긴 신조어이다.

40대는 인간이 80년을 산다고 했을 때 딱 중간에 해당하는 지점으로 노년기로 넘어가기 전 중년기로 접어드는 시기이다. 그런데 이 시기가 되면 정신적인 변화보다 육체적인 변화가 먼저 찾아온다.

즉, 기억력이나 시력이 급격히 감퇴되고 체력이 약해지기 시작한다. 이는 즉시 마음의 변화로 이어져 활력과 자신감이 떨어지는 원인이 된다. 그리고 그동안 자신이 살아온 인생을 돌아보게 된다. '과연 나는 인생을 제대로 살고 있는 것인가?' 그동안 자신이 살아왔던 인생이 허무하게 느껴지기도 하고 무력하게 느껴지기도 한다. 그리고 앞으로는 자신의 꿈을 이루면서 살고 싶다는 생각이 들기도 한다. ─ 그래서 많은 직장인들의 경우 이때 자신의 일을 하고 싶다는 이유로 직장을 그만두기도 한다. ─ 이 때문에 심한 심리적 갈등을 겪게 되는데 이를 사추기라고 하는 것이다.

'사춘기'를 어떻게 보내느냐에 따라 청년기의 삶이 결정되는 것처럼 마찬가지로 사추기를 어떻게 보내느냐에 따라 노년기 삶이 달라질 수 있다. 사실 청년기에 자신의 주체성을 확립한 사람의 경우 이 사추기를 지혜롭게 넘기게 되는데, 그렇지 않은 사람의 경우 또다시 사춘기처럼 심리적 위기에 직면하게 된다.

가장 커다란 갈등이 앞에서도 이야기했듯이 '앞으로 어떻게 살아야 하는 것인가'이다. 이 질문에 대한 해답을 얻기 위해 스스로 노력하고 자신의 꿈과 목표를 확실히 한다면 오히려 사추기가 한층 성숙된 인격으로 성장해가는 전환기가 될 가능성이 있다. 물론 여기에는 지금까지 살아온 인생을 완전히 부정하지 않고 그 인생을 받아들이고 이를 발판으로 한 단계 더 도약하겠다는 자세가 반드시 필요하다.

반면 이 시기에도 자신의 주체성을 확립하지 못하고 계속 방황하기만 한다면 불안한 미래를 떨쳐버릴 수 없을 것이다. 따라서 여러 자기계발 관련 프로그램이나 책과 같은 간접 경험을 통하여 자신의 주체성을 확립하는 것이 급선무라 할 수 있겠다.

## '나이 들어 봐?' 라는 말이 무색한 이유

공원이나 노천변을 산책하다 보면 수많은 사람들이 할 일 없이 시간을 보내고 있는 모습에 깜짝 놀랄 때가 있다. 대부분 60대 이후의 노인들이지만 그 중에는 이제 겨우 50대 초중반으로 보이는 사람도 제법 있다. 도대체 이 많은 사람들이 놀고먹는다는 생각을 하면, 이건 국가적인 낭비가 아닐 수 없다는 생각이 들기도 한다. 그러나 곧 닥칠 나의 미래가 바로 저런 모습일지도 모른다고 생각하면 소름이 끼친다.

바야흐로 70대에 죽으면 아깝다는 말을 할 정도로 인간의 수명이 길어졌다. 평균 수명이 80을 넘어서고 있는 상황인 것이다. 전문가들의 의견에 의하면 이러한 평균 수명은 당분간 더욱 길어질 것이라 하니 노년기의 삶이 더욱 중요하다 하지 않을 수 없다. 사실 요즘에 직장생활을 60세까지 한다는 건 공무원 사회에서나 가능한 일이다. 대부분의 사람들이 40~50대에 직장을 그만 두어야 한다. 그렇다면 나머지 30~40년을 어떻게 살아야 할 것인가? 이것이 바로 당면한 문제인 것이다.

과거에는 노년기가 되면 편하게 지낼 수 있을 것이라는 생각만 했었다. 그도 그럴 것이 그때에는 수명이 짧아 은퇴 후 노년기가 그렇게 길지 않

*40대 : 과연 나는 인생을 제대로 살고 있는 것인가?*
*인생이 허무하기만 하다.*
*그래 앞으로는 나 자신의 꿈을 이루면서 살고 싶다!*

있기 때문이다. 하지만 현대의 노년기는 상황이 완전히 달라졌다. 길어진 노년기를 위해 뭔가를 해야 하는데, 문제는 체력이 따라 주지 않는다.

그렇다면 과연 노년기에는 신체적, 정신적으로 모든 것이 쇠퇴하는 것일까? 대부분 사람들이 그렇다고 생각하겠지만 놀랍게도 그렇지 않은 부분도 있다는 사실이 밝혀졌다. 미국의 심리학자 호온과 캐텔(Horn & Cattell)은 1966년 노인들을 대상으로 한 연구에서, 새로운 것을 학습하거나 스피드가 요구되는 능력(유동성 지능이라 함)은 노인이 될수록 점점 쇠퇴하나 지금까지 축적된 경험과 지식을 바탕으로 한 지능(결정성 지능이라 함)은 노인이 되어도 훈련 정도에 따라 더욱 향상될 수 있다는 사실을 밝혀내었다.

즉, 인간은 노년기가 되어 가면서 전체적인 지능은 점차 떨어지나 이 지능을 세부적으로 분석했을 때 나타나는 결정성 지능은 어른이 되고 나이가 들어서도 계속해서 발달할 가능성이 있다는 것이 밝혀진 것이다.

그러나 여기서 기억해야 할 중요한 것이 있다. 노년기가 되어 결정성 지능이 더욱 향상될 수 있는 것은 사실이지만, 이는 가만히 있는다고 그냥 이루어지지 않는다는 것이다. 부단한 노력과 훈련을 거듭할 때에만 결정성 지능이 향상될 수 있다. 하지만 노년기가 되면 의욕이 감퇴되므로 무언가를 하기 위해 노력하고 훈련한다는 것이 쉽지 않다. 그래서 대부분의 노인들이 그것을 포기하고 무력한 삶을 살아갈 수밖에 없는 것이다.


## 지금은 나의 삶을 인정해 주는 사람을 만들어야 할 때

그렇다면 어떻게 해야 할 것인가? 무엇보다 자신이 좋아하고 평생 꿈꾸었던 일과 관련된 일을 하는 것이 좋다. 그러면 아무리 노인이 되더라도 의욕을 가질

몸과 마음에 하나씩 쌓여진 경험과 지식은 지능을 향상시킨다

수 있기 때문이다. 그리고 주변에서 어떤 일에 대해 역할과 책임을 갖도록 하는 것도 중요하다. 실제 미국의 심리학자 E · 랑거가 이에 대해 실험한 적이 있는데, 노인에게 식물 돌보기 등과 같은 역할과 책임을 갖도록 했더니 보다 활동적이고 생기가 넘쳤다는 연구 결과가 있다.

따라서 자신이 노년기에 접어들었다 하더라도 자신을 계발하는 일을 노력하고 결정성 지능을 더욱 높여나가는 일을 한다면 무력한 노년기가 아닌 활기찬 노년기를 맞이할 수 있을 것이다.

또 한 가지, 노년기를 잘 보내기 위해 중요한 것이 있다. 그것은 바로 자신을 지지해 줄 수 있는 네트워크가 구축되어 있어야 한다는 것이다. 이는 다시 말해 자신이 살아온 것을 인정해 주고 노년기를 살아가는 지금을 함께 기뻐해줄 수 있는 사람들이나 그룹이 존재한다면 그는 더욱 활기찬 노년기를 살아갈 수 있다는 것을 뜻한다. 실제 심리학자 버크만과 브레슬로는 여러 노년층 중 좋은 사회적 네트워크를 구축하고 있는 사람들이 그렇지 않은 사람들보다 건강하다는 연구 결과를 보고한 바 있다. 어쩌면 이는 당연한 결과라 할 수 있을 것이다. 왜냐하면 각종 사건과 질병에 시달려온 노인이 혼자라는 생각이 들었을 때는 한없는 상실감에 빠질 수밖에 없다. 이때 자신을 지지하고 위로해 줄 수 있는 네트워크가 보다 더 큰 힘이 되는 것은 없기 때문이다.

이러한 네트워크 그룹으로는 가족이 가장 좋으나 가족 구성원은 모두 바쁘기 때문에 함께 시간을 보내지 못할 경우가 많다. 따라서 이런 경우는 사회적 교육단체에서 하는 여러 활동에 참여하는 것도 좋은 방법이다. 그곳에서는 자기와 비슷한 처지와 연령대의 친구들을 만나기 쉬우며, 이들은 비슷한 삶을 살아왔기에 공감하는 부분도 많을 것이다. 이러한 친구 그룹이 생긴다면 노년기의 삶을 더욱 활기차게 보낼 수 있게 될 것이다.

## 나이대별 색채 심리 테스트

다음은 연령별 색채 심리 테스트이다. 자신이 좋아하는 색깔과 연령대를 맞춰 지금 자신의 심리와 비교해 보는 방식이다. 과연 지금 내 마음은 어떤 상황일지, 궁금한 사람들은 당장 시도해 보라.

| 색상 | 10대 | 20대 | 30대 | 40대 |
|---|---|---|---|---|
| 빨강 | 도전하고 싶다. | 사랑하고 싶다. | 심신이 피곤하다. | 변화를 주고 싶다. |
| 파랑 | 생각이 많다. | 위로 받고 싶다. | 위로 받고 싶다. | 재충전 하고 싶다. |
| 노랑 | 사랑 받고 싶다. | 반항하고 싶다. 외롭다. | 나를 확인하고 싶다. | 권태롭다 외롭다 |
| 초록 | 초조하고 우울하다. | 쉬고 싶다. | 휴식이 필요하다. | 의욕이 필요하다. |
| 보라 | 감성에 빠져 있다. | 사치를 부리고 싶다. | 사치를 부리고 싶다. | 뭔가에 빠져들고 싶다. |
| 주황 | 자만심에 빠져 있다. | 사치를 부리고 싶다. | 사치를 부리고 싶다. | 뭔가에 빠져들고 싶다. |
| 분홍 | 희망과 꿈이 크다. | 사랑과 행복을 성취하고 싶다. | 불안함을 느끼고 있다. | 생활의 활력과 용기가 필요하다. |
| 갈색 | 애정 추구가 강하다. | 일에 긴장감이 심하다. | 감각이 둔화되어 간다. | 안정감을 찾고 싶다. |
| 흰색 | 불안감이 많다. | 예민한 상태다. | 극단적인 생각을 가지고 있다. | 의욕이 상실된 상태다. |
| 검정 | 불신감을 가지고 있다. | 위험한 생각을 가지고 있다. | 절망과 배신감을 느낀다. | 변화를 주고 싶다. |
| 베이지 | 편안하고 안정감이 있다. | 이성으로부터 사랑을 받고 싶다. | 대화가 필요하다. | 쉬고 싶다. |

출처 : 「색깔의 수수께끼」(서프라이즈정보 지음 I 비채)

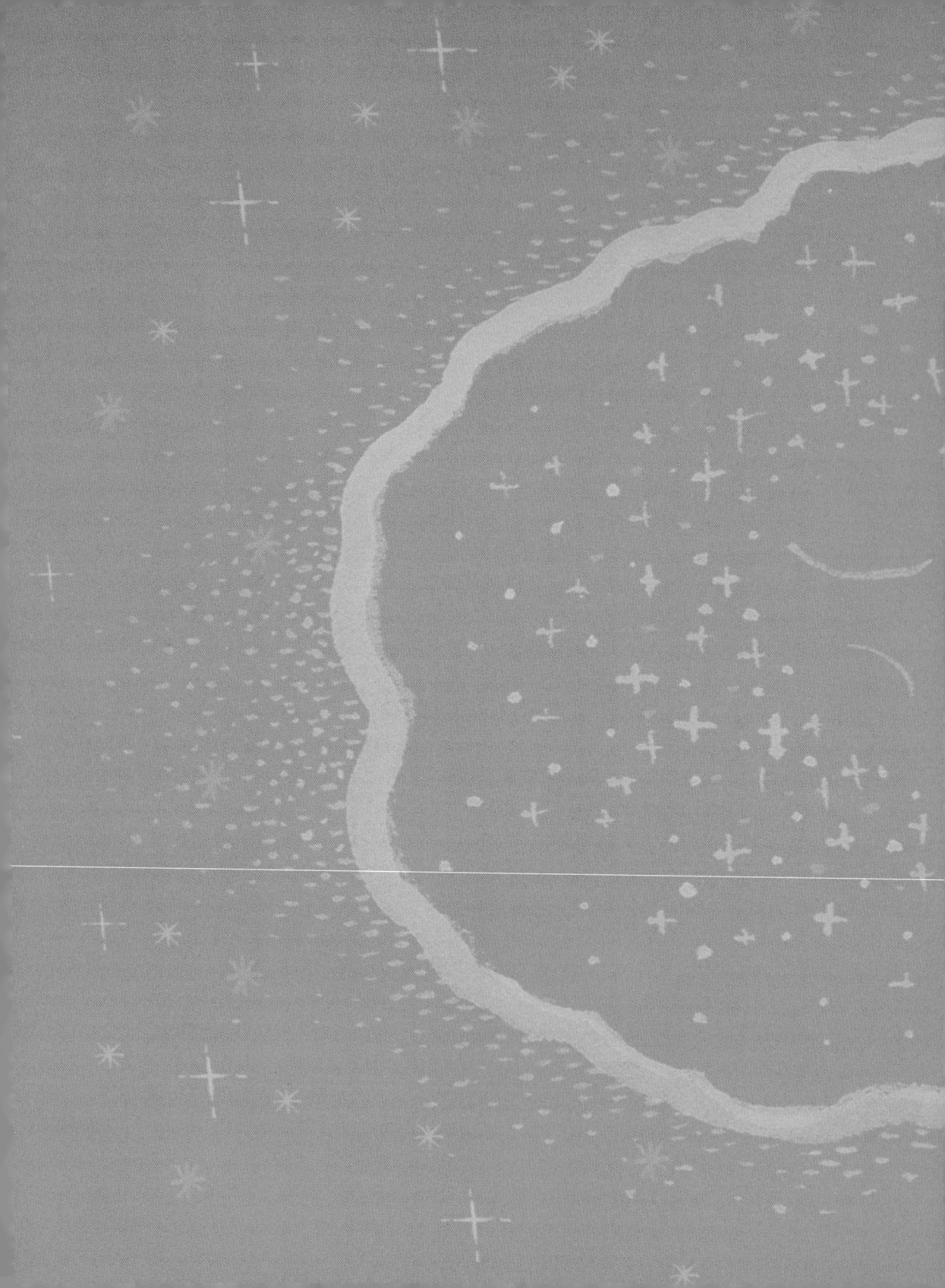

— 6장 —

# 지금
# 행복한가요?

talk on. 12

# '뻔' 하지만 실상 모르는 행복해지는 법

인간이 마음을 탐구하는 근본 이유는 무엇일까? 소극적으로는 인간 심리에 대한 보편적 원리와 법칙을 확립하는 데 있겠지만 궁극적으로는 복잡한 마음의 실체를 알아내어 행복하고 성공적인 삶을 사는 데 있을 것이다.

하지만 아무리 마음의 원리를 탐구한다 해도 우리가 살아가는 사회는 결코 만만치 않은 곳이다. 거기에는 온갖 권모술수가 있고 거짓이 있으며, 유혹이 있고 내 삶을 가로막는 수많은 장애물들이 즐비하다. 이는 마치 폭풍우가 몰아치는 바다에 나 홀로 배를 한 척 띄우고 건너가는 것에 비유할 수 있다. 하나의 폭풍우를 피하고 나면 또 다른 폭풍우가 나타난다. 매번 만나는 폭풍우는 비슷한 것도 있지만 그 모양이 다른 것이어서 시행착오를 거듭해야 한다.

이럴 때 우리를 지켜 주는 가장 중요한 것은 무엇일까? 누구는 튼튼한 배가 필요하다고 할 것이나 튼튼한 배보다 더 중요한 것은 바로 내 마음이라고 감히 말하고 싶다. '호랑이 굴에 들어가더라도 정신만 차리면 산다' 는 격언도 있지 않은가.

## 긍정에 관해 너무 소홀한 당신

우리가 삶의 거친 바다를 항해하다 보면 온갖 어려움을 만나게 된다. 이때 우리의 마음속에는 자신도 모르게 부정적인 생각들로 가득 차게 된다. 동시에 걱정, 근심, 불안, 초조 등의 부정적인 감정들이 밀물처럼 몰려든다. '이러다가 어찌 되는 건 아닐까?', '도대체 앞으로 어떻게 되는 걸까?' 등.

하지만 가만히 생각해 보라. 이런 생각이나 감정들이 그 문제를 해결하는 데 조금이라도 도움이 되었는지? 도움이 되기는커녕 오히려 그 사람의 몸을 좀먹는 벌레와도 같이 작용하여 각종 질병을 유발할 뿐이다. 속 쓰림이나 두통 같은 것들의 실제 원인 중 하나는 바로 이러한 부정적인 마음에 있음이 과학적으로도 서서히 밝혀지고 있다. 그리고 부정적인 생각은 점점 행동을 위축시켜 점점 더 어려운 상황으로 빠져들게 만들어 악순환을 되풀이시키는 위력이 있다.

그러나 만약 이런 위기에서도 내 마음을 바꾸는 순간 모든 것이 달라진다. 즉, 이 어려움 뒤편에는 엄청

*살면서 매번 만나는 폭풍우는*
*비슷하기도 하나 그 모양은 다르다*

난 축복이 있을 것이라고 생각하는 것이다. 따라서 이 어려움은 내가 피해야 할 대상이 아니라 이겨내야 할 대상이 된다. 이렇게 생각하는 순간 그 사람의 마음속에서는 절망과 두려움 대신 희망과 자신감이 생기게 된다. 뇌에서는 몸에 좋은 신경전달물질들이 마구 쏟아져 나와 그의 에너지 상태를 더욱 높여 주며 그는 당당하게 그 어려움을 이기고 축복을 맞이할 수 있을 것이다. 이런 이야기는 우리 주변에 널려 있기 때문에 조금만 관심을 가지면 얼마든지 들을 수 있다.

이제 여러분이 어떤 마음을 선택해야 하는지는 이미 선명하게 드러났다. 여기에서는 부정적인 마음이 우리의 삶에 끼치는 폐해와 긍정적인 마음이 우리 삶에 주는 유익을 심리학적으로 탐구해 보고자 한다. 그리고 더 나아가 어떻게 하면 긍정적인 마음을 가질 수 있게 되는지에 대해서도 알아보고자 한다.


## '마음먹기 나름' 이라는 말에 콧방귀 뀌지 마라

몸이 먼저일까, 마음이 먼저일까? 이는 마치 닭이 먼저냐, 달걀이 먼저냐의 논란과 비슷하다. 따라서 여기에서는 이런 논란보다 우리 마음의 작용이 얼마나 우리의 몸과 생활에 얼마나 영향을 끼치는지에 대해 알아보도록 하자. 다음은 TV의 '건강스페셜' 프로그램에 방영되기도 했던 실제 사례이다.

평소 만성간염을 앓고 있는 김 모씨가 있었다. 그런데 그는 이혼의 충격을 겪은 후 극도의 패배감에 시달렸다. 간수치는 정상보다 10배 이상 높아졌고 이러다 죽는 것 아닌가 하는 불안감이 덮쳐 왔다. 그런 가운데 친한 후배가 간경화로 세상을 떠나는 사건이 터졌다. 자신 역시 간 때문에 죽을 것이란 공포감이 엄습해 왔다. 그는 하루에도 몇 번이나 죽음과 지옥을 오가며 극심한 불안감에 시달렸다. 이제 그의 몸은 간 외에도 위, 창자 등 각종 기관에 문제가 발생하기 시작했을 뿐만 아니라 불면증에 우울증까지 오게 되었다. 결국 그는 정신과 치료를 받고 나서야 정상을 회복할 수 있었다.

이 사례뿐만 아니라 우리는 갑자기 주변의 친한 사람이 불의의 사고를 당하는 등의 정신적 충격을 받았을 때 그 사람까지 병에 걸리는 것을 심심찮게 보아 왔다. 그리고 사업에 실패하거나 실직, 이혼 등의 상황을 겪은 사람이 우울증에 걸려 이상한 행동을 하는 것을 뉴스를 통하여 수없이 보고 있다.

이처럼 사람은 마음의 지배를 받을 수밖에 없는 존재이다. 마음이 부정적으로 작용할 때 그 몸을 파괴시킬 뿐만 아니라 나아가 그 생활까지 파괴시키기 때문에 더 무섭다. 생각해 보라. 앞에서 김 모씨가 경험했던 생활들을. 그는 아마도 자신의 몸에 생긴 병들보다 매일매일 죽음의 공포감 속에 살아야 했던 시간들이 더 고통스러웠을 것이다.

실제 부정적인 생각이 신체의 면역기능을 저하시켜 질병 위험을 높인다는 연구 결과도 있다. 미국 위스콘신-매디슨 대학

부정적인 마음은 몸을 파괴시키고 생활까지 파괴시킨다

의 리처드 데이비드슨 박사는 국립과학원 회보에 발표한 연구보고서에서 사람의 심리상태가 면역기능에 영향을 준다는 사실을 실험을 통해 확인했다고 발표했다. 그는 57~60세의 남녀 52명을 대상으로 가장 행복했던 일을 떠올리는 것과 같은 긍정적인 생각을 했을 때 뇌의 반응과 두려웠거나 화가 났던 일을 떠올리게 하는 부정적인 생각을 했을 때 나타나는 뇌의 반응을 측정했다. 긍정적 생각을 관장하는 뇌 부위는 왼쪽 전전두피질이며 부정적 감정을 담당하는 뇌 부위는 오른쪽 전전두피질인데 이 두 부분의 전기적 활동량을 측정한 것이다. 그리고 이들에게 표준 독감백신을 접종한 후 어느 정도의 항체가 형성되었는지 알아보기 위해 2개월 간격으로 세 차례에 걸쳐 혈액검사를 실시했다.

결과는 오른쪽 전전두피질의 전기활동이 가장 컸던 사람(부정적인 생각을 했던 사람)이 항체 형성이 가장 저조하고 반대로 왼쪽 전전두피질의 전기활동이 가장 많았던 사람(긍정적인 생각을 했던 사람)은 항체 형성이 왕성한 것으로 나타났다. 이것은 긍정적인 생각이 면역기능을 높여 주고 부정적인 생각이 면역기능을 떨어뜨린다는 사실을 보여 주는 과학적인 실험 결과라 하지 않을 수 없다.

사람의 마음은 이처럼 몸을 지배한다. 뿐만 아니라 더 나아가 마음은 그 사람의 생활까지 지배하는 존재라는 사실을 먼저 인식하는 것이 중요하다. 그래야 앞으로 우리가 이야기할 긍정적인 마음의 조절이 가능하기 때문이다.

마음에 큰 영향을 미치는 전전두피질

// 사람의 뇌 가운데 전전두피질이란 부분이 있다. 정확한 위치는 이마 바로 밑, 전두엽 표면에 위치한다. 그런데 집중력이 현저히 떨어지고 충동이 잘 조절되지 않는 사람들의 전전두피질 사진을 찍어 봤더니 정상인보다 매우 상해 있는 것을 관찰할 수 있었다. 이를 통해 신경과학자들은 전전두피질이 인간의 행동을 주시하고 감독하며 지시하는 뇌의 영역임을 발견하였다. 즉,

전전두피질은 인간의 판단이나 충동 조절, 집중력, 비판적 사고, 책임의식 등의 행동에 관여하는 것이다. 따라서 충동의 통제가 어렵고, 주의가 산만하며, 판단력이 흐려진 사람이라면 이 전전두피질을 검사해 보는 것도 좋은 방법일 것이다. //

## '나는 부정적인 사람?' 쉽게 판단할 수 있는 방법

어떤 한 사람이 매사에 긍정적이거나 매사에 부정적일 수는 없다. 긍정적인 면보다 부정적인 면이 더 많을 때 우리는 그 사람을 부정적이라고 표현하는 것이다. 이런 기준으로 볼 때 세상에는 긍정적인 마음을 가진 사람보다 부정적인 마음을 가진 사람이 더 많아 보인다. 그 이유는 간단하다. 인간은 철저히 자기중심적이기 때문이다. 인간이 얼마나 자기중심적인지는 여럿이 찍은 사진을 볼 때 여실

*사진에서 나부터 찾는 당신. 인간은 원래 자기 중심적이란다*

히 드러난다. 대부분의 사람들은 이때 제일 먼저 자기부터 찾는다. 이는 인간이 얼마나 자기중심적인지 보여 주는 단적인 사례이다. 이렇게 자기중심적이다 보니 자기의 마음 안에 있는 것은 맞는 것이고 자기의 마음 밖에 있는 것은 맞지 않는 것이라 생각하기 쉽다. 그래서 부정적인 마음이 드러나는 것이다.

　부정적인 사람들의 특징은 크게 자신에 대한 태도와 남에 대한 태도로 나누어

부정적인 성격은 미래를 갉아먹는다

서 생각해 볼 수 있다.

　먼저, 자신에 대해서는 결점이 많고 무가치하다고 평가절하 할 때가 많다. 그래서 어떤 문제가 생기면 자신이 못나서 그렇다고 여기고 스스로를 비난하기 시작한다. 그리고 어려움은 해결되지 않고 계속될 것이라 생각하며 실패가 두려워 감히 어떤 일을 하기도 전에 포기해 버린다. 또한 부정적인 사람은 주변 사람들에 대해서도 자기를 괴롭히거나 방해하는 존재쯤으로 왜곡하여 생각한다. 그래서 세상을 삐딱하게 부정적으로 보게 되는 것이다.


## 설마하지만 확연하게 드러나는 부정적인 감정의 결과

　부정적인 마음은 좋지 않은 감정들을 만들어 낸다. 사실 이렇게 생겨난 감정들이 그 사람의 행동을 좌우한다고 해도 과언이 아닐 정도로 감정이 우리 삶에 미치는 영향은 크다. 거기에서 분노가 발생하고 불안과 증오, 두려움과 슬픔이 생겨난다.

　이렇게 생겨난 감정은 다시 마음에 작용하여 그가 대하는 사람에 대한 감정에까지 영향을 미친다. 이때의 감정은 좋거나 나쁘다는 느낌으로 나타나기도 하고 좋아하거나 싫어하는 감정으로 나타나기도 한다. 때로는 상대방이 분노의 대상일 경우 그에게 화를 내기도 하고 마음속에 담아 원한을 품기도 한다. 얼마 전 학창 시절 자신을 무시한 친구를 6년 동안이나 마음에 담아 두고 있다가 찾아가 상해를 가하였다는 기사는 인간이 얼마나 감정의 노예로 살아가고 있는지 단적으로 보여 주고 있는 예가 아닐 수 없다.

　이렇게 부정적인 감정의 표출은 자신의 삶을 갉아먹을 뿐만 아니라 그 불행이 대를 이어 나타난다는 점에서 안타까운 일이 아닐 수 없다. 예를 들어 늘 화를 내고 부정적인 감정을 쏟아 내던 어머니 밑에서 자란 아이 역시 보고 배운 것이 그렇기 때문에 그런 성격의 소유자가 될 수밖에 없는 것이다. 결국 그 아이는 자라서 역시 어머니가 살았던 불행한 삶의 전철을 되풀이할 수밖에 없는 것이다. 반대로 늘 웃고 편안한 미소를 지어 보이던 어머니 밑에서 자란 딸은 어머니의 성품을 그대로 이어받아 나중에 커서도 안정된 삶을 살아갈 수 있게 되는 것이다.

이처럼 부정적인 성격은 나의 삶뿐만 아니라 내 자식들을 위해서라도 반드시 고쳐야 할 것임에 틀림없는 것이다. 그렇다면 우리는 어떻게 부정적인 마음을 고칠 수 있는 것일까?

### 긍정과 부정에 대한 통합심리학

// 긍정심리학에서 자꾸 긍정을 강조하다보니 긍정은 무조건 좋은 것이고 부정은 무조건 나쁜 것이다, 라는 뉘앙스가 느껴져 불편한 마음이 생기는 사람도 있을 것 같다. 그러나 긍정심리학에서 주장하는 것이 무조건 긍정은 좋고 부정은 나쁘다고 하는 것이 아님을 잘 주목해야 한다. 인생은 어차피 고난의 연속이고 아무리 평탄한 길을 걷는 사람이라도 크고 작은 문제를 만나게 마련이다. 그런 가운데 고통과 아픔의 순간을 맛볼 수 있고 때로는 절망이라는 큰 벽에 부딪칠 수도 있다. 긍정심리학에서 이러한 부정적인 감정들을 무조건 배격하는 것이 아니란 이야기다. 즉, 긍정심리학이 이러한 부정적인 감정들을 인정하고 그것들을 통해 충만한 인간성으로 끌어오고자 하는 것이 최고의 목표인 것이다. 그런 면에서 긍정심리학의 실제 이름은 '긍정과 부정의 통합심리학'으로 불려야 할 것이다. //

# 행복을 가로막는 큰 착각

평소 화를 잘 내며 감정의 기복이 심한 사람과 늘 긍정적인 태도를 가진 사람이 있다고 치자. 아마도 대부분의 사람들은 – 물론 환경적인 탓도 있겠지만 – 이 두 사람의 성품이 타고 났기 때문에 저렇다고 생각할 것이다. 그리고 덧붙이는 말이 "절대 사람의 성품은 바뀌지 않아"이다. 과연 사람의 성품은 한 번 결정되면 영원히 바꿀 수 없는 것일까?

이에 대해 많은 성공자들의 생각은 180도 다르다. 즉, 그들은 자신이 가진 게 없어 바꿀 수 있는 것이 없었지만 마음을 바꿔 성공에 이를 수 있었다고 이야기한다. 마음을 바꾸는 것은 비록 어렵기는 하지만 전혀 불가능한 것은 아니더라는 것이다. 예를 들어 다혈질이고 덤벙대던 사람이 차분한 성격으로 바뀌었다고 하고 내성적인 사람은 외향적인 성격으로 바꿔서 성공했다고 한다. 무엇보다 공통적으로 하는 이야기가 부정적이었던 성격을 긍정적으로 바꿔 성공했다는 것이다. 여러분은 이러한 주장에 대해 어떻게 생각하는가?

한때 '꿈은 이루어진다' 는 말이 유행했었다. 이는 사람이 마음에 간절히 원하면 그 일이 실제로 이루어진다는 것을 뜻한다. 이 말을 믿는다면 내 마음을 바꿀 수 있다는 것을 간절히 원하면 이것도 당연히 바꿀 수 있어야 하는 것이 아닐까.

## 어쩔 수 없다고 자주 말하는 당신에게 내리는 처방

그렇다면 정말로 꿈은 이루어지는 걸까? 혹시 이것은 단지 비과학적인 믿음에 지나지 않는 말이 아닐까? 그러나 실제 사람이 마음속에 품은 생각이 간절하면 그 일이 이루어진다는 놀라운 사실이 곳곳에서 밝혀지고 있다.

운동선수들의 훈련과정 중에 이미지 트레이닝이라는 말이 있다. 이미지 트레

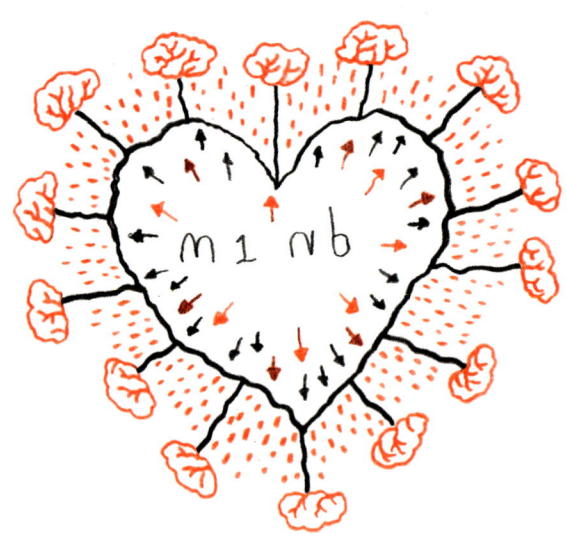

마음속에 품은 간절한 생각이 놀라운 일을 이뤄 낸다

이닝(Image Training)이란 더 나은 기술을 습득하기 위해 머릿속에 운동이나 동작을 그려 보는 연습법을 말한다. 그런데 이러한 연습법이 효과가 있다는 것이 밝혀지면서 이제는 훈련과정의 하나로 자리 잡을 만큼 유명해졌다.

우리나라에서 이미지 트레이닝이 주목을 받기 시작한 것은 박찬호 선수의 역할이 컸다고 할 수 있을 것이다. 당시 역사상 처음으로 메이저리그에 진출하면서 대한민국 최고의 스타로 자리매김했던 박찬호 선수에게 비결을 묻는 질문에서 그는 이미지 트레이닝의 효과를 봤다고 했다. 이때 그가 말한 이미지 트레이닝이란 머릿속으로 실제 경기장면을 떠올려 보는 것이라고 했다. 이때 단순히 어느 한 장면만을 그리는 것이 아니라 당일 경기장에 들어서면서부터 경기가 끝날 때까지 한 장면 한 장면을 빠짐없이 연속적으로 떠올려 보는 것이다. 심지어 심호흡을 하거나 손에 송진가루를 묻히는 장면까지.

이미지 트레이닝의 효과를 톡톡히 봤다는 사람은 비단 박찬호 선수뿐만이 아니다. 역도에서 올림픽 금메달을 번쩍 들어 올린 장미란 선수 역시 이미지 트레이닝의 덕을 톡톡히 봤다고 한다. 그녀 역시 이미지 트레이닝을 할 때, 한 장면도 빠짐없이 이미지를 떠올리는 연습을 했다고 한다. 그래서 지금은 국가대표 훈련과정에 반드시 이미지 트레이닝이 포함될 정도로 중요한 연습과정 중 하나가 되었다.

이미지 트레이닝은 스포츠에서만 이용되는 것이 아니다. 음악, 미술은 물론 학교교육이나 운전면허시험까지 우리 생활 전 분야로 확장되고 있다. 필자 역시 이미지 트레이닝에 대한 추억이 있다. 부끄러운 이야기지만 필자는 과거, 운전면허시험에서 계속 떨어지는 불운 속에 지내고 있었다. 한두 번 정도가 아니라 실기시험에서 자그마치 9번이나 떨어져 응시원서가 너덜너덜해질 정도였다. 이렇듯 시험에 계속 떨어졌던 결정적인 이유는 운전대를 잡는 순간 오줌을 지릴 만큼 긴장한 까닭이었다. 그러던 어느 날 박찬호 선수의 이미지 트레이닝 기사를 보게 되었고 다른 뾰족한 방법이 없었던 나는 시험을 치루기 직전 이미지 트레이닝이란 것을 해보았다. 그리고 내 차례가 되어 운전대를 잡았는데 다른 때보다 덜 긴장되는 것이 아닌가. 결과는 당연히 합격이었다.

이미지 트레이닝은 원래 스포츠심리학에서 발달한 연습법인데, 이를 통하여 우리는 마음에 간절히 원하면 그것이 이루어진다, 라는 것을 단적으로 알 수 있다.

### 머리를 맑게 하는 이미지 트레이닝

// 많은 현대인들이 머리가 무겁다는 고통을 호소한다. 그럴 수밖에 없는 것이 운동부족에다 온통 몸에 해로운 음식들, 혼탁한 공기를 마시고 있으니 어쩌면 당연한 결과이다. 이제 이렇게 무겁고 답답한 머리를 맑게 만들어 주는 이미지 트레이닝에 도전해 보자. 이렇게 상상으로 이미지 트레이닝을 하는 것만으로도 우리의 머리는 운동효과를 누리며 맑고 가볍게 될 것이다.

1. 우선 심호흡을 한다. 이때 숨을 들이쉴 때는 좋은 것이 들어온다고 생각하고 내쉴 때는 몸에 있던 나쁜 것들이 빠져나간다고 상상을 한다.
2. 안정이 되었으면, 머리에 온 신경을 집중한다. 이때 뇌의 신경세포 하나하나를 느껴 본다.
3. 좌뇌와 우뇌 등 뇌의 구조를 머릿속에 그려 보고 그 각각의 부분이 활성화된다고 암시를 준다. 계속하여 '나의 뇌는 점점 맑아지고 가벼워질 것이다'라고 암시를 준다. //

## '간절히 원하면 이루어진다!', 어림 반 푼어치도 없다고?

그렇다면 마음에 무엇인가를 간절히 원하면 그것이 이루어지는 이유를 과학적으로 설명할 수 있을까?

간절히 원하던 일이 이루어졌다는 것은 내 몸이 적극적으로 행동한 결과라 할수 있다. 즉, 간절한 생각이 몸의 변화를 가져 왔고 몸의 변화는 행동으로 이어져 원하던 일을 적극적으로 하다 보니 그 일이 이루어졌다고 볼 수 있는 것이다.

이처럼 어떤 일을 이루고자 할 때 그 시작은 생각에서 출발하는 것이다. 여기에 생각의 힘이 얼마나 대단한 결과를 나타내는지 두 가지 사례를 소개하겠다. 첫 번째는 상상임신이다. 상상임신(pseudocyesis)이란 가상으로 만들어 낸 것이 아닌 실제 의학용어 중 하나로 임신하지 않았음에도 불구하고 임신했을 때와 똑같이 몸의 변화가 나타나는 것을 말한다.

이에 대해서는 필자 역시 신혼시절 실제 경험하여 잘 알고 있다. 어느 날 아내가 아무래도 임신한 것 같다며 나에게 기쁜 소식을 알려 왔다. 생리가 없어지고 가슴이 탱탱해지며 미식거리는 게 분명 임신이라는 것이었다. 아내는 간호사 출신이었기에 나는 아무런 의심 없이 아내의 말을 믿었다. 그래서 양가 부모님께 이 기쁜 소식을 알리고 난리법석을 떨었다. 그런데 얼마 후 임신이 아니란 사실이 밝혀졌다. 그때 얼마나 부끄러웠던지 이는 바로 상상임신의 결과였던 것이다. 아내역시 실제 임신의 증상과 완전히 똑같았기 때문에 이런 실수(?)를 저지르고 말았다고 고백했다.

이러한 상상임신은 내 마음이 간절히 원하면 몸까지 착각을 일으킬 정도로 대단한 위력을 발휘한다는 사실을 알려 준다.

또 하나 생각의 힘을 실감하게 하는 두 번째 사례는 생각만으로 근력을 키울수 있다는 것에 관한 내용이다. 도대체 이게 말이 되는 소린가, 하고 고개를 가로 젓는 사람이 많을 테지만 이는 엄연히 실험으로 증명된 사실이다.

광 예 박사와 비노스 랑가나 단 박사는 〈마음을 이용한 근력 키우기〉란 논문에서 실제 실험참가자들을 대상으로 상상근육운동을 시키는 실험을 했는데 참가자 전원의 근력이 향상되는 놀라운 결과를 나타냈다고 발표했다. 이는 생각으로 뇌의 운동피질을 자극하여 그 강화된 신호가 각 근육으로 보내지는 원리 때문이라고 한다.

그렇다면 이런 마음의 힘을 어떻게 해석할 수 있을까?

### 신비한 뇌와 마음의 관계

// 전문가들은 우리의 인체가 고장 날 수 있는 것처럼 뇌도 판단오류를 범할 수 있다고 이야기한다. 상상임신의 경우 마음에 간절히 원했던 것 때문에 뇌가 착각을 일으켜 인체에 신호를 보내므로 생기는 현상이다. 이 경우 마음이 뇌를 속인 셈이 된다. 역으로 출산 3일 전 임신 사실을 안 경우도 마찬가지로 임신했다는 생각을 전혀 하지 않은 것 때문에 뇌도 착각을 일으켜 인체에 임신과 관련된 신호를 보내지 않으므로 발생한 문제이다. 이 역시 뇌가 마음에 속은 경우이다. 만약 뇌가 우리의 마음을 조종한다면 어떻게 마음에 놀아날 수 있겠는가. 따라서 우리의 마음과 뇌의 작용과의 관계는 어느 것이 주체인지 아직 정확히 밝혀지지 않은 부분이 있음을 명심해야 한다. 뇌가 우리 마음의 모든 것을 조종한다는 식으로 해석해서는 안 된다는 이야기를 하고 싶다. //

## 마음과 뇌가 별개라고 생각한다면

마음의 힘을 해석하기 위해 우리는 다시 뇌의 작용 속으로 들어가 볼 필요가 있다. 뇌는 우리 인체의 모든 기능을 다스리는 총사령관과 같은 역할을 하는 곳이다. 지금 내가 움직이고 있는 발가락부터 깜박거리는 눈까지 뇌의 지시로 이루어지는 작용이다. 이때 뇌의 어느 부분이 인체의 어느 부분을 담당한다는 것이 세세한 부분까지 정해져 있다. 즉, 인체의 지도가 뇌 속에 그려져 있는 것이다.

실제로 '펜필드의 체성감각지도' 라는 것이 있다. 이는 캐나다의 신경외과의사였던 윈드 펜필드가 뇌수술을 할 때 운동영역을 전기로 자극하여 나타나는 손이나 입과의 관련을 조사해 지도로 만든 것이다.

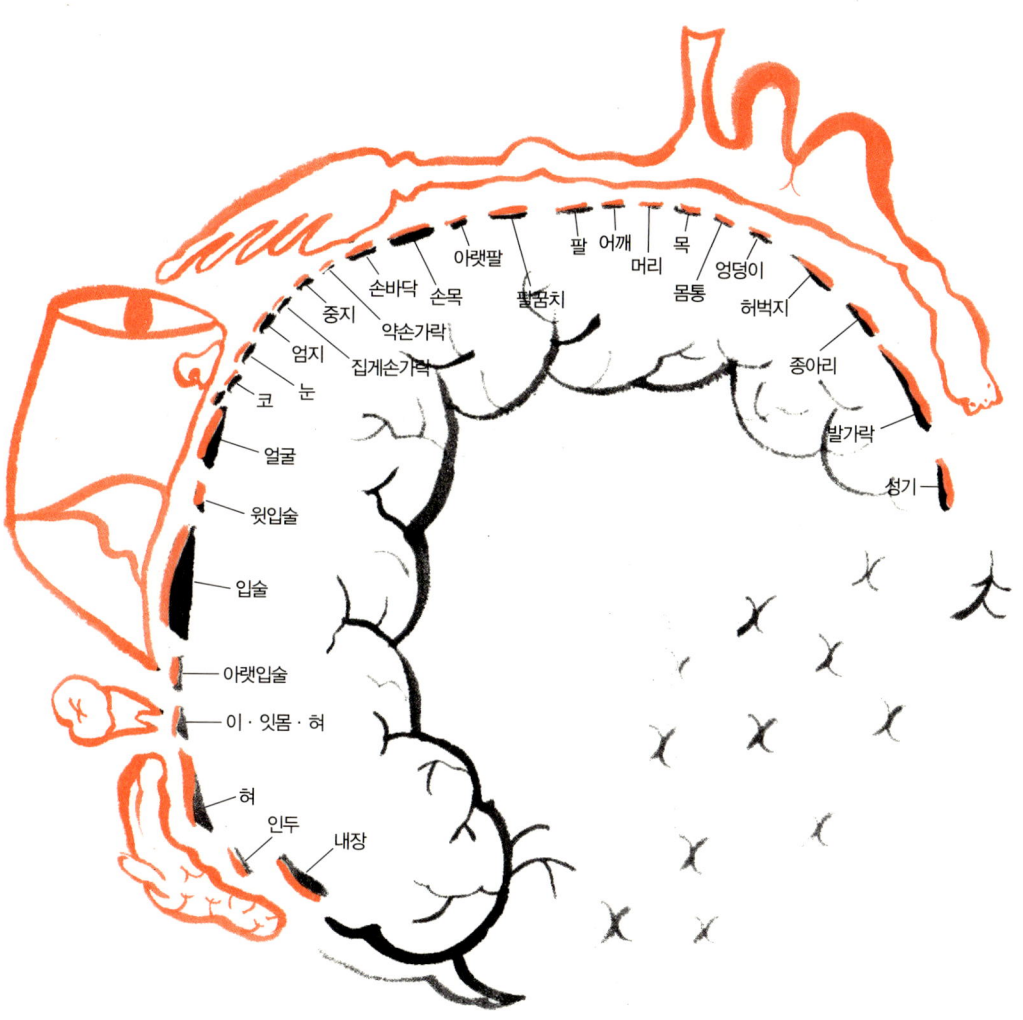

**몸의 각 부위와 감각영역과의 관계를 나타낸 펜필드의 체성감각지도**

신기한 것은 펜필드의 지도를 따라 해당 뇌 부위에 전기 자극을 주면 자극을 받은 사람이 자신의 의지와 상관없이 신체기관이 반응을 보인다는 것이다. 예를 들어 손가락 부위를 담당하는 뇌 부분을 자극하면 무의식적으로 손가락이 움직여진다. 이러한 반응이 나타나는 이유는 대뇌피질에 운동을 담당하는 운동영역과, 감각을 담당하는 감각영역이 있기 때문이다.

그렇다면 우리의 마음은 어떨까? 어떤 생각을 하고 어떤 감정을 느끼며 어떤 의지를 작동할지에 대해서도 뇌가 담당하는 부분이 있을까? 이 역시 완전히 밝혀지지는 않았지만 부분적으로는 하나하나 밝혀지고 있는 상황이다. 예를 들어 두려움의 경우 뇌의 편도체에 해당하는 어떤 부분이 반응하고 희망을 가질 때에는 뇌의 어떤 부분이 반응한다는 식이다. 실제 공포를 담당하는 편도체를 제거한 쥐가 고양이 앞에서 전혀 무서워하지 않는 것을 볼 수 있는데, 이는 쥐로부터 공포라는 감정이 사라졌음을 뜻한다.

이런 기준으로 볼 때 우리의 뇌 속에는 마음을 담당하는 각 부분이 인체의 그것처럼 지도로 그려져 있음에 분명하다. 따라서 우리가 무엇을 간절히 원하는 생각을 할 때 그것을 담당하는 우리의 뇌 부분이 활성화되기 시작한다. 그리고 뇌는 다시 우리 몸이 그것을 하도록 지시를 내린다. 즉, 이것이 마음이 작용하여 행동을 하게 하는 영적인 원리인 것이다. 이런 원리로 간절히 원하는 꿈이 이루어지는 것이다.


## 마음을 비과학적이라고 말하는 당신이 꼭 들어야 할

지금까지 우리 마음의 놀라운 힘이 뇌와 관련이 있다는 사실에 대해 이야기했다. 그러나 이것을 뇌가 우리 마음의 모든 것을 조종한다는 식으로 해석해서는 안 된다는 이야기를 하고 싶다. 예를 들어 앞에서 이야기했던 상상임신이나 출산 3일 전까지 임신 사실을 몰랐던 경우와 같은 예는 뇌의 판단오류로 일어났던 일이다. 어떻게 한 치의 오차도 허용하지 않고 몸과 마음을 조종해야 할 뇌가 판단오류를 일으킬 수 있단 말인가. 이해가 되지 않을 것이다.

사실, 지금까지 마음에 대해 이야기할 때 철저히 경험적이거나 과학적인 바탕에서 이야기했기 때문에 사실은 한계가 있을 수밖에 없었다. 왜냐하면 인간의 마음이란 존재의 실체가 경험이나 과학으로 풀 수 없는 영역이 있기 때문이다. 아마도 그것이 우리가 말하는 영혼일지도 모른다. 영혼의 존재는 근대과학이 생기기 전까지 확실히 있다고 믿어왔으나 근대과학의 탄생 이후 그 존재의 유무에 대해 아직까지 논쟁을 벌이고만 있을 뿐 속 시원한 해답을 내놓지 못하고 있는 상황이다. 이러한 현상은 심지어 마음을 다루는 심리학에서조차 마찬가지이다. 오히려 과거 영혼 위주의 탐구였던 심리학이 근대 이후에 영혼에서 완전히 관심이 멀어진 측면도 있다. 근대 이후의 심리학은 영혼이 아닌 정신에 대해서만 다룰 뿐이기 때문이다.

영혼이 실제 존재하느냐 아니냐의 논란을 떠나서 우리의 마음을 지배하는 것이 무엇인지 다시 한 번 생각해 보자. 앞에서도 이야기했듯이 분명 뇌가 우리의 마음을 지배한다고는 보기는 어렵다. 오히려 뇌는 우리 마음의 지배를 받을 수도 있는 존재이다. 우리의 마음은 얼마든지 뇌를 파괴할 수 있는 능력을 가지고 있기 때문이다. 실제 일주일만 불안, 초조, 분노의 마음을 먹으면 뇌세포는 파괴되기 시작한다. 어떻게 지배를 당하는 것이 지배하는 자를 파괴할 능력이 있다고 할 수 있겠는가!

우리 속에 뇌가 아닌 실제적으로 우리를 조종하는 그 무엇이 있다는 것을 우리는 느낌으로도 알고 있다. 그렇다고 그 무엇이 영혼이라고 단정 지을 수는 없는 상황이다. 왜냐하면 이는 아직 논란의 대상이 되기 때문이다. 그럼에도 불구하고 우리는 일단 내 영혼이 내 마음을 조종하는 총사령관이라고 믿어보도록 하자. 왜냐하면 내 마음은 주변의 상황과 같은 환경의 지배를 받기 마련인데 그래 가지고는 나의 감정을 조절할 수조차 없기 때문이다. 따라서 나 자신의 마음을 컨트롤하기 위해서라도 내 마음의 총사령관이 꼭 필요한 것이다. 종교나 마음수련 같은 것은 아마도 이런 차원에서 생겨난 것이라 할 수 있다.

## 온통 긍정을 외치는 세상이 지루한 당신에게

마음이 간절하면 이루어진다고 했는데 그렇다면 우리의 마음이 긍정적인 생각으로 가득 찼을 때 어떤 유익이 일어나는 걸까? 예를 들어 우리의 마음이 사랑과 희망으로 가득 찼을 때 우리의 영혼은 놀라운 힘을 발휘한다. 가장 먼저 뇌에서 몸과 마음의 작용에 유익한 화학물질을 다량 배출한다. 이는 〈희망의 힘(The anatomy of hope)〉으로 유명한 하버드 의대 제롬 그루프먼(Jerome Groopman) 교수의 연구에 의해 생리학적으로도 증명되었다.

소극적이던 사람은 적극적으로 변하게 되며 통증으로 사람은 통증이 완화되기 시작한다. 그것은 뇌에서 분비되는 엔도르핀의 역할 때문이다. 무엇보다 사랑과 희망의 마음은 질병도 치료할 수 있음이 경험적으로 곳곳에서 증명되고 있다. 각종 병을 앓고 있던 사람이 마음을 바꿈으로써(절망에서 희망으로) 그 병이 치료되었다는 사람이 곳곳에서 등장하고 있다.

긍정적인 마음이 나타내는 효과를 가장 극적으로 볼 수 있는 것이 암환자를 통해서이다. 하버드 의대의 내과교수 허버트 벤슨(Herbert Benson)은 병원을 찾는 환자의 약 80% 정도가 심리적 이유로 발병한 환자라고 주장한다. 암환자 역시 음식이나 기타 요인보다 심리적 이유로 발병할 가능성이 훨씬 높은 것이다. 따라서 마음 때문에 발생한 병이므로 마음으로 치료하는 것은 어쩌면 당연한 일일지도 모른다.

암을 마음으로 치료한다는 것에 대해 가장 극적인 이야기를 전하는 이는 영동 세브란스 병원 암센터 소장이었던 이희대 교수일 것이다. KBS '건강스페셜'에서 소개되기도 했던 이 교수의 암 투병 이야기는 긍정적인 마음이 얼마나 중요한지 보여주는 단적인 사례라 할 수 있다. 이 교수는 직장암 말기의 진단을 받고 온갖 현대적인 암 치료법으로 치료를 하였으나 암은 점점 더 번져가기만 했다. 그러던 어느 날 이 교수는 자신의 마음을 바꿔 먹었다. 즉, 암과 싸우려고 하지 않고 암과 함께 살기로 결정한 것이다. 이는 평생을 건강하게 살다 간 80~90대 노인들의 기

희망은 우리의 영혼이 놀라운 힘을 발휘하도록 한다

증된 시체를 부검하는 과정에서 그들의 몸속에서 암 덩어리를 발견하고 깨달은 것이라고 한다. 즉, 이 노인들은 자신의 몸속에 암세포가 있었음에도 불구하고 그것을 몰랐기 때문에 아무런 증상 없이 평생을 건강하게 살 수 있었던 것이다. 이때부터 이 교수는 부정적이었던 마음을 긍정적이고 희망적인 마음으로 바꾸고 암세포와 함께 살기로 작정했다고 한다. 그리고 나서 그는 몸 상태가 매우 좋아져 정상적인 생활로 돌아올 수 있었다고 한다.

실제 암세포를 죽이지 않고 암세포와 함께 사는 치료법이 최근 각광을 받고 있기도 한데 이는 곧 긍정적인 마음의 치료라 할 수 있는 것이다.

이처럼 긍정적인 마음을 갖는 것은 내 몸의 건강을 지키게 할 뿐만 아니라 내가 원하는 일을 이루는 데도 커다란 효과를 발휘한다. 그런데도 부정적인 태도로 일관한다면 이보다 어리석은 일이 어디 있겠는가.


## 우리에게 이로운 베타 엔도르핀

// 한때 우리의 건강을 엔도르핀(Endorphin) 분비와 연관시키는 말이 유행한 적이 있다. 그래서 웃으면 엔도르핀이 나온다느니 좋은 생각을 할 때 엔도르핀이 나온다느니 하는 말도 덩달아 유행했었다. 그런데 다른 한쪽에서는 이는 잘못된 상식이라는 이야기를 하기도 했었다. 그들은 엔도르핀이 사실은 코티졸, 엔케팔린과 함께 3대 스트레스 호르몬으로 고통스러울 때 분비되는 호르몬이기 때문에 잘못 사용되고 있다고 주장하고 나선 것이다. 물론 엔도르핀이 그런 호르몬이기도 하지만 행복한 기분이 들게 하는 엔도르핀도 있다. 바로 베타 엔도르핀이다. 베타 엔도르핀은 운동을 하거나 기분이 좋아질 때 분비되어 인체를 더욱 건강하게 하는 데 도움을 준다. 따라서 베타 엔도르핀은 분명 사람에게 이로운 호르몬임을 알아두자. 또한 이러한 베타 엔도르핀의 분비를 촉진시키기 위해서 우리는 운동을 열심히 하고 기분이 좋아질 수 있도록 노력해야 할 것이다. //

## 긍정 유혹에 잘 빠지지 않을 때

그런데 누구나 이렇게 반문할 것이다. 누가 긍정적인 마음이 좋은 것 모르냐고. 하지만 자신은 타고났기 때문에 어쩔 수 없다는 것이다. 과연 그럴까? 많은 학자들이 인간의 성품은 유아기에 거의 결정된다고 주장하지만 우리 주변에는 자신의 마음을 바꿔 성공한 사람들이 얼마든지 많이 있다. 이들은 하나같이 생각을 바꿔 성공했다고 이야기한다. 그것을 특별한 사람들의 이야기라고 치부해 버린다면 어쩔 도리가 없지만, 나도 마음을 바꾸겠다고 결심한 사람이라면 분명히 자신의 마음을 바꿀 수 있다.

그 방법은 의외로 간단하다. 앞에서도 이야기했듯이 내 마음속에 내 마음을 바꾸겠다는 생각을 각인시키는 것이다. 생각한 것은 이루어진다는 과학적인 원리는 앞에서 이미 이야기했으니 여기서는 생략하도록 하겠다. 내 마음속에 내 마음을 긍정적으로 바꾸겠다는 생각을 간절히 하면 그것과 관련된 뇌의 어느 부분이 강력히 반응하기 시작할 것이다. 그리고 뇌는 다시 내 마음에 지시하여 내가 접하는 상황에 대해 긍정적으로 반응하도록 작용할 것이다. 이것이 쌓이고 쌓이다 보면 나는 어느새 긍정적인 사람으로 변해 있을 것이다.


## 마음을 안정시키는 방법 두 가지

다음에 당신의 마음을 안정시킬 수 있는 두 가지 방법을 소개하고자 한다.

그 첫 번째는 이완요법이다. 마음을 긍정적으로 바꾸기 위한 첫 단계는 내 마음속의 불안요소들을 제거하고 편안하게 하는 것이다. 마음이 복잡하고 불안한 가운데 있는데 무슨 긍정적인 생각이 들겠는가. 이처럼 마음을 편안하게 하는 방법이 바로 이완요법(Techniques of Relaxation)이다. 이완요법이란 신체적인 긴장과 이완을 반복시켜서 몸과 마음의 스트레스를 해소하는 방법을 뜻한다. 가장 널리 알려진 것이 '근육이완법'으로 정도의 차이는 있으나 일반적으로 다음과 같은 단계를 따라 실시한다.

① 편안한 자세를 취하고 심호흡을 한다. 이 과정을 통해 신체는 안정한 상태로 들어가게 된다.

② 각 신체 부위를 다음과 같은 순서로 차례대로 상상하며 긴장(10초 정도)시키고 이완(50초 정도)시키는 것을 반복한다.

오른쪽 팔과 다리 → 왼쪽 팔과 다리 → 이마 → 얼굴 중간 부위 → 얼굴의 아래

부위 → 목 → 등 → 가슴과 배 → 오른쪽 대퇴부, 종아리 → 발

③ 한 부위의 이완이 끝나면 다음 부위로 넘어간다.


마음을 안정시켜 주는 두 번째는 명상요법이다. 명상요법이란 동양, 특히 인도에서 발달한 정신수련법의 일종인 명상(마음을 자연스럽게 안으로 몰입시키는 정신활동)을 통하여 마음을 정화하는 방법으로 육체적, 정신적, 감정적 상태의 균형을 맞춤으로써 몸에 이로운 기운이 생겨 정신을 맑게 해 주는 훈련법이다.

그렇다면 명상요법은 과학적으로 타당한 것일까? 이에 대해서는 미국의 위스콘신 대학교 리차드 데이비슨 교수가 명상의 과학적 타당성을 밝혀낸 바 있다. 즉, 사람이 명상을 할 때 우뇌의 활동이 줄고 좌뇌가 활성화되는데 이는 좌뇌가 담당하는 사람의 감정이 긍정적이고 편안한 상태로 변한다는 것을 뜻한다. 또한 사람이 명상에 빠지면 뇌파는 알파파로 변한다. 알파파란 지극히 안정된 상태에 나타나는 뇌파이다. 주로 잠들기 직전 사람은 알파파를 보인다. 이때 신체는 뭉친 근육이 풀어지고 혈액순환이 원활해지면서 혈압이 내려가고 맥박수가 안정된다. 또한 면역력이 높아져 외부의 나쁜 기운을 막아낼 수도 있다.

그러나 처음부터 명상에 몰입하기란 쉽지 않다. 이것도 연습이 필요하다. 1~2주 정도 명상 훈련을 하면 곧 익숙해질 수 있다. 명상을 하는 시간은 보통 하루에 20~30분이면 충분하고, 시간이 부족한 직장인일 경우 시간을 더 줄여도 가능하다.

첫째는 집중형 명상으로 한 가지(인체 중 한 부위나 특정 감각 중 한 가지)에 정신을 집중하면서 몰입해 나가는 명상법이다. 예를 들어, 숨쉬는 것에만 집중하는 것도 좋은 방법 중 하나이다. 이러한 집중형 명상에 익숙해지면 때와 장소를 가리지 않고 외부의 자극을 차단하여 명상하는 것이 가능하다는 장점이 있다.

둘째는 무아지경 명상으로, 집중형 명상과는 정반대로 몸의 오감의 문을 다 열어 놓고 아무런 생각을 하지 않는 것이다. 아무런 생각을 하지 않음으로써 마음이 비워지고 명상에 빠져들게 되는 것이다. 불교에서 마음을 비우고자 할 때 주로 사용한다.

최근 이러한 명상이 마음의 안정을 도와줄 뿐만 아니라 학습효과도 높여 주며 면역력은 물론 스트레스에 대한 저항력도 높여 준다고 밝혀졌다. 이런 이유로 명상은 긍정적인 마음을 가지는 데 큰 도움을 줄 수 있는 도구임에 틀림없다.

talk on. 14
# 긍정 유혹에 대하여

　　최근 긍정심리학이 뜨고 있다. 조엘 오스틴 목사가 쓴 책 〈긍정의 힘〉이 베스트셀러가 되는가 하면 긍정에 관한 각종 강좌가 인기를 끌고 있다. 왜 이런 사회적 현상이 생기는 걸까? 그것은 밀레니엄 시대에 접어들면서 화두로 떠오른 '웰빙'과 관련이 있다. 웰빙의 궁극적 목표는 행복하고 건강한 삶이다. 이 행복하고 건강한 삶의 핵심이 바로 긍정적인 태도와 밀접한 관련이 있다는 사실을 알게 되었기 때문이다.

　　그리고 긍정적인 삶의 태도는 나아가 성공적인 삶을 살게 해 준다는 점에서도 중요하다 하지 않을 수 없다. 수많은 자수성가한 사람들의 책에서 공통적으로 볼 수 있는 것이 긍정적인 태도이다. 어떤 고난과 역경이 와도 그들은 이를 부정적으로 보지 않고 긍정적으로 감싸 안으며 그것을 이겨낸다. 어떤 화나는 일이 있더라도 긍정적인 태도를 가지고 있기 때문에 절대 평정심을 잃지 않는다.

이게 무슨 수행자나 가능하지 보통 사람들이 어떻게 이렇게 살 수 있느냐는 반감이 생길 수도 있을 것이다. 하지만 '당신은 지금 행복한가?'에 대한 질문에 답해 보라. 만약 행복하지 않다면 '앞으로 행복해지고 싶은가?'에도 답해 보라. 아마도 이 질문에조차 부정적인 대답을 하는 사람은 거의 없을 것이다. 인간은 누구나 행복해지고 싶어 하기 때문이다.

그런데 어떻게 행복해질 수 있다고 생각하는가? 돈이 많아지면 행복해질까? 강남의 돈 많은 사람들에게 물어보라. 돈이 행복의 절대 조건은 아니라고 대답할 것이다. 이는 실제 많은 부자들이 불행한 삶을 사는 것을 통해서도 확인할 수 있다. 그렇다면 어떻게 해야 행복해질까? 그것은 바로 마음에 달려 있다. 사랑과 희망으로 가득 찬 마음이 바로 행복을 가져다주는 것이다. 그래서 긍정심리학이 중요해진 것이다. 이제 당신도 긍정심리학을 통하여 긍정적인 사람이 되어 보는 것은 어떤가.


## 행복의 실체에 가까이 서려는 노력

'열 길 물속은 알아도 한 길 사람 속은 알 수 없다'는 말이 있다. 세상에 사람의 마음처럼 오묘한 것이 있을까. 그래서 탄생한 것이 심리학이다. 그런데 지난 한 세기 동안 심리학자나 정신의학자들은 그 인간의 마음 중에 부정적인 면에만 연구를 집중하였다. 그러나 부정의 속성은 그것을 캐면 캘수록 개선되는 것이 아니라 오히려 더 사악해진다는 점이다. 한 세기 동안이나 인간의 마음을 연구하였지만 결코 인간은 그 전보다 행복해지지 않았다. 오히려 과거보다 물질적으로는 풍족해졌지만 정신적으로는 피폐해졌다는 표현이 더 옳다.

긍정심리학은 이런 자각에서 출발한 학문이다. 따라서 긍정심리학에서는 마음의 부정적인 면이 아니라 밝고 긍정적인 면을 규명해서 인간 행복의 실체를 찾는 데 주력하는 것을 목표로 한다. 이런 긍정심리학을 창시한 사람은 미국의 임상 심리학자 마틴 셀리그먼(Martin E. Seligman)이다. 그런데 그가 긍정심리학에 관심을 가지게 된 결정적인 사건이 있었다.

하루는 셀리그먼이 집 정원의 잔디를 깎고 있었다. 셀리그먼은 다른 일정이 잡혀 있었기에 시간에 쫓기며 초조하게 이 일을 하고 있었는데, 갑자기 다섯 살짜리 딸이 나타나더니 자신이 애써 깎아 놓은 잔디를 가지고 장난을 치는 것이 아닌가. 화가 머리끝까지 난 셀리그먼은 갑자기 화를 주체하지 못하고 냅다 소리를 지르며 딸을 나무랐다. 그러자 딸은 장난을 포기하고 집으로 돌아가는 듯 하더니 갑자기 다시 돌아와 이렇게 말하는 것이었다. "아빠 할 말이 있어요. 3살부터 5살이 되기 전까지 난 울보였어요. 나는 매일 징징거리고 울곤 했죠. 하지만 다섯 살이 되면서 나는 더 이상 징징거리며 울지 않기로 마음먹었어요. 그건 내가 이제껏 한 일 중 가장 어렵고 힘든 일이었어요. 하지만 나는 해냈어요. 나는 징징거리는 것을 그만둘 수 있었으니까, 아빠도 짜증부리는 것을 그만둘 수 있을 거예요."

딸의 말을 들은 셀리그먼은 마치 망치로 머리를 한 대 맞은 듯한 충격을 받았다. '명색이 심리학자인 내가 이게 무슨 꼴인가' 그리고 셀리그먼의 머리는 급격히 회전하기 시작했다. '아이들은 소리친다고 행동이 고쳐지는 것이 아니다. 딸 아이 역시 스스로 자기의 단점을 고치지 않았는가. 오히려 부모가 아이들에게 해야 될 역할은 단점을 고치는 것이 아니라 장점을 살려 주는 것이다. 아이의 강점을 살려 미래에 겪게 될 역경을 잘 극복하도록 돕는 것이 바로 부모의 역할이다.'

이 깨달음은 셀리그먼으로 하여금 인생을 돌아보게 하는 중요한 사건이었다. 왜냐하면 이를 계기로 인간의 긍정적인 면에 초점을 맞춘 '긍정심리학'이 탄생했기 때문이다.

<u>거절의 긍정학</u>

// 많은 사람들이 다른 사람의 부탁을 거절할 때 극심한 스트레스를 받는다고 한다. 그래서 대부분의 사람들은 마음으로는 거절하지만 입으로는 부탁을 들어주는 우를 범한다. 이런 생활이 지속된다면 그의 스트레스는 더욱 심해질 것임에 틀림없다. 따라서 부탁을 거절할 때에도 긍정심리학을 이용하도록 하자. 예를 들어 누구의 부탁을 받았다고 했을 때 그 자리에서 바로 "No"를 외치거나 생각할 시간을 달라고 하는 등의 자세는 상대방과의 관계에 흠집을 낼 수 있다. 따라서 먼저 마음을 정리하고 상대의 입장을 고려하면서 자신의 처지와 한계에 대해서 말을 해 주도록 한다. 즉, 부탁을 들어줄 수 없는 이유를 차분히 설명해 주는 것이다. 이렇게 하면 상대도 동변상련을 느끼면서 나를 이해해 주고 자신의 부탁을 편안 마음으로 접게 될 것이다. //


## 심리학자들이 주목하는 긍정

긍정심리학자들이 삶의 질을 높이고 행복을 추구하기 위해 연구하는 주제는 크게 세 가지이다. 즉, 긍정 상태, 긍정 특질, 긍정 기관 등이 그것으로 이를 긍정심리학의 세 기둥이라고 부른다.

긍정 상태란 긍정적인 심리상태를 말한다. 긍정적인 심리상태는 크게 정서적인 부분과 생각과 의지적인 부분으로 나눌 수 있는데 정서적인 부분으로는 행복, 평안, 사랑, 만족 등이 있으며 생각과 의지적인 부분으로는 열정, 확신, 희망, 낙천적 생각 등이 있다. 이러한 심리상태들이 어떻게 생겨나는지, 그리고 이것이 우리 삶에 미치는 효과, 또 어떻게 하면 이런 심리들을 키울 수 있는지에 대해 연구한다.

긍정 특질이란 개인이 지속적으로 나타내는 긍정적인 성격과 감정, 의지 등에 대해 연구하는 것을 말한다. 이러한 긍정 특질에 해당하는 것들은 지혜, 용기, 겸

손, 열정, 끈기, 창의성, 리더십 등과 같은 개인의 성품 등이 있다.

긍정 기관이란 개인의 행복을 지원하는 기관에 대하여 연구하는 것을 말한다. 인간은 사회적인 동물이며 혼자서는 절대 살아갈 수 없다. 따라서 사회나 조직, 단체, 기관의 영향을 받을 수밖에 없다. 그렇다면 개인이 속한 단체나 기관들이 어떻게 해야 개인의 행복을 증진하는 데 도움을 줄 수 있을지에 대해 연구하는 것이 바로 긍정 기관이다. 결국 기관이 개인의 행복에 관심을 가질 때 그에 속한 개인은 행복하게 되고, 또 행복한 개인은 최고의 능률을 발휘하게 되어 기관도 행복하게 되므로 이 둘은 상부상조의 관계가 되는 것이다.

## 긍정심리학자들이 규명한 행복

긍정심리학의 목적이 행복을 추구하는 데 있다고 했다. 그러면 도대체 행복이란 무엇일까?

인간이 행복에 관심을 가지기 시작한 것은 아마도 인류가 탄생한 직후부터가 아닐까. 그 후로 수많은 철학자들이 행복이 무엇인지, 어디에서 오는지 연구하고 고민했지만 아직까지 이에 대한 명쾌한 해답은 없는 상황이다. 왜냐하면 사람마다 행복의 기준이 다르기 때문이다.

하지만 행복에 대한 객관적인 측정은 가능하다. 보통 평온하거나 안락한 상태가 되면 사람들은 행복하다고 느낀다. 그리고 사랑하는 사람과 결혼하거나 가족 간의 사랑을 느낄 때, 또 희망을 가질 때 인간은 행복하다고 느끼는 경우가 많다. 또한 행복을 느끼는 정도도 개인차가 있는데 보통 긍정적인 성격의 소유자가 행복을 더 잘 느끼는 반면, 부정적인 성격의 소유자는 행복을 잘 느끼지 못하는 것으로 나타나 있다. 이러한 행복을 느끼는 정도는 유전적인 요인이 작용하는 게 사실이지만 후천적으로도 얼마든지 개발시킬 수 있고 그래서 더 행복해질 수 있다는 특징을 가지고 있다고 긍정심리학자들은 입을 모아 말한다.

그렇다면 긍정심리학자들이 규명해 놓은 행복의 기준은 무엇일까? 그들은 한결 같이 다음의 세 가지 기준이 만족되어야 한다고 말한다.

첫째, 즐거운 삶이다. 즉, 이는 현재의 삶에서 즐거움을 경험하고, 미래의 삶에 대해서도 희망과 기대감을 느끼며 살아가는 삶을 말한다.

둘째, 적극적인 삶이다. 이는 자신의 특기(대표 강점이라고 함)를 최대한 발휘하며 자기실현을 이루어 나가는 삶을 말한다. 이러한 특기는 비단 일에만 사용되는 것이 아니라 부부관계나 자녀양육, 여가 활동과 같은 생활에서 잘 활용되어야 한다.

마지막 셋째는 의미 있는 삶이다. 이는 가족이나 사회를 위해 봉사하고 공헌함으로써 자신의 존재가치를 느끼는 삶을 말한다.

이와 같이 즐겁고 적극적이며 의미 있는 삶을 살 때 인간은 비로소 행복을 누릴 수 있다고 한다. 지금 나에게 부족한 것은 무엇인지 체크해 보고 그것을 더 잘할 수 있도록 노력해 간다면 행복은 어느덧 내 가까이로 성큼 다가올 것이다.

## '뻔' 하지만 진리인 걸! 행복의 비결

그렇다면 긍정심리학자들이 제시하는 행복의 비결은 무엇일까? 무엇보다 행복을 방해하는 주변 환경들을 바꾸도록 노력해야 할 것이다. 그것은 건강이 될 수도 있고 돈이 될 수도 있다. 무엇보다 늘 긴장과 불안 속에 사는 마음이 가장 큰 문제일 것이다. 이런 것을 어떻게 하면 변화시킬 수 있을까를 생각하고 개선하도록 노력해야 한다. 건강의 경우 음식과 운동, 수면에 신경을 쓰고, 마음의 경우 앞에서도 이야기했듯이 명상과 이완요법이 도움이 될 것이다.

　그리고 앞에서 제시한 즐겁고 적극적이며 의미 있는 삶을 살기 위해 목표를 세우는 것이 더없이 중요하다 할 수 있겠다. 단, 그 목표는 자신의 꿈이나 자신이 좋아하는 것과 관련된 것이라야 한다. 그것이 아닌 어떤 외부의 압력 때문에 만들어진 목표라면 아무리 목표를 달성해도 행복을 느끼기 쉽지 않다. 이러한 목표는 구체적으로 세워야 하며 언제까지 달성하겠다는 마감시간까지 정해야 한다. 또한 세부 행동계획과 시간계획까지 세워야 하는 것은 당연한 일이다.

　이제 이러한 목표를 이루기 위해서는 나의 태도가 중요하다. 부정적인 태도로는 절대 이 목표를 이룰 수 없기 때문이다. 이때 수많은 자기계발서에서 천편일률적으로 하는 말이 긍정적인 태도이다. 매사에 밝고 긍정적인 태도를 가지게 되면 어떤 어려움도 이길 수 있기 때문에 포기하지 않고 목표에 더 가깝게 갈 수 있게 된다. 긍정적인 마음에 대해서는 앞에서 수차례 강조했으니 참고하기 바란다.

　단, 긍정적인 태도를 갖는 데 도움이 되는

매사에 감사하는 마음 훈련이
행복을 이룬다

훈련 하나를 소개하도록 하겠다. 바로 '매사에 감사하는 훈련'이다. 실제로 감사하는 마음을 가진 사람들이 긍정적이고 또 남을 돕는 데도 앞장서는 것으로 나타났다. 하지만 갑자기 감사하라고 하면 잘 되지 않을 것이다. 처음에는 그동안 살아오면서 감사했던 일을 떠올리며 이 훈련을 시작하는 것이 좋다. 그리고 신문에 난 감사한 일들을 찾아서 기록해 보는 것도 좋은 방법이다. 실제 미국의 캘리포니아대학 로버트 에먼스 박사는 신문이나 주간지에서 고마운 것들을 찾아 기록하는 사람들의 생활을 조사한 적이 있는데, 이들 모두가 성격이 좋아지고 스트레스도 덜 받는 것으로 나타났다고 한다.

또한 미국의 버지니아대학 조녀선 해이트 교수가 일정 기간 테레사 수녀의 다큐멘터리를 본 사람들의 삶을 추적한 일이 있는데 이들은 테레사 수녀의 영향을 받은 때문인지 대부분 자원봉사에 관심을 갖게 되었다고 한다. 그리고 자원봉사와 같은 선행을 한 후에는 성격이 긍정적으로 변하고 행복감을 느낀다고 했다. 이는 자원봉사를 통해 자신의 현실에 감사한 마음을 갖게 되며 더 나아가 자신의 삶에 대한 의미도 갖게 되기 때문에 느끼는 행복이라 할 수 있을 것이다.


## '용서', 힘들지만 내가 행복해지기 위한 것

경쟁이 치열한 요즘 세상에 '용서'란 단어는 어쩌면 낯설게 느껴질지도 모르겠다. 우리의 삶에서 행복을 가로막는 많은 장애물이 많지만 그 중 가장 강력한 힘을 발휘하는 것이 적대감, 증오와 같은 감정들일 것이다. 현대인들이 이런 감정의 노예가 될 수밖에 없는 것은 전통적 가치관이 갑자기 100년 사이에 급격히 변화하면서 가치관의 혼란시대를 살고 있고, 무엇보다 극심한 경쟁사회를 살면서 수많은 상처를 주거나 받고 살아가기 때문일 것이다. 상처는 미움을 낳고 미움은 증오를 낳는다. 그리고 극심한 증오는 화를 불러일으키기도 한다.

부부가 서로를 미워하면서 이혼이 늘어나고 있고, 부모와 자식 간의 불화로 해체되는 가정들이 늘어나고 있다. 어디 그뿐인가. 하루에도 수없이 일어나는 사고와 사건 때문에 상처를 입는 사람들이 늘어가고 있는 요즘이다.

이러한 상처가 해결되지 않고는 행복이란 단어조차 떠올릴 수 없다. 상처는 또 다른 상처를 만들고 상처가 깊어지면 그 상처는 생명을 앗아가기도 한다. 우리나라에서 하루에 자살로 생을 마감하는 사람의 수가 평균 30여 명이라는 사실은 가히 충격적이다. 왜 자살하는가. 이 모든 것이 마음에 문제가 있기 때문이다. 마음에서 생긴 문제는 다시 마음으로 푸는 수밖에 없다.

행복해지고 싶은가? 그럼 지금 내 마음에 상처를 주고 있는 그 사람을 용서해야 한다. 용서하지 않고는 그 어떤 행복도 긍정적인 마음도 가질 수 없다. 그런데 도저히 용서가 되지 않는다고 말하는 사람이 있다. 그런 사람들에게 살인마 유영철에게 피해를 입은 고 모씨의 사연을 소개하고 싶다. 이는 'KBS 건강스페셜'에서 방영되어 많은 사람들의 심금을 울린 바 있다.

한참 살인을 저지르고 다니던 유영철은 어느 날 고 모씨의 집에 들어가 고 모씨의 어머니와 아내 그리고 3대 독자인 아들을 무참히 살해했다. 고 모씨는 졸지에 너무도 사랑하던 3명의 가족을 잃고 만 것이다. 고 모씨는 유영철에 대한 증오와 복수심으로 그를 찢어 죽이고 싶은 마음뿐이었다. 그러나 그는 어느 수녀의 도움으로 유영철을 용서하게 되었다. 물론 하루아침에 일어난 일은 아니지만 그는 어쨌든 종교의 도움으로 유영철을 용서할 수 있었던 것이다. 당시 다른 유영철 사고 피해가족들의 거센 항의를 받았지만 고 모씨는 비로소 마음의 안정을 얻을 수 있었다고 한다.

고 모씨를 도와준 수녀에게 어떻게 이런 일이 가능할 수 있었냐고 물었더니 그

상처를 받는 마음이 상처를 준 마음을 감싸 안을 때 하나의 행복이 온다

녀는 더욱 감동적인 말을 쏟아 냈다.

"여자들이 예뻐지려고 매일 화장하죠. 그런데 아무도 마음을 가꾸는 일에 관심을 갖지 않아요. 하지만 우리의 영혼도 마음도 외모처럼 매일매일 계속 가꿔야 하는 거예요. 조금도 방심해선 안 되는 게 마음이랍니다. 우리는 마음을 질적으로 키워 나가는 일을 평생 계속해야 합니다."

어떤가? 고 모씨가 용서했다면 내가 용서하지 못할 것이 있을까. 중요한 것은 용서하지 않고는 행복이란 있을 수 없다는 사실이다. 세상에는 용서하지 못하고 원수를 갚은 사람들이 더 많이 있다. 부부가 서로를 용서하지 못해 이혼해 버린다. 자기에게 큰 상처를 주었던 상대에게 위해를 가한다. 그러나 그들에게 속이 후련하냐고 물어보면 그렇지 않은 사람들이 더 많다. 오히려 그때서야 자신의 행동이 잘못됐음을 깨닫는 사람도 많다. 증오나 원수를 갚는 일은 또 다른 증오와 원수를 만들 뿐이다. 진정한 용서만이 자신의 마음의 평화를 되찾고 다시 행복의 길로 들어설 수 있는 유일한 길이다.

## 괜찮은 척 가장하고 살고 있다면

그럼에도 불구하고 우리 주변에는 용서하지 못해 고통 받는 사람들이 무수히 있다. 그렇다면 어떻게 나에게 상처를 준 그를 용서할 수 있을까? 여기에서는 나 혼자서 용서하는 방법과 용서 프로그램 참여와 같은 상담을 통한 방법을 소개하고자 한다. 전자의 경우 자신의 의지가 강하다고 생각되는 사람이 시도해 보면 효과를 얻을 수 있을 것이다. 그러나 골이 깊어진 경우 후자의 방법을 적극 권한다. 아무래도 단체 속에서는 내 고집이 어느 정도 꺾일 수 있기 때문이다.

일단 나에게 상처를 준 사람을 떠올려라. 그리고 내가 그 사람의 입장이 되어 보라. 그가 자라온 환경, 그리고 당시 나에게 그럴 수밖에 없었던 처지들, 나와 다른 그의 성격 등. 그런 입장에서 나에게 그렇게 행동할 수밖에 없었을 것이라는 생각을 해 보라. 이렇게 하다보면 의외로 놀라운 일이 일어날 수 있다. 왜냐하면 지금까지 내 입장에서만 그를 생각했기 때문이다. 그의 입장이 되어 보면 새로운 사실을 발견할 수 있다. 많은 사람들이 이 방법을 통하여 용서를 경험하였으니 꼭 시도해 보기 바란다.

또 하나, 도저히 증오나 울분이 가라앉지 않을 때 사용할 수 있는 방법이 있는데 그것은 바로 사랑하는 사람의 이미지를 떠올리는 것이다. 아이가 있는 경우 아이의 사랑스런 모습을 떠올려 보는 것도 좋고 사랑하는 이성이 있을 경우 그 이미지를 떠올려 보는 것도 좋다. 이렇게 하면 끓어올랐던 감정이 누그러지는 것을 경험할 수 있다.

그러나 상처의 골이 깊은 사람은 혼자서는 해결하기가 쉽지 않을 것이다. 이경우 혼자 고민하지 않기 바란다. 왜냐하면 그것은 결국 내 삶을 갉아먹는 어리석은 일이기 때문이다. 반드시 전문가의 상담을 받아 보라고 권하고 싶다. 그것이 문제해결의 첫 단추를 푸는 시발점이 될 수 있기 때문이다.

마지막으로 게리 주커브가 주장한 방법을 소개하고자 한다. 주커브는 놀라운 영적 통찰력으로 전 미국에 영향력을 주고 있는 베스트셀러 작가이기도 하다.

주커브의 주장에 따르면 인간이 분출하는 감정의 실체는 외부의 환경에 있는 것이 아니라 자신의 내부에 있다고 한다. 즉, 누군가에 의해 상처를 받아 분노를 품게 되었을 경우 상대방 때문에 분노가 생긴 것이 아니라 그런 상황 속에서 반응하는 자신의 내부 에너지 시스템의 결과로 분노가 생긴다는 것이다. 그리고 이렇게 나타나는 분노라는 감정은 내부의 영혼이 내 마음에 보내는 신호이다. 영혼이 이런 메시지를 보내는 이유는 내가 스스로 조절해야 할 것이 무엇인지 알려 주기 위해서이다.

즉, 우리는 내부의 에너지 시스템에 의해 두려움과 의심을 표출하거나 사랑과 믿음을 표출하는 에너지 처리 방식을 가지는데 이때 두려움과 의심은 증오를 낳고 사랑과 믿음은 평화와 용서를 낳는다.

따라서 내가 표출하는 감정을 자세히 관찰해 보면 내가 어떤 에너지 시스템을 써야 할 지 깨달을 수 있다는 것이다. 인간은 자신의 감정을 조절할 수 있는 영적 능력을 가지고 있고 인간의 영혼이 간절히 바라는 에너지는 바로 사랑과 믿음이다. 따라서 우리는 스스로의 조절을 통하여 얼마든지 상대를 용서할 수 있는 영적

내 영혼이 내 마음에 보내는 신호는 나를 용서하고 사랑하며 행복하라는 것

능력을 가지고 있는 셈이 된다.

## 행복을 위한 인성계발

긍정심리학의 목표는 결국 행복이다. 그러한 긍정적 마음을 갖기 위해 우선되어야 하는 것이 바로 인성계발이다.

많은 심리학자들은 사람의 인성(EQ)이 거의 아이 시기에 완성된다고 보고 있다. 그래서 아이 때에 감정조절 능력을 극대화시킬 수 있는 인성교육이 중요하다고 강조되는 것이다. 이러한 인성을 가진 아이들은 장기적으로 볼 때 결국 긍정 심리학에서 말하는 긍정의 삶을 살게 될 것이고 성공적이고 행복한 삶을 영위할 수 있게 될 것이다.

그렇다면 성인이 된 사람의 인성계발은 하지 않아도 좋은 걸까? 절대 그렇지 않다. 많은 자기계발 전문가들은 성인들도 얼마든지 인성을 계발할 수 있다고 주장한다. 물론 그 방법은 아이들이 하는 것처럼 아주 다양하게 나와 있다. 아직까지 사람들은 좋은 대학을 가고 좋은 직장을 얻는 것이 행복한 삶의 척도라고 믿고 있다. 그래서 인성에는 아무런 관심을 가지지 않는다. 그러나 최근 이런 성공적인 삶을 산 사람들도 결국 잘못된 인성 때문에 불행의 나락으로 떨어지는 모습을 보고 인성의 중요성을 깨닫고 있는 것은 다행한 일이다. 인성을 계발하는 사람들이 많아질수록 긍정적인 삶의 태도를 갖는 사람들이 많아질 것이고 그런 사람들은 분명 성공적이고 행복한 삶을 살게 될 것이다.

## ● 행복지수 심리 테스트

    다음은 영국의 심리학자 로스웰(Rothwell)과 상담전문가 코언(Cohen)이 2002년 발표한 행복공식이다. 두 사람은 18년 동안 사람들을 대상으로 실험한 결과 행복은 인생관·적응력·유연성 등 개인적 특성을 나타내는 P(personal)와, 건강·돈·인간관계 등 생존조건 등을 나타내는 E(existence), 야망·자존심·기대·유머 등 고차원 상태를 나타내는 H(higher order) 등 3가지 요소에 의해 결정된다'는 사실을 발견하였다. 그리고 이들 3요소를 중요도에 따라 P+(5×E)+(3×H)로 공식화하여 행복지수를 산출하는 테스트 방법까지 개발해 내기에 이른다. 다음과 같은 방법으로 로스웰과 코언의 행복지수 테스트를 직접 해 보기 바란다.

### P 지수 테스트

각 항목에 대해 0점~10점까지의 점수 중 자신이 해당하는 점수를 적는다.

① 나는 외향적이고 변화에 유연하게 대처하는 편이다. (    ) ········ (0점~10점)

② 나는 긍정적이고, 우울하고 침체된 기분에서 비교적 빨리

    벗어나며 스스로 잘 통제한다. (    ) ······························ (0점~10점)

### E 지수 테스트

각 항목에 대해 0점~10점까지의 점수 중 자신이 해당하는 점수를 적는다.

③ 나는 건강·돈·안전·자유 등 나의 조건에 만족한다. (    ) ······ (0점~10점)

### H 지수 테스트

각 항목에 대해 0점~10점까지의 점수 중 자신이 해당하는 점수를 적는다.

④ 나는 가까운 사람들에게 도움을 청할 수 있고, 내 일에 몰두하는 편이며,

    자신이 세운 기대치를 달성하고 있다. (    ) ····························· (0점~10점)

#### 결과 산출 방식

P+(5×E)+(3×H)의 공식에 따라 점수를 매긴다. 즉, ①과 ②를 더한 점수에 ③ 점수의 5배, ④ 점수의 3배를 더하면 행복지수가 산출된다. 만점은 100점이며 이에 가까울수록 행복지수가 높은 것이다.

상식으로 꼭 알아야 할

# 통하는 심리학

초판 1쇄 발행   2011년 10월 30일
1판 2쇄 발행   2012년 2월 15일

저   자 | 다솜마루
그   림 | 표정수

발 행 인 | 신재석
발 행 처 | (주)삼양미디어
등록번호 | 제 10-2285호
주   소 | 서울시 마포구 서교동 394-67
전   화 | 02 335 3030
팩   스 | 02 335 2070
홈페이지 | www.samyang𝓜.com

ISBN | 978-89-5897-225-9(03180)